"十二五"职业教育国家规划教材

汽车概论

▶▶ 第三版

吴喜骊　蒋　芳　主编

QICHE
GAILUN

 化学工业出版社

·北　京·

内 容 简 介

本书为适应我国汽车工业发展的新形势，以普及和提高汽车技术教育为目标而编写。内容涉及汽车演化与识别、汽车发动机构造、汽车底盘及车身构造、汽车性能、汽车主流技术、新能源汽车、汽车工业概况、汽车企业介绍、汽车展示与鉴赏。本书内容丰富、图文并茂，通过阅读，可扩展读者的汽车专业知识，提高汽车鉴赏能力。同时，本书配套了动画、视频、课件、电子教案、模拟试卷等数字资源，方便教学。

本书可作为职业院校汽车相关专业的教学用书，也可作为汽车驾驶员和汽车爱好者了解汽车文化，学习汽车知识的科普读物。

图书在版编目（CIP）数据

汽车概论/吴喜骊，蒋芳主编 . —3 版 . —北京：化学工业出版社，2023.10（2025.8 重印）
ISBN 978-7-122-43829-4

Ⅰ . ①汽… Ⅱ . ①吴… ②蒋… Ⅲ . ①汽车-概论
Ⅳ . ①U46

中国国家版本馆CIP数据核字（2023）第133183号

责任编辑：韩庆利 杨 琪
责任校对：刘 一 装帧设计：史利平

出版发行：化学工业出版社（北京市东城区青年湖南街13号 邮政编码100011）
印 装：北京缤索印刷有限公司
787mm×1092mm 1/16 印张11 字数267千字 2025年8月北京第3版第2次印刷

购书咨询：010-64518888 售后服务：010-64518899
网 址：http://www.cip.com.cn
凡购买本书，如有缺损质量问题，本社销售中心负责调换。

定 价：58.00元

近年来，随着我国汽车工业的迅速发展，汽车保有量逐年增加，汽车不仅在各行各业发挥着重要的作用，而且走进了千家万户，影响着人们的生活。本书为适应我国汽车工业发展的新形势，以普及和提高汽车技术教育为目标而编写。

本书深入贯彻党的二十大精神进教材要求，弘扬科技创新精神，鼓励学生掌握新的技术和理念，以适应汽车行业的发展；介绍国际汽车行业的发展动态和前沿技术，培养学生的国际视野；教育学生遵守职业道德，诚实守信，践行社会主义核心价值观。

本书内容丰富、图文并茂，概括了汽车的产生与发展、汽车的基本结构、汽车的基本性能；展示了著名汽车公司的发展历程、汽车设计与制造过程；涵盖汽车展览、汽车竞赛、汽车鉴赏等多方面的知识；涉及汽车行业的著名人物、事件，以及影响汽车发展的著名车型。通过学习，可扩展读者专业知识，激发专业兴趣，增强对汽车的爱好和了解，提高汽车鉴赏能力，满足汽车爱好者了解汽车技术概况的愿望。

本书共9个模块。模块1汽车演化与识别，内容涉及汽车的产生与发展、汽车的社会影响、汽车的类型、汽车产品的型号；模块2汽车发动机构造，内容涉及发动机总体构造、曲柄连杆机构、配气机构、燃油系统、点火系统、启动系统、冷却系统、润滑系统；模块3汽车底盘及车身构造，内容涉及传动系统、行驶系统、转向系统、制动系统、车身、电气设备；模块4汽车性能，内容涉及汽车的动力性、汽车的燃油经济性、汽车的操纵稳定性、汽车的制动性、汽车的行驶平顺性、汽车的通过性；模块5汽车主流技术，内容涉及发动机主流技术、底盘主流技术、车身主流技术；模块6新能源汽车，内容涉及混合动力汽车、纯电动汽车、燃料电池汽车；模块7汽车工业概况，内容涉及汽车设计、汽车试验、汽车制造；模块8汽车企业介绍，内容涉及美洲汽车企业、欧洲汽车企业、亚洲汽车企业；模块9汽车展示与鉴赏，内容涉及汽车展览、汽车大赛、汽车外形与色彩、概念车、名车鉴赏。

每个模块内容包括学习目标、正文、中国汽车故事、思维导图、复习思考题五个部分。学习目标分为知识目标和能力目标，其中知识目标是理论课程应该掌握的内容，能力目标是实训课程应该掌握的技能；中国汽车故事讲述中国汽车工业的大事件；复习思考题包括判断题、选择题和问答题。

本书既可作为职业院校汽车相关专业的教学用书，又可作为汽车驾驶员和汽车爱好者了解汽车文化，学习汽车知识的科普读物。

本书配套视频、动画、课件、课程标准、授课计划、电子教案、试题库、模拟试卷、参考答案等资源。视频、动画可通过扫描二维码观看学习，对于使用本书作为授课教材的教师可联系857702606@qq.com索取其他教学资源。

根据读者的反馈和使用经验，第三版《汽车概论》进一步优化了知识结构和层次，设计了课程学习的思维导图，使内容更加清晰易懂。增加了体现中国汽车人艰苦创业、奋发图强的汽车故事，语言表达更加简洁明了。此外提升了版面设计，彩色印刷，提高读者的阅读体验。

　　本书由包头职业技术学院吴喜骊、蒋芳担任主编，吴喜骊编写模块1~5，蒋芳编写模块6~8及模块9的9.1~9.4，内蒙古北方重型汽车股份有限公司陶森阳编写模块9的9.5。全书由内蒙古农业大学职业技术学院库银柱审阅，提出了许多宝贵意见和建议，在此深表谢意。

　　由于编者水平有限，书中不妥及疏漏之处在所难免，敬请广大读者给予批评指正。

编　者

目录

1
汽车演化与识别

 学习目标

 知识目标

1. 正确描述汽车的概念；
2. 简单叙述汽车对社会生活的促进作用；
3. 简单叙述汽车对国家经济的促进作用；
4. 简单叙述汽车带来的社会问题；
5. 描述汽车的分类方式；
6. 正确描述我国汽车产品型号的编号规则；
7. 正确描述车辆识别代号。

👥 能力目标

1. 能够识别汽车的类型；
2. 能够识读我国汽车产品的编号；
3. 能够找到和识读汽车十七位编码。

1.1

汽车的产生与发展

1.1.1 汽车的产生

汽车的产生与发展对人类社会所起的作用是无可替代的。截至2022年底，全世界的汽车保有量为14.46亿辆；我国的汽车保有量近年来也高速增长，截至2022年底，达到3.19亿辆。汽车工业在带动其他行业的发展方面，已日益显示出其作为重要支柱产业的作用。

（1）汽车的概念

从发明汽车到今天，不同时期的汽车有着不同的结构特点，汽车的种类和用途也是日新月异，很难给汽车下一个确切的定义，事实上各国对汽车的定义也不尽相同。

在我国，汽车是指由自身装备的动力装置驱动，一般具有四个和四个以上车轮，不依靠轨道和架线而在陆地行驶的车辆。通常它用作载运客、货和牵引客、货车，也用于完成特定运输任务和作业任务的专用车辆，但不包括农业机械。全挂车和半挂车并无自带的动力装置，与牵引汽车组成汽车列车时才属于汽车范畴。有些进行特种作业的轮式机械，如轮式推土机、铲运机、叉式起重机（叉车）以及农田作业用的轮式拖拉机等，在少数国家被列入专用汽车，而在我国则分别列入工程机械和农业机械之中。

在美国，汽车是指由本身的动力驱动（不包括人力、畜力），装有驾驶操纵装置的在固定轨道以外的道路和自然地域上运输客、货或牵引其他车辆的车辆。

在日本，汽车（自动车）是指自身装有发动机和操纵装置的不依靠轨道和架线能在路上行驶的车辆。摩托车、带发动机的助力自行车、三轮摩托车在日本均属汽车范畴。

（2）早期的汽车

毫无疑问，世界上最初可载人的自备动力的车辆就是蒸汽汽车。最早的蒸汽汽车是法国人N.J.居纽在1769年制造的。这是一辆用来拉炮的蒸汽驱动的三轮车，一个硕大的铜制锅炉被放置在前轮的前方，燃烧木柴产生的蒸汽进入两个气缸，使两个活塞交替运动，由于没有曲轴，活塞的作用力通过棘爪传给前轮。锅炉、气缸等机件的重量都加在前轮上，使得方向操纵十分困难。这辆车行驶速度仅3.6km/h，行驶了1km左右就发生了锅炉爆炸，失去控制，车仰人翻，还损坏了路边房屋的墙壁，车子本身也受到严重损坏，但它开创了轮式车辆用自备动力装置进行驱动的新纪元。1771年，这辆车经过修整，珍藏在法国巴黎国家艺术馆内，如图1-1。

在成功的刺激下，英国人、美国人也开始对蒸汽汽车产生兴趣，提出了各种各样的新设想，但是直到1800年为止，仍然没有真正实用的蒸汽汽车问世，其主要原因是蒸汽机输出的动力与机构的重量之比太小。进入19世纪，实用的蒸汽汽车逐渐开始出现。1803年，英国人脱威迪克制造了一辆能载数十名乘客的蒸汽汽车，这辆车的试

图1-1 1771年居纽制造的蒸汽汽车

验成功无疑对汽车的实用化起了推进作用。1825年美国人古涅制造了一辆被认为是最早投入运行的车辆，这辆蒸汽汽车在相距15km的格斯特夏和切罗滕哈姆间做有规律的运输服务，

跑完单程的时间约为45min。1827年，汉考克在其公共汽车的侧面写上了行车路线及所经过的地名，使城市间定时往返的公共汽车的使用更加明确。以后的几年内，伦敦街头出现了图1-2所示的公共汽车，这一时期成为蒸汽汽车的黄金时代，标志着蒸汽汽车已进入实用化时期。

图1-2　1835年伦敦街头的蒸汽公共汽车

蒸汽汽车在当时称为无马马车，显然对马车运输业产生了威胁，从而引起了马车业主们的反对。另一方面，蒸汽汽车笨重，操作不便，在车辆数量增加的同时，交通事故和锅炉爆炸事故也时有发生。锅炉燃烧所排出的煤灰、黑烟对沿街住户和行人造成危害，引起了市民们的不满。因此，在1865年英国制定了著名的"红旗法规"。该法规规定蒸汽汽车必须有两人以上参与驾驶，车前方约55m处必须有人高举红旗和红灯开路，示意车马、行人避让，车速限制为郊外6.4km/h，市区3.2km/h。1895年，在人们对汽车交通的呼声不断高涨的情况下，红旗法规被废止。红旗法规生效期间，英国蒸汽公共汽车的发展便停滞不前，甚至出现了衰退。汽车发展舞台移向了法国、德国和美国，蒸汽汽车也随时代而进步。

在蒸汽汽车产生的初期，许多人投入到电动汽车的研制中。通常认为1873年英国戴维森制造的四轮卡车是最早的电动汽车。19世纪80年代，法国人制造了多辆名副其实的电动汽车。在美国，爱迪生和福特都对电动汽车的开发做出了很大贡献。19世纪90年代，电动汽车有了较快的发展，于1898年创立的哥伦比亚电器公司生产了500辆电动汽车。1899年，法国的杰那茨驾驶着电动汽车创造了105km/h的最高车速记录，如图1-3。在以后的20年间，电动汽车与蒸汽汽车展开了竞争。

图1-3　1899年杰那茨驾驶的电动汽车

无论是电动汽车还是蒸汽汽车，最后都在竞争中让位于后起之秀——内燃机汽车。其主要原因是电动汽车一次充电的续驶里程太短，而且蓄电池的质量和体积很大，在车上为安放电池使车内空间过于狭小。对蒸汽汽车来说，给水系统烦琐，启动时为达到必要的蒸汽压力所需时间太长，在安全性、排放等方面都存在缺陷。

（3）近代汽车的诞生

蒸汽汽车的缺陷促使人们寻求一种质量轻、功率大，使燃料在气缸内燃烧做功的内燃机作为汽车动力。1838年，英国人巴尼特研制了原始的二冲程煤气机，后来英国人克拉克试图进一步完善它，但都未能投入实际应用。1860年，法国人雷诺尔终于制成了一辆可供实用的常压煤气发动机，并申请了专利。当时的煤气机无压缩行程，用电火花点火燃烧煤气产生动力。由于无压缩行程，这种发动机的热效率很低。1862年，法国人罗彻斯发表了四冲程发动机循环理论，并取得专利。1876年，一直从事煤气机试验的德国人奥托运用循环理论，成功试制了第一台活塞与曲柄相结合，将煤气与空气的混合气经压缩冲程后再点火燃烧的往复式四冲程煤气机，为提高内燃机热效率开辟了新途径。这种内燃机利用活塞的往复运动，将进气、压缩、做功、排气四个过程融为一体，使内燃机结构简化、整体紧凑。为了纪念奥托对内燃机发展所作的贡献，人们称这种循环为奥托循环。奥托本人的那个试验车间后来发展为道依茨发动机公司。

随着石油开始取代煤气，以及汽油挥发性好这一特点被研究者所注意，在奥托循环和梅巴克关于化油器设想的基础上，1879年德国工程师卡尔·本茨（Karl Benz），首次成功试验了一台二冲程试验性发动机。1883年德国人戴姆勒（Daimler）与威廉·迈巴赫合作研制出了第一台小型高速汽油发动机（转速达800r/min），比大型低速煤气机的转速（通常在200r/min以下）高得多。它是一台空气冷却的单缸机，其热效率有了大幅度的提高。

1883年10月，本茨创立了莱茵煤气发动机厂，1885年他在曼海姆制成了第一辆本茨专利机动车，如图1-4，该车为三轮汽车，采用一台二冲程0.9马力（1马力≈0.375kW）的单缸汽油机，此车具备了现代汽车的一些基本特点，如火花点火、水冷循环、钢管车架、钢板弹簧悬架、后轮驱动、前轮转向和制动手把等。与此同时，戴姆勒又在迈巴赫的协助下，于1886年在巴特坎施塔特制成了世界上第一辆四轮汽车，如图1-5。该车在一辆美国制四轮马车上装用他们制造的发动机，排量为0.46L，功率为0.82kW，转速为650r/min，该车以18km/h的速度从斯图加特驶向康斯塔特，世界上第一辆汽油发动机驱动的四轮汽车就此诞生了。

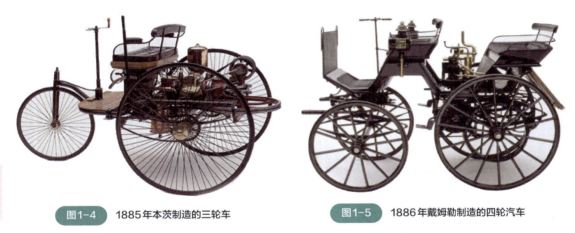

汽车的
发展(图片)

| 图1-4 | 1885年本茨制造的三轮车 | | 图1-5 | 1886年戴姆勒制造的四轮汽车 |

通常，人们都把1886年作为汽车元年，也有些学者把卡尔·本茨制成第一辆三轮汽车的1885年，视为汽车诞生年。本茨和戴姆勒则被尊为汽车工业的鼻祖。

1.1.2　汽车的发展

（1）汽车技术的进步

汽车刚发明时，并没有在各式路面车辆中显示出很强的竞争力，又经过几十年的发展完善，才逐渐占据了主导地位。

汽油汽化与点火问题的解决，使车用汽油机逐渐完善起来。内燃机的冷却最初是通过一根长而弯的管子让水循环流动来实现的。1901年，迈巴赫发明了蜂窝状的冷却水箱，为高效率的冷却打下了基础。

早期的汽车靠手摇转动曲轴来启动发动机，这种方式既费力又不方便，需要由两个人配合完成。1917年，美国凯迪拉克公司研制了第一个电启动机，它利用一个小电动机带动飞轮转动来启动发动机。这项发明的关键在于认识到电动机能瞬时超负荷运转，一个小电动机就可以带动曲轴转动使发动机点火启动。

本茨的汽车从发动机到驱动车轮采用皮带传动，后来又出现了链条传动及传动轴接锥齿轮的传动方式。汽车靠传动轴传递功率后，在传动轴与发动机之间安置了变速箱，使汽车在发动机同一转速下，可以有不同的行驶速度。变速箱采用齿轮传动，主动齿轮与发动机连接，从动齿轮与驱动轴连接。行驶中换挡时，由于两个齿轮转速不同而啮合困难，强行啮合就有打齿的现象，人们开始在变速箱前装配离合器。换挡时，用离合器将变速箱中的齿轮轴与发动机暂时脱开，以方便换挡。1929年，凯迪拉克公司首先研制出同步器，通过同步器中的锥面相互摩擦，使两个齿轮转速相同时才进入啮合，换挡既轻便又不打齿，换挡时间也大大缩短了。

汽车制动器开始是照搬马车上的结构，用手刹带动一个单支点的摩擦片抱住后轮。但是汽车所需的制动力要比马车大得多，而且汽车倒退时这种制动器常常失灵。当时一些汽车在底部安装了一根拖针，当汽车在坡路上下滑时，拖针会扎入地下使车停住。后来在车上又增加了脚刹，控制传动轴的转动。1914年，鼓式制动器出现。1919年，法国海斯柏诺-索扎公司制成用脚踏板统一控制的四轮鼓式制动器，使制动效果大为改善。1921年，美国的杜森伯格公司又推出了液压助力器，由一个主液压缸来放大制动力，以后又出现了气动助力的制动器。制动装置逐渐形成了脚刹控制轮边制动，手刹控制传动轴制动的结构形式。

初期的汽车车轮采用实心木轮，但很快就出现了类似自行车辐条式的铁制车轮，外套实心橡胶轮。采用这种实心轮，在车速超过16km/h时，车就会跳起来，使司机和乘客颠簸得无法忍受。1895年，法国的米奇林兄弟制造出了用于汽车的充气轮胎。由于当时汽车车轮还是不可拆卸的，所以补胎和换胎都要费很多时间。为了解决这个问题，先是出现了辅助轮缘，当轮胎漏气后，靠这个轮缘行驶到最近的修车场去更换轮胎；后来出现了可拆卸的车轮，轮胎分为内胎和外胎两层，外胎用金属丝予以加强，从而使轮胎寿命大大增长。

（2）汽车的大量生产和销售

汽车技术的日益成熟使生产销售成为可能。1901年，美国人奥得尔生产和销售了425辆奥兹莫比尔牌轿车，1905年达6500辆，从此开始了汽车大量生产的新纪元。1908年10月，亨利·福特开始出售著名的T型轿车，如图1-6。1913年，福特汽车公司首次应用科学设计的汽车流水生产线，使汽车成本大大降低，汽车价格大幅下降，逐渐成为大众化的商品。T型车产量增长惊人，从1908年到1927年，短短19年，就生产了1500万辆。从此，美国汽车便成为世界宠儿，福特公司也因此成为名副其实的汽车王国。人们常说，汽车发明于欧洲，但真正获得大发展是在20世纪30年代初的美国。T型车的生产世界纪录，直到60年代才被德国大众公司的甲壳虫轿车打破，如图1-7。

图1-6　福特T型轿车　　　　　图1-7　大众公司的甲壳虫轿车

大量的生产和销售，使汽车从一种实验性的发明转变为关联产业最广、工业技术应用效果最大的综合性工业。因此，汽车工业的发展不仅依赖于汽车行业本身的技术进步，而且也取决于汽车工业应用这些技术的投资能力和世界汽车市场的投放容量；两者相互影响并受到整个经济形势、环境要求、能源及原材料供应、意外变化及国家政策等的影响。例如，第一次世界大战凸显了汽车运输的机动性，而且培训了不少驾驶军用卡车的驾驶员，于是战后汽车买卖兴隆，汽车价格是战前的几倍。但时隔不久，由于经济萧条，汽车的高需求随即宣告结束。到了第二次世界大战后，汽车需求再度旺盛，汽车工业成为美国工业骄傲的象征。1973年首次发生石油危机时，以生产大型豪华车为主的美国汽车工业受到很大冲击，而日本研制生产的小型节油汽车受到市场追捧。

为了占领未来的市场，汽车公司把各种先进技术和装备（如微型电子计算机、无线电通信、卫星导航等）广泛应用于汽车工业中，汽车正在走向自动化和电子化。有了卫星导航系统，汽车可接收交通卫星的通信资料，确定汽车所在位置，从而自动提供最优行车路线，并且显示出交通图；汽车的雷达系统可以把障碍物的距离和大小信息告诉驾驶员，这样停车就更容易；而语言感知系统可以用图、表和声音告诉驾驶人员汽车各个部位的情况，此外还可按"音"行事，执行驾驶指令等。汽车的能耗、排放、噪声和污染等公害也将日益减少，安全性、使用方便性将日益提高。

1.2
汽车的社会影响

1.2.1　汽车对社会生活的促进作用

汽车是重要的交通工具，承担着十分广泛的运输任务，运输量居各种交通工具之首。在现代社会中没有任何交通工具可以与汽车所起的作用相媲美。火车和轮船虽然装载量较多，但只能沿一定线路（铁路或水路）行驶，需要在固定地方（火车站或码头）装运乘客和货物。飞机适用于长距离快捷的运输，但也需要有固定的机场。也就是说，火车、轮船、飞机只能在"点"和"线"上发挥作用，不可能达到城市的每一个角落。相比之下，汽车运输的优点是可以"全面铺开"和"门对门"，活动范围比火车、轮船和飞机广得多，并且可以非常方便地将乘客和货物"从一个门口运送到另一个门口"。

以日本为例，1955年汽车客运周转量只占客运总周转量的30%，而火车的客运周转量占客运总周转量的70%；现在情况正相反，汽车的客运周转量占客运总周转量的70%，而火车只占30%。事实上，私人汽车最突出的优点就是"灵活和随意"。也就是说，私人汽车不受公共交通工具的行车时刻表和行驶路线的限制，可以在自己认为恰当的时间驾车到想去的任何地方。私人汽车完全能够与个人活动紧密地合拍，其结果是大大提高了工作效率，加快了生活节奏。正因为这个原因，人们都希望拥有便利的私人汽车。

1.2.2　汽车对国家经济的促进作用

　　社会对汽车的需求不断增长，促使汽车工业生产日益繁荣。可是，生产汽车需要巨额的投资、雄厚的工业基础和高水平的科学技术，以及优秀的人才。一辆汽车通常有1万多个零件，这些零件由各种各样的材料采用各种各样的工艺技术制成，如图1-8所示。汽车的生产涉及冶金、机械制造、化工、电子、电力、煤炭、石油、轻工等产业；汽车的销售与营运还涉及金融、商业、旅游、服务等第三产业。汽车工业的发展无疑会促进各行各业的繁荣兴旺，带动整个国民经济发展。美国、德国、日本、法国、英国等国家，汽车工业的产值大约占工业总产值的10%，占机械制造业产值的30%，其实力足以影响国家的经济动向。因此，各个发达国家几乎都把汽车工业作为国民经济的支柱产业。汽车工业又是经济效益很高的产业。汽车工业的发展，也给社会带来了许多就业的机会。在日本，汽车制造、销售、营运等行业的从业人数达552万，约占全国就业人数的1/10。美国和德国的比例更高，占1/6。除此之外，汽车工业的发展还促进了运输繁荣和各地区经济文化的交流，有助于

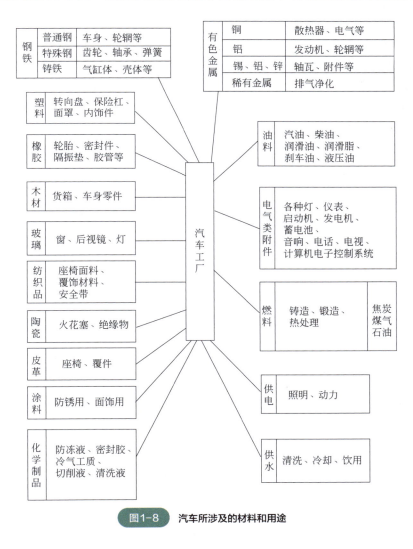

图1-8　汽车所涉及的材料和用途

偏远落后地区的开发。总之，汽车工业与国民经济发展息息相关，对国民经济和社会进步有重大影响。

汽车又是科学技术发展水平的标志。在现代汽车上采用大量的新材料和新结构，特别是应用现代化的微电子技术进行操纵控制，大大地提高了汽车的性能。开发汽车的过程，需要集中一大批优秀的科技人才，开展上千项研究工作，应用最先进的理论、最精确的计算技术、最现代化的设计方法和最完善的测试手段。制造汽车的过程，应用了冶炼、铸造、锻压、机械加工、焊接、装配、涂装等领域许多最新工艺技术成果，在工厂中采用数以百计的自动化生产线并且应用了科学的生产管理手段。毫无疑问，汽车是一种高科技产品，足以体现一个社会的科学技术水平。汽车工业的发展，将促进科学技术的进步。

1.2.3　汽车带来的社会问题

与此同时，汽车也给社会带来许多难以解决的问题。试想一下，成千上万的汽车在道路上行驶，会给道路建设和交通管理带来困难。例如在欧洲，高速公路通常有六个车道（往返各三个车道），高峰时刻汽车会占满路面。假设汽车之间的平均距离是50m，汽车速度是80km/h，这样每个车道每小时的流量是1600辆。如果高速公路六个车道的流量相同，则这条公路在高峰时刻每小时有9600辆汽车通过。假如因交通事故而关闭一侧三个车道15分钟，就会有1200辆汽车阻塞，会连接成三条几公里长的"长龙"。在美国，因为汽车很多，有些车流量大的高速公路增加到八个车道，甚至十个车道。即使在这样宽的路面上，汽车仍密密麻麻，川流不息。这么多汽车涌到市内，停车场所就成了问题。香港是世界上汽车密度最大的地方，平均每平方公里有161.4辆车，每个停车位的售价高达100多万港元。在繁荣的市中心，停车场短缺的情况尤为严重。

成千上万的汽车挤在道路上行驶，碰撞事故在所难免。据统计，全世界每年因汽车交通事故死亡的人数超过40万，受伤人数达1200万，财产损失超过500亿美元。如此巨大的生命财产损失已成为严重的社会问题。

汽车每年消耗的燃油量巨大。另外，汽车燃料燃烧后所排放出的气体会对大气造成严重污染。有害气体包括：一氧化碳、碳氢化合物、氮氧化合物、二氧化硫、铅微粒以及其他微粒。这些有害气体被阳光照射后会形成光化学烟雾，使人中毒、窒息，也是生成酸雨的主要原因之一。燃油燃烧后产生的气体中大约有5%（质量分数）是有害气体。假设有一个200万人口的城市，那么按每1.3人拥有1辆车的普及率，这个城市大约有150万辆汽车，按照每辆汽车2t的年均耗油量，每年该市燃油消耗总量达300万t，排出有害气体15万t。在常温常压下每吨一氧化碳的体积是800m³，每年排放出15万t有害气体的体积大约1亿m³，平均每天排放有害气体达20万m³。1943年美国洛杉矶的光化学烟雾事件，一天之内使几千人受害，造成震惊全球的悲剧。

成千上万辆汽车的发动机轰鸣声、轮胎滚动噪声和喇叭声等，会使我们生活的环境充满噪声。

道路堵塞、停车场短缺、能源消耗、交通事故、环境污染等已成为汽车给社会带来的亟待解决的难题。

1.3

汽车的类型

1.3.1　根据汽车的结构分类

（1）按行走装置进行分类

轮式汽车（wheeled vehicle），用车轮作为行走装置的汽车。

履带式汽车（crawler vehicle），用履带作为行走装置的汽车。

半履带式汽车（semi-crawler vehicle），用履带作为驱动装置、用车轮作为转向装置的汽车。

（2）按动力装置进行分类

内燃机汽车（internal combustion engine automobile），用内燃机作为动力装置的汽车。内燃机汽车的主要形式有汽油机汽车（gasoline automobile）、柴油机汽车（diesel automobile）、气体燃料发动机汽车（gaseous fuel automobile）、液化气体燃料发动机汽车（liquefied petroleum gas automobile）。

电动汽车（electric automobile），用电动机作为动力装置的汽车。根据电源形式可将电动汽车分为无轨电车、电瓶车。无轨电车（trolley bus）是从架线上接受电力，用电动机驱动的大客车。电瓶车（battery car）是用蓄电池作为电源的电动汽车。

燃气涡轮机汽车（gas turbine automobile），用燃气涡轮机作为动力装置的汽车。

根据汽车的
结构分类（微课）

（3）按发动机的位置进行分类

前置发动机汽车（front engine automobile），将发动机安装在车辆前部的汽车。

后置发动机汽车（rear engine automobile），将发动机安装在车辆后部的汽车。

中置发动机汽车（mid-ship engine automobile），发动机置于前后桥之间的汽车。

（4）按驱动方式进行分类

前轮驱动汽车（front drive automobile），用前轮作为驱动轮的汽车。

后轮驱动汽车（rear drive automobile），用后轮作为驱动轮的汽车。

全轮驱动汽车（all wheel drive automobile），前后轮都可以作为驱动轮的汽车。

（5）按发动机位置和驱动方式进行分类

前置前驱动汽车（front engine front drive automobile），前置发动机的前轮驱动汽车。

前置后驱动汽车（front engine rear drive automobile），前置发动机的后轮驱动汽车。

后置后驱动汽车（rear engine rear drive automobile），后置发动机的后轮驱动汽车。

中置后驱动汽车（mid-ship engine rear drive automobile），中置发动机的后轮驱动汽车。

前置四驱动汽车（front engine four wheel drive automobile），前置发动机的四轮驱动汽车。

后置四驱动汽车（rear engine four wheel drive automobile），后置发动机的四轮驱动汽车。

（6）按有无车架进行分类

有车架汽车（vehicle with frame construction），在构成车辆底盘的骨架上安装了悬架、车桥、发动机和车身等总成的汽车。

无车架汽车（vehicle with integral chassis-body construction），一种没有底盘骨架，底盘和车身成为一体使其具有一定强度的汽车。

1.3.2 根据汽车的用途分类

（1）轿车（saloon car）

轿车如图1-9，以运送人员及其行李和物品为主要目的设计制造的，包括驾驶员座位在内最多可设置九个座位的汽车。

（2）运动汽车（sports car）

运动汽车如图1-10，以娱乐运动为目的设计的轻便型高速轿车。

| 图1-9 轿车 | 图1-10 运动汽车 |

（3）客货两用汽车（multipurpose passenger car）

客货两用汽车如图1-11，具有厢式、敞开式（或可敞开式）车身为便于输送货物而设计的汽车。

（4）载货汽车（motor truck）

载货汽车如图1-12，以运送货物为主要目的设计制造的汽车。

| 图1-11 客货两用汽车 | 图1-12 载货汽车 |

（5）客车（bus）

客车如图1-13，以输送人员及其行李为主要目的设计制造的，包括驾驶员座位在内设有十个以上座位的汽车。

（6）专用汽车（special purpose vehicle）

专用汽车如图1-14，在普通的汽车底盘上安装有特殊用途的专用车身的汽车。

（7）特种汽车（special vehicle）

特种汽车如图1-15，为了特定的目的而加装特种装备（或装置）的汽车。

图1-13　客车

图1-14　专用汽车（罐式汽车）

图1-15　特种汽车（水陆两栖汽车）

1.3.3　国家标准规定的汽车分类

国家标准规定的汽车分类（图片）

　　经国家市场监督管理总局与国家标准化管理委员会发布，汽车分类的两个新国标为GB/T 3730.1—2022和GB/T 15089—2001。GB/T 15089—2001主要用于型式认证；GB/T 3730.1—2022是通用性分类，适用于一般概念、统计、牌照、保险、政府政策和管理的依据。新国标与国际标准接轨，在按用途划分的基础上，建立了乘用车和商用车概念，在轿车的划分上改革较大，解决了管理和分类的矛盾。

　　（1）汽车（motor vehicle）

　　汽车指自身装备动力装置，用于载运人员和货物的道路车辆，包括乘用车和商用车两大类。

　　乘用车（passenger car）指在其设计和技术特性上主要用于载运乘客及其随身行李和临时物品的汽车，包括驾驶员座位在内最多不超过九个座位，可牵引一辆挂车。根据车身结构、车顶形式，以及座位、车门、车窗的数量，乘用车可细分为十一个种类，分别为普通乘用车（saloon，sedan）、活顶乘用车（convertible saloon）、高级乘用车（pullman saloon）、小型乘用车（coupe）、敞篷车（convertible）、仓背乘用车（hatchback）、旅行车（station wagon）、多用途乘用车（multipurpose passenger car）、短头乘用车（forward control passenger car）、越野乘用车（off-road passenger car）、专用乘用车（special purpose passenger car）。

　　商用车（commercial vehicle）指在设计和技术特性上用于运送人员和货物的汽车，并且可以牵引挂车。商用车细分为客车、半挂牵引车、货车三个大类。客车（bus）是在设计和技术特性上用于载运乘客及其随身行李的商用车辆，包括驾驶员座位在内座位数超过九个。客车有单层的和双层的，可牵引一辆挂车。客车细分为八种，分别为小型客车（mini-bus）、城市客车（city-bus）、长途客车（interurban coach）、旅游客车（touring coach）、铰接客车（articulated bus）、无轨电车（trolley bus）、越野客车（off-road bus）、专用客车（special bus）。半挂牵引车（semi-trailer towing vehicle）是装备有特殊装置用于牵引半挂车的商用车辆。货车（goods vehicle）是一种主要为载运货物而设计和装备的商用车辆，细分为六种，分别为普通货车（general purpose goods vehicle）、多用途货车（multipurpose goods vehicle）、全挂牵引车（trailer towing vehicle）、越野货车（off-road goods vehicle）、专用作业车（special goods vehicle）、专用货车（specialized goods vehicle）。

（2）挂车（trailer）

挂车指需要汽车牵引，才能正常使用的一种无动力的道路车辆，用于载运人员和货物，包括牵引杆挂车、半挂车、中置轴挂车三大类。

牵引杆挂车（draw-bar trailer），细分为四种，分别为客车挂车（bus trailer）、牵引杆货车挂车（goods draw-bar trailer）、通用牵引杆挂车（general purpose draw-bar trailer）、专用牵引杆挂车（special draw-bar trailer）。

半挂车（semi-trailer）指车轴置于车辆重心（当车辆均匀受载时）后面，并且装有可将水平或垂直力传递到牵引车的联结装置的挂车。半挂车细分为四种，分别为客车半挂车（bus semi-trailer）、通用货车半挂车（general purpose goods semi-trailer）、专用半挂车（special semi-trailer）、旅居半挂车（caravan semi-trailer）。

中置轴挂车（center axle trailer）指牵引装置不能垂直移动（相对于挂车），车轴位于紧靠挂车的重心（当均匀载荷时）的挂车。这种车辆只允许有较小的垂直静载荷作用于牵引车，不超过挂车最大质量的10%，其中一轴或多轴由牵引车来驱动。

（3）汽车列车（combination vehicle）

根据车辆用途、铰接形式，汽车列车细分为乘用车列车（passenger trailer combination）、客车列车（bus road train）、货车列车（goods road train）、牵引杆挂车列车（draw-bar tractor combination）、铰接列车（articulated vehicle）、双挂列车（double road train）、双半挂列车（double semi-trailer road train）、平板列车（platform road train）。

1.4
汽车产品的型号

1.4.1　我国汽车产品型号的编号规则

汽车的产品型号是为了识别车辆而给车辆指定的一组由汉语拼音字母和阿拉伯数字组成的编号。我国汽车的产品型号由企业名称代号、车辆类别代号、主参数代号、产品序号组成，必要时可附加企业自定代号。代号排列顺序如图1-16所示。

对于专用汽车及专用半挂车还应增加专用汽车分类代号，排列顺序如图1-17所示。各种代（序）号的意义及规定如下。

（1）企业名称代号

企业名称代号是识别车辆制造企业的代号，位于产品型号的第一部分，用代表企业名称的两个或三个汉语拼音字母表示。为了避免与数字混淆，不应采用汉语拼音字母中的"I"和"O"。

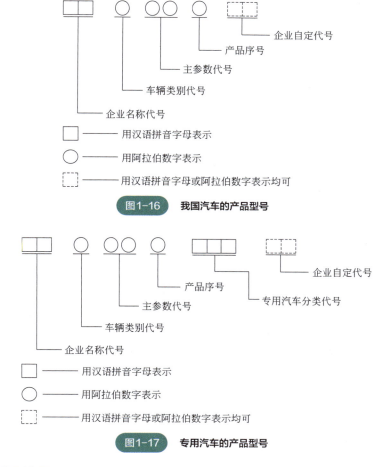

图1-16　我国汽车的产品型号

图1-17　专用汽车的产品型号

（2）车辆类别代号

车辆类别代号是表明车辆附属分类的代号，各类汽车的类别代号位于产品型号的第二部分，按表1-1的规定用一位阿拉伯数字表示。

表1-1　车辆类别代号

车辆类别代号	车辆种类	车辆类别代号	车辆种类
1	载货汽车	6	客车
2	越野汽车	7	轿车
3	自卸汽车	8	
4	牵引汽车	9	半挂车及专用半挂车
5	专用汽车		

（3）主参数代号

主参数代号是表明车辆主要特性的代号，各类汽车的主参数代号位于产品型号的第三部分，按下列规定用两位阿拉伯数字表示。

载货汽车、越野汽车、自卸汽车、牵引汽车、专用汽车与半挂车的主参数代号为车辆的总质量（t）。牵引汽车的总质量包括牵引座上的最大质量。当总质量在100t以上时，允许用三位数字表示。

客车的主参数代号为车辆长度（m）。当车辆长度小于10m时，应精确到小数点后一位，并以长度值的10倍数值表示。

轿车的主参数代号为发动机排量（L）。应精确到小数点后一位，并以其值的10倍数值表示。

专用汽车及专用半挂车的主参数代号在采用定型汽车底盘或定型半挂车底盘改装时，若其主参数与定型底盘原车的主参数之差不大于原车的10%，则应沿用原车的主参数代号。

主参数按《数字修约规则》执行。主参数不足规定位数时，在参数前以"0"占位。

（4）产品序号

产品序号表示一个企业的类别代号和主参数代号相同的车辆的投产顺序号。产品序号位于产品型号的第四部分，用阿拉伯数字表示，数字由0、1、2……依次使用。

用途特征代号

结构特征代号

图1-18　专用汽车分类代号

（5）专用汽车分类代号

专用汽车分类代号是识别专用汽车的结构类别和用途的代号，位于产品型号的第五部分，使用反映车辆结构和用途特征的三个汉语拼音字母表示，如图1-18。其中，结构特征代号按表1-2规定。

表1-2　结构特征代号

结构类型	结构特征代号	结构类型	结构特征代号
厢式汽车	X	特种结构汽车	T
罐式汽车	G	起重举升汽车	J
专用自卸汽车	Z	仓栅式汽车	C

（6）企业自定代号

企业自定代号是企业根据需要自行规定的补充代号，一般位于产品型号的最后部分。同一种汽车结构略有变化而需要区别时（如汽油、柴油发动机，长、短轴距，单、双排座驾驶室，平、凸头驾驶室，左、右置转向盘等），可用汉语拼音字母和阿拉伯数字表示，位数也由企业自定。供用户选装的零部件（如暖风装置、收音机、地毯、绞盘等）不属结构特征变化，应不给予企业自定代号。

编号举例如下。

例1：第一汽车制造厂生产的第二代载货汽车总质量为9310kg，其型号为CA1091。

例2：第二汽车制造厂生产的第一代越野汽车总质量为7720kg，其型号为EQ2080。

例3：上海重型汽车厂生产的第一代自卸汽车总质量为59538kg，故其型号为SH3600。

例4：汉阳特种汽车制造厂生产的第一代公路牵引汽车，总质量为30000kg，其型号为HY4300。

例5：济南汽车改装厂生产的第一代厢式保温汽车，采用EQ1090汽车底盘改装，故其型号为JG5090X。

例6：兰州专用汽车制造厂生产的第一代野外淋浴半挂车总质量为5000kg，其型号为LQ9050X。

例7：天津市客车厂生产的第二代客车长度为4.75m，故其型号为TJ6481。

例8：上海汽车厂生产的第二代轿车，发动机排量为2.232L，故其型号为SH7221。

1.4.2 车辆识别代号

根据GB 16735—2019规定，车辆识别代号（VIN）是以注册、识别等目的由制造厂家对车辆给定的标记。它包括世界制造厂识别代号、车辆说明部分和车辆指示部分三部分，由17个数字和字母按图1-19方式构成，其中方框表示字母或数字；圆圈表示数字。在VIN中允许使用的阿拉伯数字和大写英文字母只有：0、1、2、3、4、5、6、7、8、9、A、B、C、D、E、F、G、H、J、K、L、M、N、P、R、S、T、U、V、W、X、Y、Z，字母I、O和Q不能使用。

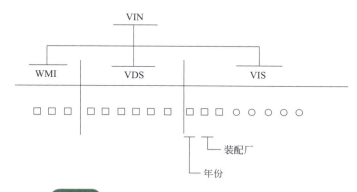

图1-19　车辆识别代号（年产量大于或等于1000辆）

世界制造厂识别代号（WMI），是表明车辆制造厂家的代码，由国家指定的组织对制造厂家预先规定的三个标记符号构成。

车辆说明部分（VDS），是用来描述车辆一般属性的标记，由厂家给定六个标记符号构成。

车辆指示部分（VIS），是由制造厂家给定的一组标记符号，由八位标记符号组成。在VIS中第一个标记符号表示汽车的生产年份，年份代码应按表1-3的规定执行。

表1-3　年份代码

年份	代码	年份	代码	年份	代码	年份	代码
1991	M	2001	1	2011	B	2021	M
1992	N	2002	2	2012	C	2022	N
1993	P	2003	3	2013	D	2023	P
1994	R	2004	4	2014	E	2024	R
1995	S	2005	5	2015	F	2025	S
1996	T	2006	6	2016	G	2026	T
1997	V	2007	7	2017	H	2027	V
1998	W	2008	8	2018	J	2028	W
1999	X	2009	9	2019	K	2029	X
2000	Y	2010	A	2020	L	2030	Y

中国汽车故事
民生牌之痛——旧中国的无奈

1928年，东北拥有当时全中国最好的工业制造能力，能自行生产、维修一些军工产品。在奉天迫击炮厂厂长李宜春的建议下，张学良决定将奉天迫击炮厂改名为辽宁迫击炮厂，"军转民"，对外称"民生工厂"，利用厂里现有的设备生产民用品，于1929年6月开始研制载重汽车。

鉴于薄弱的工业基础，缺乏设计制造汽车的经验，民生工厂的汽车设计人员决定从仿制开始，一边学习，一边积累经验。虽然是仿制，但设计人员并没有拘泥于某一款现有汽车，而是对福特、通用的载重汽车，进行了拆卸、分解、复原，获得了大量的测绘图纸和技术数据。

经过两年的技术攻关，于1931年5月31日试制成功了第一辆汽车——"民生牌"75型2.5t载重汽车。该车载重量1.82t，长头、棕色，采用六缸水冷汽油发动机，65马力（1马力≈0.735kW），轴距4.7m，前后四轮为单胎，最高车速为40km/h。在全车666种零件中，有464种是自制的，国产化率达到了70%。

民生牌汽车问世以后，在国内引起很大反响。但是不久就爆发了震惊中外的"九一八事变"，东三省沦陷，民生工厂落入侵华日军手中，民生牌汽车就此结束了短暂的一生。

思维导图

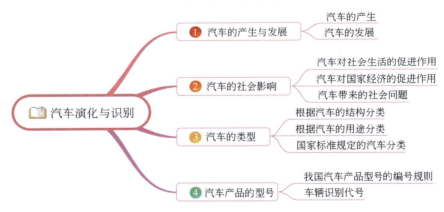

复习思考题

1. 判断题

（1）有些进行特种作业的轮式机械，如轮式推土机、铲运机、叉式起重机，以及农田作业用的轮式拖拉机等，在中国都被列入汽车的范畴。（　　）

（2）1862年，德国人奥托发表了四冲程发动机循环理论，并取得专利。（　　）

（3）1913年，福特汽车公司首次应用科学设计的汽车流水生产线。（　　）

（4）GB/T 3730.1—2022是通用性分类，适用于一般概念、统计、牌照、保险、政府政策和管理的依据。（　　）

（5）乘用车在设计和技术特性上主要用于载运乘客及其随身行李和临时物品的汽车，包括驾驶员座位在内最多不超过九个座位，不能用于牵引挂车。（　　　）

2. 选择题

（1）（　　　）被尊为汽车工业的鼻祖。

A. 福特和迈巴赫   B. 本茨和戴姆勒

C. 福特和戴姆勒   D. 本茨和迈巴赫

（2）打破T型轿车的生产世界纪录是（　　　）牌轿车。

A. 日产   B. 别克

C. 甲壳虫   D. 奥兹莫比尔

（3）1901年，（　　　）发明了蜂窝状的冷却水箱，为高效率的冷却打下了基础。

A. 迈巴赫   B. 福特

C. 米奇林   D. 本茨

（4）1917年，（　　　）公司研制了第一个电启动机，它利用一个小电动机带动飞轮转动来启动发动机。

A. 大众   B. 丰田

C. 克莱斯勒   D. 凯迪拉克

（5）不属于乘用车的是（　　　）。

A. 敞篷车   B. SUV

C. 旅行车   D. 轻型客车

3. 问答题

（1）如何描述我国汽车的概念？

（2）汽车对国家经济的促进作用有哪些？

（3）汽车带来的社会问题有哪些？

（4）简述我国汽车产品的编号规则。

（5）简述车辆识别代号（VIN）的标识规则。

2

汽车发动机构造

学习目标

知识目标

1. 正确描述发动机的分类；
2. 正确描述发动机的总体构造；
3. 描述发动机的基本术语；
4. 描述发动机的工作原理；
5. 描述发动机各机构、各系统的组成与作用。

能力目标

1. 能够辨别发动机的主要零部件；
2. 能够进行发动机日常维护作业。

2.1
发动机总体构造

随着科学技术的发展，汽车动力出现多元化趋势，但大多数仍然采用热能动力装置，即发动机，又称为引擎。发动机能够把燃料（液体或气体）的化学能转化为热能，再将热能转化为机械能，对外输出动力。

2.1.1 分类

发动机的发展史经历了外燃机和内燃机两个发展阶段，车用发动机都属于内燃机。

（1）按照活塞的运动方式分类

按照活塞运动方式的不同，内燃机可分为往复活塞式和旋转活塞式两种。

（2）按照所使用燃料的种类分类

按照所使用燃料种类的不同，活塞式内燃机主要分为汽油机、柴油机和气体燃料机三类。

（3）按照进气系统是否采用增压方式分类

按照进气系统是否采用增压方式，内燃机可以分为自然吸气（非增压）式发动机和强制进气（增压）式发动机。汽油机常采用非增压式进气系统，而柴油机为了提高功率多采用增压式进气系统。

分类(微课)

（4）按照行程分类

按照内燃机一个工作循环所需的行程数量，可分为四冲程内燃机和二冲程内燃机。四冲程内燃机是指完成一个工作循环，曲轴转动两圈，即720°，活塞在气缸内上下往复运动四个行程的内燃机。汽车发动机大多使用四冲程内燃机。二冲程内燃机是指完成一个工作循环，曲轴转动一圈，即360°，活塞在气缸内上下往复运动两个行程的内燃机。

（5）按照气缸数目分类

内燃机按照气缸数目的不同可以分为单缸发动机和多缸发动机。只有一个气缸的发动机称为单缸发动机；有两个及以上气缸的发动机称为多缸发动机，如双缸、三缸、四缸、五缸、六缸、八缸、十二缸等都是多缸发动机。现代车用发动机多采用四缸、六缸、八缸发动机。

（6）按照气缸排列方式分类

按照气缸排列方式的不同可以将内燃机分为单列式和双列式。单列式发动机的各个气缸排成一列，一般是垂直布置的，为了降低高度，有时也把气缸布置成倾斜的或者水平的；双列式发动机把气缸排成两列，两列之间的夹角小于180°（一般为90°），称为V型发动机；若两列之间的夹角等于180°，称为对置式发动机。保时捷、斯巴鲁是采用水平对置式发动机的典型车型。

（7）按照冷却方式分类

按照冷却方式的不同，内燃机可分为水冷式和风冷式。水冷发动机是利用在气缸体和气缸盖的冷却水套中不断循环的冷却液作为冷却介质进行冷却的，而风冷发动机是利用流动于气缸体与气缸盖外表面散热片之间的空气作为冷却介质进行冷却的。因为水冷发动机具有冷却均匀，工作可靠，冷却效果好等优点，成为现代车用发动机的首选。

2.1.2 基本构造

发动机是一种由许多机构和系统组成的复杂机器。无论是哪一种发动机，要完成能量转换，实现工作循环，保证长时间连续正常工作，都必须具备曲柄连杆机构、配气机构，以及燃油系统、润滑系统、冷却系统、启动系统、点火系统。一般汽油机由两大机构和五大系统组成，如图2-1；柴油机由除点火系统之外的两大机构和四大系统组成，如图2-2。

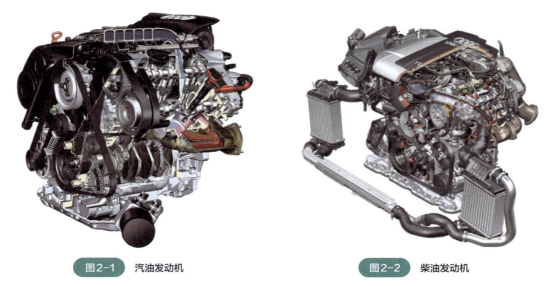

基本构造
（动画）

| 图2-1 | 汽油发动机 | | 图2-2 | 柴油发动机 |

（1）曲柄连杆机构

曲柄连杆机构是发动机实现工作循环、完成能量转换以产生动力的主要零件，由机体组（气缸体、气缸盖）、活塞连杆组（活塞、连杆）和曲轴飞轮组（曲轴、飞轮）等组成。在做功行程中，活塞承受燃气压力在气缸内做直线运动，通过连杆转换成曲轴的旋转运动，由曲轴对外输出动力。在进气、压缩和排气行程中，飞轮释放能量又把曲轴的旋转运动转化成活塞的直线运动。

（2）配气机构

配气机构由进气门、排气门、气门弹簧、挺柱、凸轮轴和正时齿轮等组成，其功用是根据发动机的工作顺序和工作过程，定时开启、关闭进气门和排气门，使可燃混合气或空气进入气缸，并使燃烧产生的废气从气缸内及时排出，实现换气过程。

（3）燃油系统

根据发动机使用的燃油不同，常见的有汽油机燃油系统和柴油机燃油系统两类。汽油机燃油系统又分化油器式和燃油喷射式两种。化油器式燃油系统，由燃油箱、汽油泵、汽油滤清器、化油器、空气滤清器、进排气歧管和排气消声器等组成，其作用是向气缸内供给已配好的可燃混合气，并控制进入气缸内可燃混合气的数量，以调节发动机输出的功率和转速，最后，将燃烧后产生的废气排出气缸。柴油机燃油系统由燃油箱、输油泵、柴油滤清器、喷油泵、进排气歧管和排气消声器等组成，其作用是向气缸内供给纯空气并在规定时刻向缸内喷入定量柴油，以调节发动机的输出功率和转速，最后，将燃烧后产生的废气排出气缸。

（4）润滑系统

润滑系统通常由润滑油道、机油泵、机油滤清器、油底壳等组成。其功用是将定量的清洁润滑油输送至各个相对运动的零件表面，以实现液体摩擦，减小摩擦阻力，减轻机件的磨损，同时起到对零件表面进行清洗和冷却的作用。

（5）启动系统

发动机的启动是指曲轴在外力作用下开始转动，到发动机开始怠速运转的全过程。完成启动过程所需的装置，称为发动机的启动系统。发动机由静止状态转换到工作状态，必须通过外力使发动机的曲轴转动起来，带动活塞做往复运动，进入气缸的可燃混合气燃烧膨胀做功，推动活塞向下运动，曲轴旋转，使发动机自行运转，工作循环自动进行。

（6）冷却系统

根据冷却介质不同，冷却系统有风冷式和水冷式两种，前者以空气为冷却介质，后者以冷却液为冷却介质，汽车发动机多采用水冷式冷却系统。水冷式冷却系统由水泵、风扇、水箱、节温器和冷却水套（在机体内）等组成。其功用是利用冷却水的循环将发动机高温零部件的热量通过散热器散发到大气中，保证发动机在最适宜的温度下工作。

（7）点火系统

只有汽油机采用点火系统，柴油机是压燃的，不需要点火系统。点火系统是指能够按规定时刻在火花塞电极间产生电火花的全部设备，通常由蓄电池、发电机、分电器、点火线圈和火花塞等组成。

2.1.3　基本术语

工作循环，每完成一次热功转换的工作过程。

上止点（TDC），活塞离曲轴旋转中心最远处，即活塞的最高位置。

下止点（BDC），活塞离曲轴旋转中心最近处，即活塞的最低位置。

曲柄半径（R），连杆与曲轴连接中心到曲轴旋转中心的距离。

活塞行程（S），上、下两止点间的距离，$S=2R$。

冲程，活塞由一个止点到另一个止点运动一次的过程。

气缸工作容积（V_h），活塞从上止点到下止点运动所扫过的容积。

发动机工作容积（V_i），发动机所有气缸工作容积之和，也称发动机的排量，$V_i=V_h×i$，其中i表示气缸数。

燃烧室容积（V_c），活塞在上止点时，活塞顶上面的空间容积。

气缸总容积（V_a），活塞在下止点时，活塞顶上面的空间容积，等于气缸工作容积与燃烧室容积之和。

压缩比（ε），气缸总容积与燃烧室容积的比值，$\varepsilon=V_a/V_c$。

升功率，是评价发动机性能的一个重要指标，代表的是单位气缸工作容积所发出的功率，反映了发动机的技术水平。

2.1.4　四冲程汽油机工作原理

发动机将热能转变为机械能的过程，是经过进气、压缩、做功和排气四个连续的过程来实现的，每进行一次这样的过程就是一个工作循环。曲轴旋转两圈，活塞往复四个行程完成一个工作循环的发动机，称为四冲程发动机。四冲程汽油机的工作原理如图2-3所示。

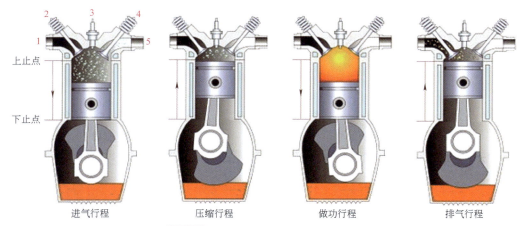

图2-3　四冲程汽油机工作原理图

1—排气道；2—排气门；3—火花塞；4—进气门；5—进气道

（1）进气行程

曲轴带动活塞从上止点向下止点运动，此时，进气门开启，排气门关闭。活塞移动过程中，气缸内容积逐渐增大，形成真空度，于是可燃混合气通过进气门被吸入气缸，直至活塞到达下止点，进气门关闭时结束。由于进气系统存在进气阻力，进气终了时气缸内气体的压力低于大气压力，为0.075~0.09MPa。由于气缸壁、活塞等高温件及上一循环留下的高温残余废气的加热，气体温度升高到370~440K（0℃=273.15K）。

（2）压缩行程

进气行程结束时，活塞在曲轴的带动下，从下止点向上止点运动，气缸内容积逐渐减小。此时进、排气门均关闭，可燃混合气被压缩，直至活塞到达上止点时压缩行程结束。压缩过程中，气体压力和温度同时升高，并使混合气进一步均匀混合，压缩终了时，气缸内的压力为0.6~1.2MPa，温度为600~800K。

（3）做功行程

在压缩行程末，火花塞产生电火花点燃混合气，并迅速燃烧，使气体的温度、压力迅速升高，从而推动活塞从上止点向下止点运动，通过连杆使曲轴旋转做功，直至活塞到达下止点时做功行程结束。做功开始时气缸内气体压力、温度急剧上升，瞬间压力可达3~5MPa，瞬时温度可达2200~2800K。

（4）排气行程

在做功行程接近终了时，排气门打开，进气门关闭，曲轴通过连杆推动活塞从下止点向上止点运动。废气在自身剩余压力和活塞推动下，排出气缸，直至活塞到达上止点时，排气门关闭，排气行程结束。因排气系统存在排气阻力，排气行程终了时，气缸内压力略高于大气压力，为0.105~0.115MPa，温度为900~1200K。

2.2

曲柄连杆机构

曲柄连杆机构是发动机实现工作循环、完成能量转换的主要运动机构，其作用是为燃料提供燃烧场所，把燃烧后作用在活塞顶上的膨胀压力转变为曲轴旋转的转矩，不断输出动力以驱动汽车车轮转动。

曲柄连杆机构由机体组、活塞连杆组、曲轴飞轮组三部分组成。机体组主要包括气缸体、气缸盖、气缸垫、曲轴箱及油底壳等不动件。活塞连杆组主要包括活塞、活塞环、活塞销及连杆等运动件。曲轴飞轮组主要包括曲轴、飞轮等机件。

2.2.1 机体组

机体是构成发动机的骨架，是发动机各机构和各系统的安装基础，其内、外安装着发动机的所有主要零件和附件，承受各种载荷。因此，机体必须具备足够的强度和刚度。机体组由气缸体、气缸盖、气缸垫、曲轴箱及油底壳组成，如图2-4。

气缸体是发动机各个机构和系统的装配基体，是发动机中最重要的一个部件。气缸体有水冷式和风冷式两类。气缸直接镗在气缸体上，称为整体式气缸，整体式气缸强度和刚度都好，能承受较大的载荷，这种气缸对材料要求高，成本高。也可以将气缸制造成单独的圆筒形零件，即气缸套，然后再装到气缸体内。若气缸套用耐磨的高强度铸铁材料制成，而缸体用价廉的普通铸铁或质量轻的铝合金制成，不仅可以降低制造成本，同时，气缸套还可以从气缸体中取出，因而便于修理和更换，大大延长气缸体的使用寿命。气缸套有干式气缸套和湿式气缸套两种。干式气缸套外表面不直接与冷水接触，其壁厚一般为1~3mm。干式气缸套

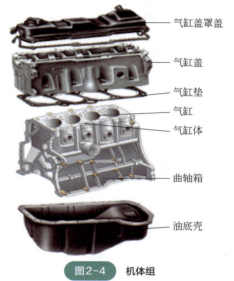

气缸盖罩盖
气缸盖
气缸垫
气缸
气缸体
曲轴箱
油底壳

图2-4　机体组

外表面加工精度高，与气缸体配合紧密，不易漏水、漏气，多用于功率较小的汽油机。湿式气缸套外表面直接与冷却水接触，冷却效果好。其壁厚比干式气缸套大，一般为5~9mm。外表面加工较粗糙，设置有冷却水密封装置，冷却效果优于干式，但刚性差，多用于车用柴油机。

气缸盖安装在气缸体的上面，从上部密封气缸并构成燃烧室。它经常与高温高压燃气相接触，因此承受很大的热负荷和机械负荷。气缸盖也是配气机构多数零件的安装基体。

气缸垫位于气缸盖与气缸体之间，其作用是保证气缸盖与气缸体间的密封，防止燃烧室漏气、水套漏水。气缸垫的材料要有一定的弹性，能补偿结合面的不平度，以确保密封，同时要有较好的耐热性和耐压性，保证在高温高压下不烧损、不变形。

气缸体下部用来安装曲轴的部位称为曲轴箱，曲轴箱分上曲轴箱和下曲轴箱。上曲轴箱与气缸体铸成一体，下曲轴箱用来储存润滑油，并封闭上曲轴箱，因此又称为油底壳。油底壳的主要作用是储存机油并封闭曲轴箱。油底壳受力很小，一般采用薄钢板冲压而成。油底壳内装有稳油挡板，以防止汽车颠簸时油面波动过大。油底壳底部还装有放油螺塞，放油螺塞上装有永久磁铁，以吸附润滑油中的金属屑，减少发动机的磨损。在上下曲轴箱接合面之间装有衬垫，防止润滑油泄漏。

2.2.2 活塞连杆组

活塞连杆组由活塞、活塞环、活塞销、连杆体及连杆轴瓦等组成，如图2-5。

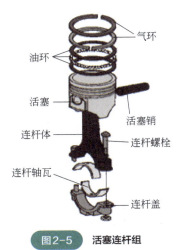

图2-5　活塞连杆组

气环
油环
活塞
连杆体
连杆轴瓦
活塞销
连杆螺栓
连杆盖

活塞的主要作用是承受燃烧气体压力，通过活塞销传给连杆以推动曲轴旋转，并与气缸盖、气缸壁等共同组成燃烧室。活塞是汽车发动机的"心脏"，承受交变的机械负荷和热负荷，是发动机中工作条件最恶劣的关键零部件之一。活塞一般分为柴油机活塞、汽油机活塞、通用型活塞三类。现代汽车发动机广泛采用铝合金活塞，只在极少数汽车发动机上采用铸铁或耐热钢活塞。活塞可分为顶部、头部和裙部三部分。

活塞环安装在活塞环槽内，用来密封活塞与气缸壁之间的间隙，防止窜气，同时使活塞的往复运动轻便顺捷。活塞环分为气环和油环。通常汽油发动机活塞采用两道气环，一道油环。柴油发动机则采用三道气环，一道油环。

活塞销是装在活塞裙部的圆柱形销，中部穿过连杆小头的轴承孔，用来连接活塞和连杆小头，把活塞承受的气体作用力传给连杆。为了减轻重量，活塞销一般采用低碳钢或低碳合金等优质合金钢制造，并做成空心，有时也按等强度要求做成管状体结构。

连杆用于连接活塞和曲轴，作用是将活塞承受的力传给曲轴，并使活塞的往复运动转变为曲轴的旋转运动。连杆由连杆体、连杆盖、连杆螺栓和连杆轴瓦等零件组成，连杆体与连杆盖分为连杆小头、杆身和连杆大头。V型发动机的连杆有并列连杆、主副连杆、叉片式连杆三种形式。连杆轴瓦安装在连杆大头的孔座中，与曲轴上的连杆轴颈装合在一起，是发动机中最重要的配合件之一。连杆轴瓦常采用铜铅合金和铝基合金。

活塞连杆组(动画)

2.2.3　曲轴飞轮组

曲轴飞轮组主要由曲轴和飞轮以及其他附件组成，如图2-6。

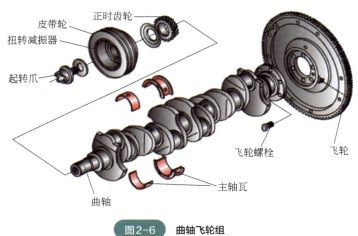

皮带轮
正时齿轮
扭转减振器
起转爪
飞轮螺栓
飞轮
主轴瓦
曲轴

图2-6　曲轴飞轮组

曲轴是发动机最重要的零件之一，如图2-7。装上连杆后，可将活塞的上下往复运动变成自身的旋转运动，将活塞连杆组传来的气体作用力转变成曲轴的旋转力矩对外输出，并驱动发动机的配气机构及其他辅助装置工作。在相邻的两个曲拐之间都设置一个主轴颈的曲轴，称为全支承曲轴，否则称为非全支承曲轴。

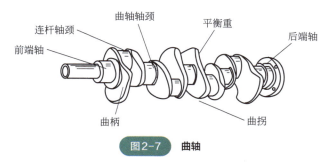

图2-7　曲轴

　　飞轮是一个转动惯量很大的圆盘状零件，其作用包括：将发动机做功行程的部分能量储存起来，以克服其他行程的阻力，使曲轴均匀旋转；通过安装在飞轮上的离合器，把发动机和汽车传动系统连接起来；装有与启动机啮合的齿圈，便于发动机启动。飞轮上通常还刻有一缸点火正时记号，以便校准点火时刻。

2.3
配气机构

　　配气机构根据发动机的工作顺序和工作过程，定时开启、关闭进气门和排气门，使可燃混合气或新鲜空气进入气缸，并使废气从气缸内排出。进入气缸内的新鲜气体数量越多，发动机的有效功率和转矩越大，因此，配气机构要保证进气和排气都尽可能地充分。配气机构由气门组和气门传动组两部分组成，如图2-8，具体的零件构成则与气门的位置、凸轮轴的位置及气门驱动形式有关。

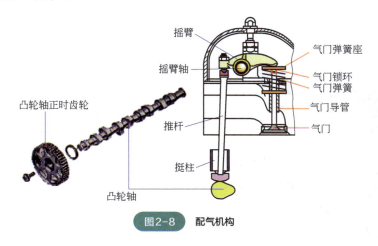

图2-8　配气机构

2.3.1　气门组

　　气门组包括气门、气门导管、气门座及气门弹簧等零件。

　　气门用来封闭气道，分为进气门和排气门。气门由气门头部和杆身两部分组成。气门头部是一个具有圆锥斜面的圆盘，用来密封气缸的进气、排气通道，气门锥角一般为45°，进气门锥角也有30°的。气门头部边缘应保持一定厚度，一般为1~3mm，以防工作中受冲击损坏和被高温烧蚀。气门密封锥面与气门座配对研磨。气门头部顶面形状有平顶、球面顶和喇叭顶三种形式。气门杆有较高的加工精度，与气门导管保持较小的配合间隙（0.05~0.12mm），以减小磨损，并起到良好的导向和散热作用。

气门导管是气门的导向装置，保证气门做直线往复运动，使气门与气门座或气门座圈能正确贴合，并使气门杆上的热量经气门导管传给气缸盖。气门导管的工作温度较高，而且润滑条件较差，依靠配气机构工作时飞溅起来的机油润滑。气门导管由灰铸铁、球墨铸铁或铁基粉末冶金制造而成，以一定的过盈压入气缸盖上的气门导管座孔中。

气缸盖上与气门锥面相贴合的部位称为气门座。气门座内锥面与气门外锥面紧密贴合，用于密封气缸。气门座的温度很高，又承受频率极高的冲击载荷，容易磨损，因此，铝合金气缸盖和大多数铸铁气缸盖均镶嵌有由合金铸铁或奥氏体钢制成的气门座圈。在气缸盖上镶嵌气门座圈可以延长气缸盖的使用寿命。也有一些铸铁气缸盖不镶嵌气门座圈，直接在气缸盖上加工出气门座。

气门弹簧的作用是保证气门关闭时能紧密地与气门座或气门座圈贴合，并克服在气门开启时配气机构产生的惯性力，使传动件始终受凸轮控制而不相互脱离，防止因气门跳动引起气缸漏气。气门弹簧多为圆柱形螺旋弹簧，一端支承在气缸盖上，另一端压靠在气门杆尾端的弹簧座上，弹簧座用锁片固定在气门杆的尾端。为了防止气门弹簧工作时产生共振，采用了多种设计，包括使用张力更大的弹簧、不等螺距弹簧、双弹簧等。

气门旋转机构能使气门在工作中产生缓慢的旋转运动，可使气门头部的周向温度分布比较均匀，从而减小气门头部的热变形。同时，气门旋转时，在密封锥面上产生轻微的摩擦力，能够清除锥面上的沉积物。

2.3.2 气门传动组

气门传动组是指从正时齿轮开始至驱动气门动作的所有零件，主要包括凸轮轴、挺柱、推杆、摇臂及气门弹簧等，如图2-9。气门传动组的作用是按规定的配气相位定时地驱动气门开闭，并保证气门有足够的开度和适当的间隙。

凸轮轴的作用是驱动和控制发动机各缸气门的开启和关闭，每一个进、排气门分别有相应的进气凸轮和排气凸轮。凸轮轴由进气凸轮、排气凸轮、凸轮轴颈、驱动汽油泵的偏心轮、驱动机油泵及分电器的斜齿轮等组成。其主体是一根与气缸体长度相同的圆柱形棒体，一端是轴承支撑点，另一端与驱动轮相连接，棒体上面设有若干个凸轮，用于驱动气门。

挺柱的作用是将凸轮的推力传给推杆（或气门杆），并承受凸轮轴旋转时所施加的侧向力。挺柱安装在气缸体或气缸盖上相应的导向孔中，常用镍

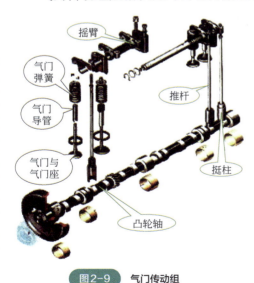

图2-9 气门传动组

（摇臂、气门弹簧、气门导管、气门与气门座、凸轮轴、推杆、挺柱）

铬合金铸铁或冷激合金铸铁制造。挺柱可分为机械挺柱和液力挺柱两大类，又可分为平面挺柱和滚子挺柱等结构形式。近年来，液压挺柱被广泛地采用。

推杆处于挺柱和摇臂之间，为管状结构，它的两端压配成不同的形状，上端一般制成凹球形，以便与摇臂上气门间隙调整螺钉的球形头部相适应，下端通常是圆球形，以便与挺柱的凹球形相适应，其作用是将凸轮轴、挺柱传来的推力传给摇臂。由于传递的力很大，所以它是配气机构中最容易弯曲的零件，因此要求有很高的刚度。使用的材料可以是经过热处理的钢管，也可以使用硬铝。在动载荷大的发动机中，推杆应尽量做得短些。

摇臂是一个双臂杠杆，用来改变推杆或凸轮传来的力的方向，力作用到气门杆顶端，打开气门，主要由摇臂、摇臂轴、摇臂轴支座、定位弹簧等组成。摇臂以摇臂轴为支点，两臂不等长。摇臂轴为空心管状结构，支承在摇臂轴支座上，摇臂轴支座安装在气缸盖上。为了防止摇臂窜动，在摇臂轴上每两个摇臂之间都装有定位弹簧。摇臂由锻钢、可锻铸铁、球墨铸铁或铝合金制造。

2.4
燃油系统

燃油系统由燃油供给系统、空气供给系统、控制系统等组成。

2.4.1 燃油供给系统

发动机燃油供给系统分为汽油机燃油供给系统和柴油机燃油供给系统。

（1）汽油机燃油供给系统

汽油机燃油供给系统的作用是储存、输送清洁燃油，根据发动机不同工况的要求，配置一定数量和浓度的可燃混合气，供燃烧做功。汽油机燃油供给系统有化油器式燃油供给系统和电控喷射式燃油供给系统两大类。汽油机电控喷射式燃油供给系统的结构如图2-10所示。

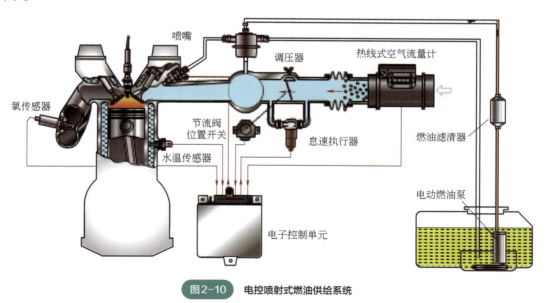

图2-10　电控喷射式燃油供给系统

燃油箱的主要功能是储存发动机工作所需要的燃油，防止燃油蒸气泄漏到大气中。燃油箱通常用带子或托架安装在底盘上，在燃油箱的顶部和车身之间一般安装有减振器，以保护燃油箱，并防止噪声传入驾驶室。

常见的电动汽油泵分为滚柱式、叶片式和齿轮式三种。滚柱式电动汽油泵由壳体、圆柱形滚柱和转子组成。滚柱在转子槽内可径向滑动，转子与壳体存在一定的偏心。转子在直流电动机的驱动下旋转，在离心力的作用下，滚柱紧压在泵体的内圆表面上，形成相对独立的密封腔。旋转时，每个密封腔的容积不断发生变化，在进油口侧，容积增大，形成一定的真空，过滤后的汽油被吸入泵内；在出油口侧，容积减小，形成一定的压力，将汽油压入管路。叶片泵由转子槽内的叶片与泵壳相接触，将吸入的燃油由进油口侧压向出油口侧，特点是运转噪声小、泵油压力高、叶片磨损小、使用寿命长。齿轮泵是容积泵的一种，由两个齿轮、泵体与前后盖组成两个封闭空间，当齿轮转动时，齿轮脱开侧空间从小变大，形成真空，将液体吸入；齿轮啮合侧空间从大变小，将液体挤入管路；吸入腔与排出腔是靠两个齿轮的啮合线来隔开的。

燃油压力调节器是燃油系统内部的压力调节机构，受系统油压与进气歧管压力的控制。其作用是：自动保持整个油压系统的燃油压力恒定，使供油总管内油压与进气歧管压力之差为一定值（一般为250~300kPa），从而使喷油器的喷油量只取决于喷油器开启时间。

喷油器接收电子控制单元（electronic control unit，ECU）送来的喷油脉冲信号，精确地控制燃油喷射量。喷油器是一种加工精度非常高的精密器件，要求其动态流量范围大，抗堵塞和抗污染能力强及雾化性能好。喷油器主要由喷油嘴和喷油器体组成，安装位置与角度取决于燃烧室的设计。

（2）柴油机燃油供给系统

柴油机燃油供给系统承担着燃油的储存、滤清和输送工作，按柴油机不同工况的要求，定时、定量、定压将雾化质量良好的柴油以一定的喷油规律喷入燃烧室，并使其与空气混合燃烧，最后将废气排出。柴油机燃油供给系统对柴油机的动力性、经济性、可靠性、环保性等都有重要影响。所以要求其供油量与工况相适应，循环供油量稳定；多缸发动机各缸供油量均匀，能够随负荷变化自动进行调节；供油时间要按照发动机的工作顺序在恰当时刻供油，喷油延续时间控制在最有利范围内，发动机各缸供油时间基本一致；喷入的油束与燃烧室配合良好，喷射干脆，没有后滴。

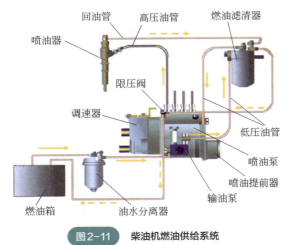

图2-11　柴油机燃油供给系统

由于柴油黏度大，不易挥发，一般不能通过化油器在气缸外部形成均匀的混合气，故采用高压喷射的方法，在接近压缩行程上止点时，柴油以高压喷入气缸，直接在气缸内部形成混合气，燃烧做功。柴油燃油供给系统的组成、构造及工作原理与汽油机供给系统有较大的区别，其主要由燃油箱、输油泵、燃油滤清器、喷油泵、高压油管、喷油器和回油管等组成，如图2-11。

2.4.2　空气供给系统

空气供给系统的作用是供给与发动机负

荷相适应的清洁空气，直接或间接计量空气质量，与喷油器喷出的燃油形成混合气。空气供给系统主要由空气计量装置（空气流量计或进气压力传感器）、怠速控制阀、补充空气阀等组成。

空气流量计用于检测发动机的进气量，通常有叶片式、卡门漩涡式、热线式、热膜式四种类型。进气压力传感器检测节气门后方进气歧管的绝对压力，然后转换成电压信号送至ECU，ECU依据电压信号的大小，控制基本喷油量的大小。进气压力传感器种类较多，有压敏电阻式、真空膜盒式等。

怠速控制阀装在节气门旁通空气道上，由ECU驱动，根据发动机温度、负荷等信息，控制怠速进气量，以维持怠速的稳定性。怠速进气量的控制方法有旁通空气式和节气门直动式。

补充空气阀的作用是提高冷启动怠速转速，加快暖机预热过程，增加暖机过程中所需的空气量；在发动机完成暖机后，通过辅助空气阀的空气被自动切断，恢复正常怠速。常见的补充空气阀有石蜡式和双金属片式两种。

2.4.3 控制系统

发动机控制系统由传感器、ECU及执行器组成。

传感器是感知信息的部件，负责向ECU提供发动机和汽车运行的状况信号。常见的传感器有节气门位置传感器、进气温度传感器、水温传感器、上止点位置传感器、曲轴位置传感器、车速传感器、爆震传感器、氧传感器等。

ECU采集、处理传感器的输入信号，根据发动机的工作要求，进行决策运算，并输出相应的控制信号。ECU除了控制喷油、点火外，还进行发动机怠速、废气再循环、进气增压等方面的控制。

ECU控制功能的实现，是借助于各种执行器来完成的。常见的执行器有电动燃油泵、电磁喷油器、活性炭罐电磁阀、废气再循环电磁阀等。

点火系统（微课）

蓄电池点火系统(V6)(动画)

蓄电池点火系统(V8)(动画)

2.5
点火系统

在汽油机中，气缸内的可燃混合气是靠电火花点燃的，因此在汽油机的气缸盖上装有火花塞，火花塞头部伸入燃烧室内。能够按时在火花塞电极间产生电火花的全部设备称为点火系统。点火系统按照发动机各缸的点火次序，在各种工况和使用条件下，适时、可靠地供给火花塞足够的高压电，使火花塞两电极之间产生足够强的电火花，点燃可燃混合气，从而使发动机做功。按照点火系统的组成及触发产生高压电的方法不同，可以将其分为蓄电池点火系统、电子点火系统、微机控制点火系统、磁电机点火系统四种。

2.5.1 蓄电池点火系统

蓄电池点火系统又称为传统点火系统，主要由电源、点火线圈、分电器、火花塞、点火开关等组成，如图2-12。

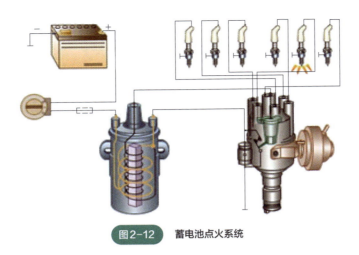

图2-12 蓄电池点火系统

点火线圈的作用是将电源的低压电转变为高压电，可分为开磁路点火线圈和闭磁路点火线圈。传统的开磁路点火线圈主要由铁芯、绕组、胶木盖、瓷杯等组成。

分电器的作用是接通和切断点火系统的初级电路，使点火线圈的次级绕组中产生高压电，并按照点火顺序依次分配给各缸火花塞，同时随工况的变化调整点火提前角。分电器主要由断电器、配电器、电容器、点火时间调节装置和驱动机构五部分组成。

火花塞的作用是将高压电引入燃烧室，产生电火花，点燃可燃混合气。火花塞安装在气缸盖的火花塞孔内，下端电极伸入燃烧室，上端连接分缸高压线。火花塞电极一般采用耐高温、耐腐蚀的镍锰合金钢制成，以提高散热性能。火花塞主要由接线头、陶瓷绝缘体、中心电极、侧电极和壳体等组成。

2.5.2 微机控制点火系统

微机控制点火系统主要由传感器、电子控制单元、点火器、点火线圈、火花塞等组成。与点火控制有关的传感器主要有曲轴位置传感器、凸轮轴位置传感器、爆震传感器等，用于监测发动机各种运行工况信息。电子控制单元根据曲轴位置确定初始点火提前角，并依据发动机转速和负荷信号从存储器中调取基本点火提前角的原始数据，再根据其他传感器信号，对基本点火提前角进行修正，最后向点火器发出点火控制信号。点火器根据电子控制器输出的指令，通过内部大功率管的导通与截止，控制初级电流的通断，完成点火工作。

微机控制点火系统具有如下特点：取消离心式、真空式等机械式点火提前调节装置，采用微机控制点火提前角；采用爆震传感器实施闭环控制，使发动机工作在爆震的边缘而又不发生爆震，发动机的热效率高，动力性、经济性好；对于无分电器点火方式，减小了点火能量损失，保证发动机在高速时有足够的次级电压和点火能量；具有故障自诊断功能，当电子控制单元无法收到点火监测信号时，电子控制单元将强制切断燃油喷射，并显示点火系统有故障。

2.6

启动系统

要使发动机由静止状态过渡到工作状态，必须先用外力转动发动机的曲轴，使活塞做往复运动，气缸内的可燃混合气燃烧膨胀，推动活塞向下运动使曲轴旋转，发动机才能自行运转，工作循环才能自动进行。曲轴在外力作用下开始转动到发动机进入怠速运转的全过程，称为发动机的启动。用于完成启动任务的装置，称为发动机的启动系统。如图2-13，启动系统主要由启动机及其控制电路组成。

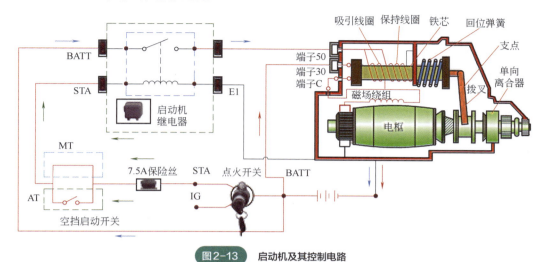

图2-13 启动机及其控制电路

启动机又叫马达，它由直流电动机产生动力，通过启动齿轮将动力传递给飞轮齿圈，带动飞轮、曲轴转动而启动发动机。启动机由直流串励式电动机、传动机构和操纵机构三部分组成。直流串励式电动机的作用是产生转矩。启动机的传动机构实际上是一个单向离合器，作用是单方向传递转矩，即启动发动机时将启动机的转矩传给发动机曲轴，而当发动机启动后，它又能自动打滑，不使飞轮齿环带动启动机电枢旋转，以免损坏启动机。单向离合器有滚柱式、摩擦片式、弹簧式等类型。其中，摩擦片式的单向离合器多用于大功率启动机。操纵机构，即电磁开关，由吸拉线圈、保持线圈、电磁铁芯和主电流开关组成，作用是在启动过程中产生电磁力使驱动齿轮进入齿轮啮合位置，并接通电动机主电流。

2.7
冷却系统

2.7.1 冷却系统的基本原理

可燃混合气燃烧时气缸内气体温度高达2200~2800K，直接与高温气体接触的机件（如气缸体、气缸盖、活塞、气门等）若不及时加以冷却，运动机件会因受热膨胀而破坏正常间隙，或因润滑油在高温下失效而卡死。同时机件会因高温而导致其机械强度降低甚至损坏。因此，为保证发动机正常工作，必须对高温条件下工作的机件加以冷却。

冷却系统有两个散热循环，一个是冷却发动机的主循环，另一个是车内取暖循环。这两个循环都以发动机为中心，使用同一冷却液。主循环中包括了两种工作循环，即小循环和大循环。冷启动后，冷却液的温度还无法使系统中的节温器打开，此时的冷却液只是经过水泵在发动机内进行小循环，目的是使发动机尽快达到正常工作温度。随着发动机的暖机，冷却液温度升到了节温器的开启温度，冷却液进入大循环，冷却液从发动机出来，经过汽车前端的散热器，散热后，再经水泵进入发动机。在取暖循环中，冷却液经过车内的采暖装置，将冷却液的热量送入车内，然后回到发动机。取暖循环不受节温器的控制，只要打开暖气，循环就开始进行。

2.7.2　冷却系统的主要部件

汽车发动机上采用的水冷系统属于强制循环式水冷系统，利用水泵强制冷却液在冷却系统中循环流动，主要由散热器、水泵、风扇、冷却水套和节温器等组成，如图2-14。

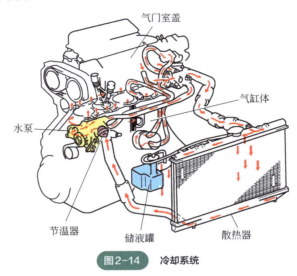

图2-14　冷却系统

散热器主要负责循环水的冷却，它的水管和散热片多采用铝材制成，铝制水管做成扁平状，散热片为波纹状，安装方向垂直于空气流动的方向，尽量做到风阻小，冷却效率高。发动机工作时，冷却液在散热器芯内流动，空气在散热器芯外通过，高温冷却液向空气散热而变冷。散热器上还有一个重要的小零件，就是散热器盖。随着温度变化，冷却液会热胀冷缩，散热器因冷却液的膨胀而内压增大，增大到一定值时，散热器盖开启，冷却液流到储液罐；当温度降低，冷却液再回流进入散热器。

水泵由发动机皮带轮通过皮带驱动，水泵叶轮推动冷却液在整个系统内循环。车用发动机上多采用离心式水泵。离心式水泵具有结构简单、尺寸小、排水量大、维修方便等优点。

节温器的作用是根据冷却水温度的高低自动调节进入散热器的水量，改变水的循环范围，以调节冷却系统的散热能力，保证发动机在合适的温度范围内工作。

2.8
润滑系统

2.8.1　润滑系统的功用

发动机工作时，运动零件均以一定的力作用在另一个零件上，并且发生高速的相对运动，相对运动引起的表面摩擦会加速零件磨损。润滑系统的功用就是在发动机工作时连续不断地把数量足够、温度适当的洁净润滑油输送到运动零件的摩擦表面，并在摩擦表面之间形成油膜，实现液体摩擦，从而减小摩擦阻力、降低功率消耗、减轻机件磨损，以达到提高发动机工作可靠性和耐久性的目的。由于发动机运动零件的工作条件不尽相同，因此，根据负荷及相对运动速度的不同，采用的润滑方式也不同，通常有压力润滑、飞溅润滑和润滑脂润滑三种方式。

2.8.2 润滑系统的主要部件

润滑系统主要由机油泵、集滤器、机油滤清器、油底壳、润滑油道、曲轴箱通风装置等组成，如图2-15。

机油泵的作用是保证机油在润滑系统内循环流动，在发动机任何转速下都能以足够高的压力向润滑部位输送足够数量的机油。机油泵结构形式可分为齿轮式和转子式两类。齿轮式机油泵又分内啮合齿轮式和外啮合齿轮式，通过凸轮轴、曲轴或正时齿轮来驱动。机油泵的吸油管上安装有集滤器，浸在机油中，避免机油中大颗粒杂质进入润滑系统。

机油滤清器的功用是滤除机油中的金属磨屑、机械杂质和机油氧化物。如果这些杂质随同机油进入润滑系统，将加剧发动机零件的磨损，还可能堵塞油管或油道，使活塞环、气门等零件胶结。机油滤清的方式有全流式和分流式两种。全流式机油滤清器串联于机油泵和主油道之间，全部机油都经过它滤清。目前在轿车上普遍采用全流式机油滤清器。

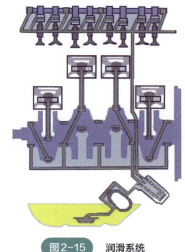

图2-15 润滑系统

油底壳用来储存润滑油。在大多数发动机上，油底壳还起到为润滑油散热的作用。润滑油道是润滑系统的重要组成部分，直接在缸体与缸盖上铸出，用来向各润滑部位输送润滑油。

曲轴箱通风装置的作用是将窜入气缸的可燃混合气和废气重新引入进气系统。可燃混合气进入曲轴箱后，其中的汽油蒸气会凝结，溶入润滑油中，使润滑油变稀；废气中水蒸气与酸性气体会形成酸性物质，从而对机件造成腐蚀；窜气还会使曲输箱的压力增大，造成曲轴箱密封件失效，导致润滑油泄漏。

中国汽车故事
第一汽车制造厂（一汽）的诞生——共和国的"长子"

中华人民共和国成立之初，我国没有国产汽车，马路上跑的都是进口汽车，国家领导乘坐的专车多数来自苏联，还有些来自缴获的军车，被人们戏称为"万国汽车博览会"。

1953年7月15日，在吉林省长春市郊，第一汽车制造厂举行了隆重的奠基典礼。在第一个五年计划时期，第一汽车制造厂投资6.2亿元，基本建设竣工面积75万 m²，工业建筑41.1万 m²，安装了2万台机器设备，铺设了30多公里长的铁路和8万多米长的管道，制造了上万套工艺装备。1956年7月13日，被命名为解放牌的第一批国产汽车试制成功。

解放牌汽车是以苏联吉斯150型汽车为范本，并根据中国的实际情况改进部分结构而设计和制造的。这种汽车装有90马力（1马力≈0.735kW）、六个气缸的汽油发动机，最高车速为65km/h，载重量为4t。它不仅适合当时中国的道路和桥梁的负荷条件，而且还可以根据需要改装成适合各种特殊用途的变型汽车。首批汽车经过行车试验后，证明其性能良好，符合设计要求。

一汽的建成，开创了中华人民共和国汽车工业的历史。经过70多年的发展，它已经成为国内最大的汽车企业集团之一。

思维导图

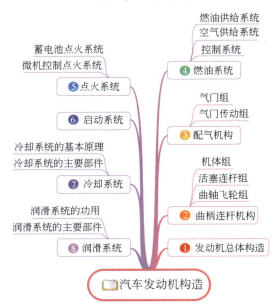

复习思考题

1. 判断题

（1）飞轮上通常刻有一缸点火正时记号，以便校准点火时刻。（   ）

（2）进入气缸内新鲜气体的数量越多，发动机的有效功率和转矩则越大，因此，配气机构应保证进气和排气都尽可能充分。（   ）

（3）发动机进气温度越高，汽油雾化越好，发动机功率越大。（   ）

（4）发动机的转速越高，它的负荷也越大。（   ）

（5）全流式机油滤清器串联于机油泵和主油道之间，全部机油都经过它滤清。（   ）

2. 选择题

（1）四冲程发动机曲轴转（   ）圈，完成一个工作循环。

A. 1/2   B. 1

C. 2   D. 4

（2）不属于活塞组成的是（   ）。

A. 顶部   B. 头部

C. 裙部   D. 底部

（3）气缸体是发动机各个机构和系统的装配基体，分为水冷式和（   ）两种。

A. 风冷式   B. 中冷式

C. 电力式   D. 增压式

（4）发动机冷却系统包括两个循环，一个是冷却发动机的主循环，另一个是（   ）。

A. 大循环   B. 小循环

C. 热车循环   D. 取暖循环

（5）以下元器件属于执行器的是（   ）。

A. 水温传感器   B. 空气流量计

C. 喷油器   D. 电磁式车速传感器

3. 问答题

（1）发动机由哪几部分组成？

（2）简述四冲程汽油机工作原理。

（3）曲柄连杆的功用是什么？有哪些组成部分？

（4）凸轮轴的作用是什么？

（5）氧传感器的作用是什么？

3
汽车底盘及车身构造

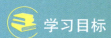 学习目标

 知识目标

1. 描述传动系统的组成及功用；
2. 了解传动系统的基本原理；
3. 描述行驶系统的组成及功用；
4. 了解行驶系统的基本原理；
5. 描述转向系统的组成及功用；
6. 了解转向系统的基本原理；
7. 描述制动系统的组成及功用；
8. 了解制动系统的基本原理；
9. 认识典型的车身结构；
10. 了解汽车电气设备的功用。

👥 能力目标

1. 能够识别底盘各系统的组成部件；
2. 能够进行底盘及车身的日常维护作业；
3. 熟悉汽车电气设备的操作。

3.1

传动系统

汽车传动系统的功用是将发动机发出的动力传给驱动轮。传动系统按能量传递方式的不同，划分为机械传动、液力传动、液压传动、电传动等。目前汽车上广泛应用机械式传动系统，由离合器、变速器、分动器（越野汽车）、万向传动装置、驱动桥（主减速器、差速器和半轴等）组成，如图3-1。

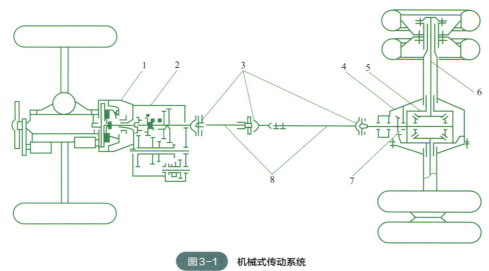

图3-1　机械式传动系统

1—离合器；2—变速器；3—万向节；4—驱动桥；5—差速器；6—半轴；7—主减速器；8—传动轴

3.1.1　离合器

离合器是汽车传动系统中直接与发动机相连接的部件，安装在发动机与变速器之间，用来分离或接合前后两者之间的动力联系。保证汽车平稳起步是离合器的首要作用；此外，还应能够保证传动系统换挡时工作平顺，限制传动系统所承受的最大转矩，防止传动系统过载。

离合器由主动部分、从动部分、压紧机构和操纵机构四部分组成。主动部分与发动机曲轴连在一起，由飞轮、离合器盖、压盘等零部件组成，如图3-2。离合器盖与飞轮靠螺栓连接，压盘与离合器盖之间是靠3~4个传动片来传递转矩的。从动部分由单片、双片或多片从动盘所组成，它将主动部分通过摩擦传来的动力传给变速器的输入轴。从动盘由从动盘本体、摩擦片和从动盘毂三个基本部分组成。为了避免共振，缓和传动系统受到的冲击载荷，大多数汽车都在离合器的从动盘上安装扭转减振器。压紧机构主要由螺旋弹簧或膜片弹簧组成，与主动部分一起旋转，它以离合器盖为依托，将压盘压向飞轮，从而将处于飞轮和压盘间的从动盘压紧。操纵机构是控制离合器分离与接合程度的一套专设机构，是由位于离合器壳内的分离杠杆、分离轴承、分离套筒、分离叉、回位弹簧等零部件构成的分离机构和位于离合器壳外的离合器踏板、传动机构、助力机构等组成。离合器操纵机构有机械式（如图3-3所示）、液压式和气压式三种。

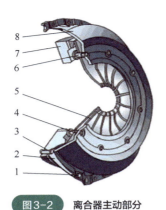

图3-2　离合器主动部分

1,3—平头铆钉；2—传动片；4—支承环；5—膜片弹簧；
6—支承铆钉；7—压盘；8—离合器盖

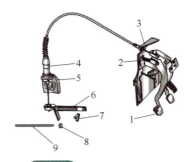

图3-3　机械式操纵机构

1—离合器分离踏板；2—偏心弹簧；3—支承；
4—离合器拉线自动调整机构；5—传动器壳体上的支承；
6—离合器操纵臂；7—离合器分离臂；
8—离合器分离轴承；9—离合器分离推杆

3.1.2　变速器

汽车变速器，是一套用于协调发动机转速和车轮实际行驶速度的变速装置，用于发挥发动机的最佳性能。汽车行驶过程中，变速器可以在发动机和车轮之间产生不同的速比，可以使发动机工作在最佳的动力性能状态下。

（1）变速器的作用与类型

通过变速器可以改变传动比，扩大驱动轮转矩和转速的变化范围，以适应汽车经常变化的行驶条件，同时使发动机在有利（功率较高而油耗较低）的工况下工作。在发动机旋转方向不变的情况下，变速器挂倒挡使汽车能倒退行驶；利用空挡，中断动力传递，使发动机能够启动、怠速，并便于变速器换挡或进行动力输出。

变速器由变速传动机构和操纵机构组成，有多种分类方式。按传动比变化方式可分为有级式变速器、无级式变速器和综合式变速器，按操纵方式可分为强制操纵式变速器、自动操纵式变速器和半自动操纵式变速器。常见的汽车自动变速器有四种类型，分别是液力自动变速器（AT）、机械无级自动变速器（CVT）、电控机械自动变速器（AMT）、双离合自动变速器（DCT）。

（2）普通齿轮变速器的工作原理

普通齿轮变速器利用不同齿数的齿轮啮合传动来改变转矩和转速，以实现换挡。齿轮传动的基本原理如图3-4所示，一对齿数不同的齿轮啮合传动时可以实现变速，而且两齿轮的转速比与其齿数成反比。设主动齿轮转速为n_1，齿数为Z_1，从动齿轮转速为n_2，齿数为Z_2。主动齿轮（即输入轴）转速与从动齿轮（即输出轴）转速之比值称为传动比，用字母i_{12}表示。则：

$$i_{12}=n_1/n_2=Z_2/Z_1$$

当小齿轮为主动齿轮，带动大齿轮转动时，输出转速降低，即$n_2<n_1$，称为减速传动，此时传动比$i>1$，如图3-4（a）所示；当大齿轮驱动小齿轮时，输出转速升高，即$n_2>n_1$，称为增速传动，此时传动比$i<1$，如图3-4（b）所示。

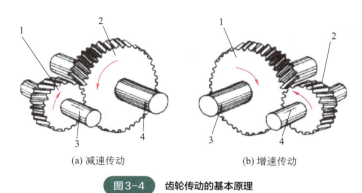

(a) 减速传动   (b) 增速传动

图3-4   齿轮传动的基本原理

1—主动齿轮；2—从动齿轮；3—输入轴；4—输出轴

3.1.3　万向传动装置

万向传动装置的作用是在轴间夹角和相对位置经常发生变化的转轴之间传递动力。万向传动装置主要由传动轴、万向节组成。对于传动距离较远的分段式传动轴，为了提高传动轴的刚度，还设置有中间支承。

传动轴是万向传动装置中的传力部件，通常用来连接变速器和驱动桥，在转向驱动桥和断开式驱动桥中，则用来连接差速器和驱动轮。如图3-5，为富康轿车的传动轴。

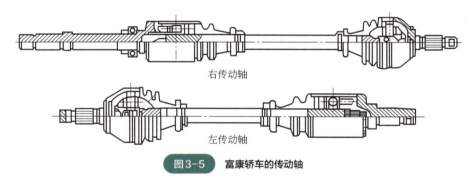

右传动轴

左传动轴

图3-5   富康轿车的传动轴

万向节按其速度特性分为不等速万向节、准等速万向节和等速万向节。不等速万向节又称为十字轴万向节，结构简单、传动可靠、效率高，允许相邻两轴的最大交角为15°~20°。准等速万向节常见类型有双联式、三销轴式。等速万向节传力点永远位于两轴交点的平分面上，常见结构型式有球笼式、球叉式、组合式。

3.1.4　驱动桥

驱动桥的功用是将万向传动装置输入的动力经降速增矩、改变动力传递方向后，分配到左右驱动轮，使汽车行驶，并允许左右驱动轮以不同的转速旋转。驱动桥由主减速器、差速器、半轴和桥壳等组成，如图3-6。

整体式驱动桥的桥壳为刚性的整体，驱动桥两端通过悬架与车架连接，左右半轴始终在一条直线上，即左右驱动轮不能相互独立地跳动。当某一侧车轮通过地面的凸出物或凹坑升高或下降时，整个驱动桥及车身都要随之发生倾斜，车身波动大。

断开式驱动桥的主减速器固定在车架上，驱动桥壳制成分段式并用铰链连接，半轴也制

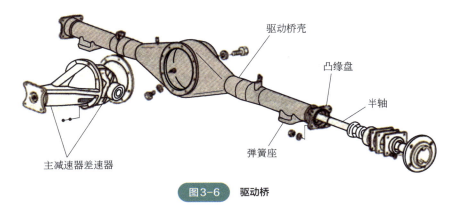

图3-6　驱动桥

成分段式并用万向节连接。驱动桥两端分别用悬架与车架（或车身）连接。这样，两侧的驱动轮及桥壳可以彼此独立地相对于车架上下跳动。

3.2

行驶系统

汽车的车架、车桥、车轮和悬架等组成了行驶系统，如图3-7。行驶系统的作用包括：接受传动系统的动力，通过驱动轮与路面的作用产生牵引力，使汽车正常行驶；承受汽车的总重量和地面的反力；缓和不平路面对车身造成的冲击，衰减汽车行驶中的振动，保持行驶的平顺性；与转向系统配合，保证汽车操纵稳定性。

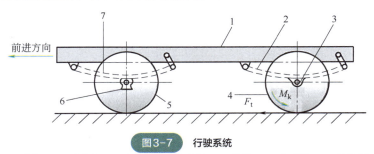

图3-7　行驶系统

1—车架；2—后悬架；3—驱动桥；4—后轮；5—前轮；6—从动桥；7—前悬架

3.2.1　车架

汽车车架按其结构型式可分为边梁式车架和中梁式车架两种。边梁式车架由位于左右两侧的两根纵梁和若干横梁构成，横梁和纵梁一般由16Mn合金钢板冲压而成，两者之间采用铆接或焊接。纵梁多采用抗弯能力较强的槽型截面，也有采用Z字形或箱型截面的，因纵梁中部受弯曲力矩最大，中部断面宽，由中部至两端逐渐减少，构成等强度梁。因为生产工艺条件的限制，也有将纵梁做成等截面的。为了满足汽车结构布置的要求，纵梁可在上下及左右方向做成弯曲的。为了固定转向器、钢板弹簧、蓄电池等的需要，可在纵梁上打出相应的安装孔。在横梁上往往要安装汽车的一些主要部件和总成，所以横梁形状及在纵梁上的位置应满足安装上的需要。横、纵梁的断面形状、横梁的数量及两者之间的连接方式，对车架的扭转刚度有很大影响。边梁式车架能为改装变型车提供一个方便的安装骨架，因而在载重汽车和特种车上得到广泛使用。在车架的前后两端一般装有缓冲件，即保险杠。载重汽车车架前端还装有挂钩，以便于在汽车发生故障时由其他汽车来拖带，其后横梁上装有拖带挂车用的拖钩。中梁式车架只有一根位于汽车中央的纵梁。纵梁断面为圆形或矩形，其上固定有横向的托架或连接梁，使车架成鱼骨状。

3.2.2 车桥与车轮

（1）车桥

车桥通过悬架与车架连接，支承着汽车大部分重量，并将车轮的牵引力或制动力，以及侧向力经悬架传给车架。为了便于与不同悬架相配合，汽车的车桥分为整体式和断开式两种。按使用功能划分，车桥又可分为转向桥、转向驱动桥、驱动桥和支持桥。

安装转向轮的车桥叫转向桥。现代汽车一般都是前桥转向，也有少数是多桥转向的。如图3-8所示，与非独立悬架匹配的转向桥，主要由前梁、转向节、主销和轮毂等组成。车桥两端与转向节铰接，前梁的中部为实心或空心梁。断开式转向桥的作用与整体式转向桥一样，所不同的是断开式转向桥与独立悬架匹配，断开式车桥为活动关节式结构。

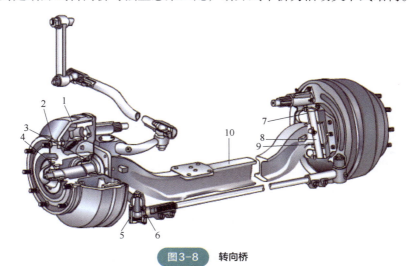

图3-8　转向桥

1—制动鼓；2—轮毂；3,4—轮毂轴承；5—转向节臂；6—油封；7—衬套；8—主销；9—滚子止推轴承；10—前轴

转向桥和支持桥都属于从动桥。有些单桥驱动的三轴汽车，往往将后桥设计成支持桥。挂车上的车桥也是支持桥。发动机前置前驱动轿车的后桥也属于支持桥。

（2）车轮

轮胎安装在轮辋上，直接与路面接触，其作用包括：支承汽车的总质量；与汽车悬架共同吸收和缓和汽车行驶时所受到的冲击和振动，以保证汽车具有良好乘坐舒适性和行驶平顺性；保证车轮与路面的良好附着而不致打滑，使汽车行驶平稳。

汽车轮胎按其用途可分为轿车轮胎和货车轮胎两种。汽车轮胎按胎体结构可分为充气轮胎和实心轮胎。现代汽车绝大多数采用充气轮胎，按组成结构不同，可分为有内胎轮胎和无内胎轮胎两种；按胎内的工作压力大小，可分为高压胎、低压胎和超低压胎三种；按胎体中帘线排列方向不同，又可以分为普通斜交胎、带束斜交胎和子午线胎。按胎面花纹不同，还可分为普通花纹胎、混合花纹胎和越野花纹胎。

有内胎轮胎由外胎、内胎和垫带组成。垫带是一个环形橡胶带，安装在内胎与轮辋之间，防止内胎被轮辋及外胎的胎圈擦伤。外胎是保护内胎不受外来损害的强度高而且有一定弹性的外壳。内胎是一个环形橡胶管，上面装有气门嘴以便充入和排出空气。为使内胎在充气状态下不产生皱折，其尺寸应小于外胎内壁尺寸。

无内胎轮胎的外观与有内胎轮胎近似，不同的是没有内胎及垫带，空气直接充入外胎内，由胎圈和轮辋保证密封。轮胎内壁上有一层硫化橡胶密封层，2~3mm。在胎圈外侧有一层橡胶密封层，增加胎圈和轮辋的气密性。气门嘴直接固定在轮辋上。无内胎轮胎结构简单、质量轻，维修方便，穿孔漏气缓慢；由于没有内胎，摩擦生热少，散热快，工作温度低，使用寿命长，适用于高速行驶。

3.2.3 悬架

悬架的作用包括：连接车桥和车架，传递二者之间的各种作用力和力矩；抑制并减小由于路面不平而引起的车身振动；保持车身和车轮之间正确的运动关系，保证汽车的行驶平顺性和操纵稳定性。

悬架可分为非独立悬架和独立悬架两大类。在非独立悬架系统中，车轮安装在一根整体式车桥两端，车桥通过弹性元件与车架相连，当一侧车轮跳动时，会影响另一侧车轮。非独立悬架结构简单，成本低，车轮上下跳动时定位参数变化小，在货车和一些大客车上普遍被采用，也应用于部分轿车后悬架。在独立悬架系统中，每一侧车轮单独通过悬架与车桥相连，每个车轮能独立上下运动而无相互影响；车桥为断开式，车轮接地性好，行驶平顺性和操纵稳定性都优于非独立悬架，前轮定位角可以调节，在轿车上得到广泛应用。

悬架一般由弹性元件、导向装置、横向稳定器和减振器等组成，如图3-9所示。弹性元件的作用是承受和传递垂直载荷，缓冲并抑制不平路面所引起的冲击；减振器用以加快振动的衰减，使车身和车轮的振动得以控制；导向装置是用来传递纵向力、侧向力及其力矩，并保证车轮有正确的运动关系；横向稳定器是一种辅助弹性元件，以防止车身在不平路面上行驶或转向时发生过大的横向倾斜。

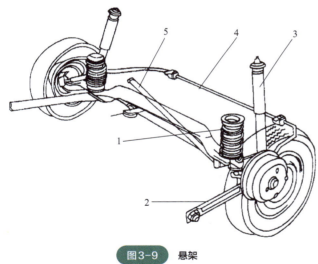

图3-9 悬架
1—弹性元件（螺旋弹簧）；2—纵向推力杆；3—减振器；
4—横向稳定器；5—横向推力杆

汽车悬架所用的弹性元件可分为钢板弹簧、螺旋弹簧、扭杆弹簧、气体弹簧和橡胶弹簧等。一般载货汽车的非独立悬架广泛采用钢板弹簧，大多数轿车的独立悬架应用螺旋弹簧和扭杆弹簧，而在重型载货汽车上气体弹簧得到广泛的应用，橡胶弹簧多用在悬架的副簧和缓冲块上。

减振器利用液体流动的阻力来消耗振动的能量，在压缩和伸张两行程内均能起减振作用的减振器称为双向作用式减振器，仅在伸张行程内起作用，称为单向作用式减振器。目前汽车上广泛采用双向作用筒式减振器。

3.3
转向系统

汽车通过传动系统和行驶系统，将发动机的动力转变为汽车行驶的驱动力，使汽车运动。汽车在行驶中，经常需要改变行驶方向。汽车上用来改变行驶方向的机构称为汽车转向系统，由转向操纵机构、转向器和转向传动机构三部分组成，如图3-10所示。

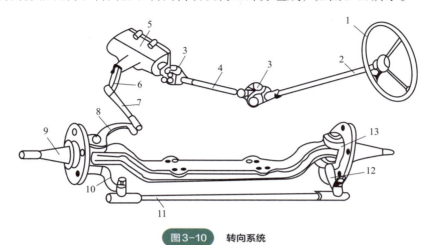

图3-10 转向系统

1—转向盘；2—转向轴；3—转向万向节；4—转向传动轴；5—转向器；6—转向摇臂；7—转向直拉杆；8—转向节臂；9—左转向节；10—左转向梯形臂；11—转向横拉杆；12—右转向梯形臂；13—右转向节

转向操纵机构是驾驶员操纵转向器工作的装置，包括转向盘、转向轴、转向万向节、转向传动轴；转向器是一个减速增矩机构，经转向器放大的力矩传给转向传动机构，常见类型有齿轮齿条式、循环球式和蜗杆曲柄销式三种；转向传动机构是从转向器到转向轮之间的所有传动杆件，包括转向摇臂、转向直拉杆、转向节臂、转向梯形臂、转向横拉杆等。动力转向系统是在机械转向系统基础上加设一套转向助力装置。转向助力装置包括转向油罐、转向油泵、转向控制阀和转向动力缸等。

以循环球式转向器为例，当转动转向盘时，方向盘的旋转运动经转向轴、转向万向节、转向传动轴传递给转向器，使转向器的转向蜗杆和转向摇臂轴随着转动，将加在转向盘上的力增大若干倍后传给转向传动机构。当转向摇臂轴转动时，转向摇臂便前后摆动，通过直拉杆推动转向节臂，于是可使左转向节围绕转向节主销偏转。再通过左转向梯形臂、横拉杆和右转向梯形臂带动右转向节围绕主销向同一方向偏转。于是，转向摇臂轴的驱动力通过这套机构传给转向轮，使安装在转向节上的两前轮同时发生偏转，实现汽车转向。

制动系统
（微课）

3.4
制动系统

汽车上用以使外界（主要是路面）在汽车某些部分（主要是车轮）上施加一定的力，从而对其进行一定程度的强制制动的一系列专门装置统称为制动系统。制动系统的作用包括：

使行驶中的汽车按照驾驶员的要求进行强制减速甚至停车，使已停驶的汽车在各种道路条件下稳定驻车，使下坡行驶的汽车保持速度稳定。

典型的轿车制动系统如图3-11所示，由制动操纵机构和制动器两大部分组成。制动操纵机构用于产生制动动作，控制制动效果并将制动能量传输到制动器的各个部件。制动器是产生阻碍车辆运动或运动趋势的力（制动力）的部件。汽车上常用的制动器都是利用固定元件与旋转元件工作表面的摩擦而产生制动力矩的，称为摩擦制动器，有鼓式制动器和盘式制动器两种结构型式。

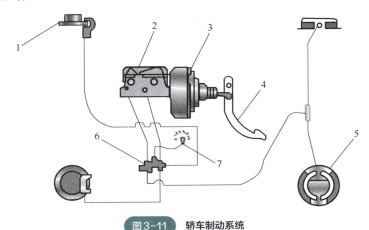

图3-11 轿车制动系统

1—前轮盘式制动器；2—制动总泵；3—真空助力器；4—制动踏板机构；5—后轮鼓式制动器；
6—制动组合阀；7—制动警示灯

制动系统工作时，利用与车身（或车架）相连的非旋转元件和与车轮（或传动轴）相连的旋转元件之间的相互摩擦来阻止车轮的转动或转动趋势，如图3-12所示，是一种简单的液

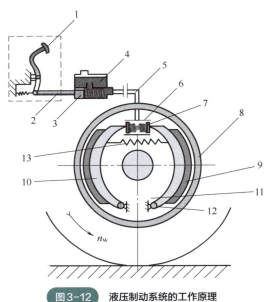

图3-12 液压制动系统的工作原理

1—制动踏板；2—推杆；3—主缸活塞；4—制动主缸；5—油管；6—制动轮缸；7—轮缸活塞；8—制动鼓；9—摩擦片；
10—制动蹄；11—制动底板；12—支承销；13—制动蹄回位弹簧

压制动系统的工作原理。一个以内圆面为工作表面的金属制动鼓固定在车轮轮毂上，随车轮一同旋转。在固定不动的制动底板上，有两个支承销，支承着两个弧形制动蹄的下端。制动蹄的外圆面上装有摩擦片。制动底板上还装有液压制动轮缸，用油管与装在车架上的液压制动主缸相连通。主缸中的活塞可由驾驶员通过制动踏板机构来操纵。当驾驶员踏下制动踏板，使活塞压缩制动液时，轮缸活塞在液压的作用下将制动蹄片压向制动鼓，使制动鼓减小转动速度，或保持不动。

3.5
车身

汽车车身是载运乘客或货物的活动建筑物，既是乘客的遮蔽外壳，又是货物的承载装置。因此，它不仅应具有运输的功能，还要有建筑物的雕塑美和乘坐的安全性及舒适性。

3.5.1 典型的轿车车身壳体结构

典型车身壳体结构按承载方式可分为非承载式、承载式和半承载式车身等三种类型。

非承载式车身又称有车架式车身，其特点是车身与车架通过弹性元件连接。汽车车身仅承受本身和所装载客货的重力和汽车行驶时的惯性力与空气阻力。发动机、底盘各部件的重力及这些部件工作时的作用力，以及道路对汽车的外加载荷等都由车架承受。

承载式车身也称无车架式车身，车身底架就是发动机和底盘各总成的安装基础，全部载荷都由车身来承受。其优点是抗扭刚度较高，质量轻，地板高度较低，更有效地利用厢内空间，轿车多采用这种结构。

半承载式车身的结构特点是车身与前支架用焊接法或螺栓刚性连接，两者成为一体而承受载荷。它实质上是另一种无车架车身，只是装了前支架起着一部分车架的作用，发动机和悬架均安装在车身前支架上。

3.5.2 通风与空调系统

在汽车行驶过程中，既要保证通风，又要避免急速的穿堂风，以免乘员着凉。不依靠风机而利用汽车行驶的迎面气流进行车内空气交换的通风方式称为自然通风。自然通风可依靠车身上的进、出风口及打开的侧窗、天窗、车门上的升降玻璃和三角通风窗实现。利用风机进行强制通风的方法比自然通风更有效，并可用过滤方法保证空气更加洁净。

现代汽车上都装有空调系统。如图 3-13 所示，汽车空调制冷系统由压缩机、冷凝器、储液器、膨胀阀、蒸发器和吸气节流阀等组成。

3.5.3 座椅

座椅的作用是支承人体，使驾驶操作方便和乘坐舒适。座椅由骨架、座垫、靠背、头枕以及安全带组成。当汽车后部受撞击时人的头部向后甩动，头枕可降低颈椎受伤的可能性。汽车上最常用的是三点式安全带，如图 3-14 所示，带子由结实的合成纤维织成，包括斜挎前胸的肩带和绕过人体胯部的腰带两部分。在座椅外侧和内侧的地板上各有一个固定点，第三个固定点位于座椅外侧支柱上方。

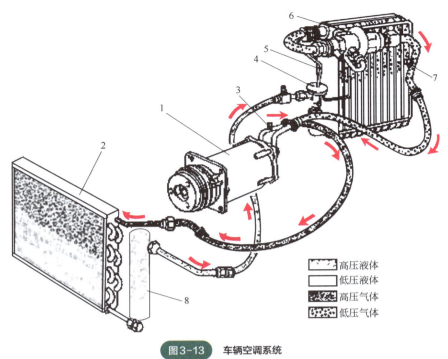

图 3-13 车辆空调系统

1—压缩机；2—冷凝器；3—高压维修阀口；4—膨胀阀；5—蒸发器；6—吸气节流阀；7—低压维修阀口；8—储液器

高压液体
低压液体
高压气体
低压气体

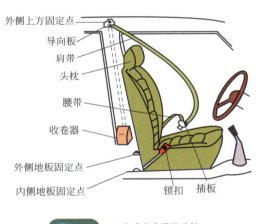

外侧上方固定点
导向板
肩带
头枕
腰带
收卷器
外侧地板固定点
内侧地板固定点
锁扣　插板

图 3-14 三点式安全带及头枕

3.5.4　车内防护装置

安全气囊系统又称为辅助约束系统，可与安全带一起对前排乘员提供有效的保护。对于未佩戴安全带的乘员，气囊系统的防护作用是有限的；而对于佩戴安全带的乘员，气囊系统可以有效地减轻头部的受伤。有些汽车为了提高其安全性，还设置了侧面气囊。

目前在汽车上广泛应用的安全玻璃有钢化玻璃和夹层玻璃两种。钢化玻璃受冲击损坏时，整块玻璃出现网状裂纹，脱落后分成许多无锐边的碎片。夹层玻璃受冲击损坏时，内、外层玻璃碎片仍黏附在中间层上。中间层韧性较好，在承受撞击时拱起，从而吸收一部分冲击能量，起缓冲作用。

汽车的门锁与门铰链应有足够的强度，能同时承受纵、横两个方向的冲击载荷而不致使车门开启，避免乘员被甩出车外。此外，在事故后，门锁不应失效，车门能顺利打开。转子卡板式门锁能同时承受纵、横向载荷，被广泛采用。

车身内部一切可能受人体撞击的构件都不应有尖角、突棱或小圆弧过渡的形状，车身内饰广泛采用软材料包垫。内饰软化不仅是为了满足舒适性的要求，更重要的还是为了满足安全性的要求。

3.5.5　车外防护装置

车身壳体的理想结构是使乘客舱具有较大的刚度以便在碰撞时尽量减少变形，同时使车身头部、尾部的刚度相对较小，在碰撞时产生较大的变形而吸收撞击能量。

汽车最前端和最后端都有保险杠，许多轿车左右两侧还有纵贯前后的护条。保险杠和护条的安装高度应符合规定，汽车相撞时两车的保险杠或护条能首先接触。保险杠的防护结构包括两部分：首先是减少行人受伤的保险杠软表层，由弹性较大的泡沫塑料制成；其次是可吸收一部分撞击能量的装置，类型有金属构架、全塑料装置、半硬质橡胶缓冲结构等。车身侧面的护条以防止汽车相互刮擦为主，与行人接触的概率较小，一般由半硬质塑料或橡胶制成。

根据事故统计资料，除了保险杠外，使行人受伤的构件主要有前翼板、前照灯、发动机罩、前轮、挡风玻璃等。这些构件不应尖锐和坚硬，最好是平滑又富有弹性。有些轿车的整个正面都采用大块聚氨酯泡沫塑料制成，将发动机罩顶面用软材料包垫，以提高安全性。

3.6
电气设备

3.6.1　汽车仪表

（1）仪表的类型

按工作原理的不同，汽车仪表可分为机械式仪表、电气式仪表、模拟电路式仪表、数字式仪表。机械式仪表是基于机械作用力而工作的仪表。电气式仪表是基于电测原理，通过各类传感器将被测的非电信号变换成电信号加以测量的仪表。模拟电路式仪表的工作原理与电气式仪表基本相同，只不过是用电子器件（分立元件和集成电路）取代原来的电气器件。数字式仪表是由ECU采集传感器的信号，将模拟信号转换为数字信号，经分析处理后再控制显示装置的仪表。

按安装方式的不同，汽车仪表可分为组合式仪表和分装式仪表。组合式仪表将各仪表组合安装在一起。分装式仪表是将各仪表单独安装。

（2）常用仪表

机油压力表用来检测和显示发动机主油道机油压力的大小，以防因缺机油而造成拉缸、烧瓦的严重故障。机油压力表由机油压力传感器和机油压力指示表两部分组成。机油压力指示表可分为电热式、电磁式和弹簧式三种。机油压力传感器可分为双金属片式和可变电阻式两种。

冷却液温度表用来检测和显示发动机水套中冷却液的工作温度，以防因冷却液温度过高而使发动机过热。冷却液温度表可分为电热式、电磁式和动磁式三种。

燃油表用来指示燃油箱内燃油的储存量，有电磁式、动磁式和电热式三种，传感器均为可变电阻式。

车速里程表用来指示汽车行驶速度和累计行驶里程数，有磁感应式和电子式两种。

发动机转速表用于指示发动机的运转速度，常用的转速表有机械式和电子式两种。

3.6.2 照明及信号装置

为了保证汽车行驶安全和工作可靠，在现代汽车上装有各种照明装置和信号装置，用于照明道路，标示车辆宽度，照明车厢内部及仪表，夜间检修等。此外，在转弯、制动和倒车等工况下汽车还应发出光信号和音响信号。

（1）车外照明装置

汽车大灯，又称前照灯，是保障汽车安全运行的重要部件之一，如图3-15。前照灯的照射距离越远，配光特性越好，汽车行驶的安全性能就越高。随着汽车技术的发展，汽车前照灯也有很大的变化，过去那种可装卸的白炽灯泡和白炽真空前照灯都先后被淘汰，目前较为常用的是卤素前照灯。

图3-15　奥迪A4前照灯

小灯主要用以在夜间行驶时，使其他车辆和行人能判断本车的外廓宽度，故又称示宽灯。前小灯也可供近距离照明用。很多公共汽车在车身顶部装有一个或两个标高灯，若有两个，则同时兼到示宽作用。后小灯的玻璃是红色的，便于后车驾驶员判断前车的位置而与之保持一定距离，以免发生追尾事故。牌照灯用于照明汽车牌照，应保证夜间在车后20m处能看清牌照号码。经常在多雾地区行驶的汽车还应在前部安装光色为黄色的雾灯。

（2）车内照明装置

车身内部的照明灯特别要求造型美观、光线柔和悦目，包括驾驶室顶灯、车厢照明灯、车门灯、行李箱灯等。驾驶室的仪表板上有仪表板照明灯。为了便于夜间检修发动机，还设有发动机罩下灯。为满足夜间在路上检修汽车的需要，车上还应备有灯线足够长的工作灯，使用时将其插头接入专用的插座中。

（3）信号装置

转向灯是用来向其他道路使用者表明车辆将向左或向右转向的灯具。GB 4785—2019规定，汽车和挂车必须装备转向灯。如果需要还可配备两只侧转向灯。危险警告灯用来向其他道路使用者表明本车有故障或紧急情况，开启时，车辆两侧的转向灯同时闪亮。

制动灯是向车辆后方其他道路使用者表明车辆正在制动的灯具，是车辆的必装件。

后雾灯是在大雾、雨、雪等视野条件恶劣的情况下，从车辆后方观察，使得车辆更为易见的灯具。每车配备一只或两只。若只配备一只后雾灯，则应安装在车辆前进方向的左侧

（右侧通行的车辆）。只有当远光灯、近光灯或前雾灯打开时，后雾灯才能打开。后雾灯可以独立于其他灯关闭。

驻车灯是表明在某区域内有一静止车辆存在的灯具。驻车灯是汽车的选装件，无论发动机是否工作，驻车灯都应能打开，驻车灯的数量根据布局而定。

3.6.3 挡风玻璃清洁装置

为了保证在各种使用条件下，驾驶室的挡风玻璃表面干净、清洁，汽车上都装有挡风玻璃洗涤器和刮水器，以及挡风玻璃除霜装置。

挡风玻璃洗涤器的功用是将清洁的水或洗涤液喷射到挡风玻璃上，在刮水器的作用下，清除挡风玻璃上的尘土和污物，使驾驶员有良好的视野。它主要由洗涤器电动机、洗涤器水泵、储液罐、喷嘴、水管等组成。挡风玻璃刮水器的结构如图3-16所示。刮水器电动机上装有自动复位开关，用来保证在刮水器停止工作后，刮水器的刮片停在挡风玻璃下沿的合适位置。挡风玻璃洗涤器和刮水器的工作由组合开关控制，组合开关通常有五个位置，分别是刮水器高速工作、低速工作、点动工作、间歇刮水和清洗玻璃。

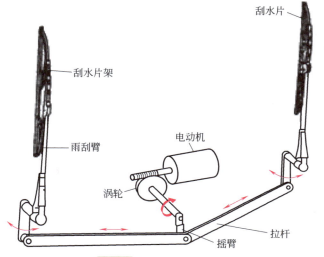

刮水器(动画)

图3-16 挡风玻璃刮水器

在较冷的季节，有雨、雪、雾的天气，挡风玻璃上易结霜，另外由于车厢内外温差较大，车厢内的水蒸气也易凝结在挡风玻璃上而结霜，从而严重影响驾驶员的视线，因此，汽车上应安装挡风玻璃除霜装置。对于前挡风玻璃上的霜层，通常是在汽车空调系统的风道中，加设除霜器风门，利用空调系统中产生的暖气（或流动的空气），达到清除结霜的目的。后挡风玻璃常采用除霜热线。除霜热线是把数条电热线（镍铬丝）均匀地粘在后窗玻璃内部，电热线两端相接形成并联电路，当两端加上电压后，电热线即会升温而加热玻璃，从而达到防止或清除结霜的目的。

中国汽车故事
红旗——中国轿车的铭牌

1957年，第一汽车制造厂接到指示，决定开发两种轿车：一种是大排量的豪华轿车，供中央领导和驻外使节使用；一种是普及型轿车，供各部门公务和接待外宾使用。当时，一汽投产还不到两年，刚刚掌握生产中型载重汽车的技术和管理方法，同时要生产两种轿车是不现实的。为了向国庆10周年献礼，一汽决定集中精力研制高级轿车，并定名为"红旗"。

红旗轿车最初是参考克莱斯勒1955型试制的，但车身是完全自主设计，极富民族特色。车身颀长，通体黑色，雍容华贵，庄重大方。车前格栅采用中国传统的扇子造型，后灯使用了大红宫灯，别具一格。发动机罩上方的标志是三面红旗，迎风飘扬，极富动感。车内采用了景泰蓝、福建漆、杭州织锦等内饰材料，民族气息浓郁。

1959年5月，经过5次整车试验，红旗轿车定型，被正式编号为CA72。1959年10月1日，10辆崭新的CA72红旗轿车在北京的国庆庆典上登台亮相。红旗检阅车庄重典雅，造型光顺谐调，彰显了检阅的威武气势。从20世纪60年代开始，红旗车的各项技术日臻完善。

只要红旗轿车行驶在街上，马上就能被群众认出来，人们都知道它是我们自己的国产车，全国人民对它的喜爱之情溢于言表。"红旗"二字已经远远超出了一个轿车品牌的含义，在国人心里，它有其他品牌所不能代替的位置。

思维导图

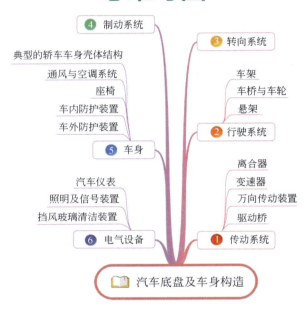

复习思考题

1. 判断题

（1）在紧急制动时，离合器可防止传动系统过载。（　　）

（2）汽车行驶中，万向传动装置可以保证传动轴的长度自动变化。（　　）

（3）变速器空挡可以中断动力传递，使发动机能够启动、怠速，并便于变速器换挡。（　　）

（4）断开式驱动桥采用的是非独立悬架，主减速器固定在车架上，驱动桥壳制成分段并用铰链连接，半轴也分段并用万向节连接。（　　）

（5）非承载式车身又称无车架式车身。（　　）

2. 选择题

（1）（　　）不属于汽车传动系统的部件。

A. 变速器　　　　　　　　B. 传动轴

C. 离合器　　　　　　　　D. 减振器

（2）（　　）是连接汽车左、右梯形臂的杆件，它与左、右梯形臂及前轴构成转向梯形机构。

A. 转向摇臂　　　　　　　　B. 转向直拉杆

C. 转向横拉杆　　　　　　　D. 转向盘

（3）汽车变速器　（　　）的主要作用是改变转矩、转速和旋转方向。

A. 变速操纵机构　　　　　　B. 变速传动机构

C. 安全装置　　　　　　　　D. 同步器

（4）汽车悬架是（　　）与车桥之间的弹性传力装置。

A. 车架　　　　　　　　　　B. 车轮

C. 减振器　　　　　　　　　D. 车厢

（5）汽车转向系统按（　　）的不同，可分为机械转向系统和动力转向系统两类。

A. 使用能源　　　　　　　　B. 结构

C. 作用　　　　　　　　　　D. 结构与作用

3. 问答题

（1）离合器有哪些作用？

（2）简述万向传动装置的组成及功用。

（3）汽车行驶系统由哪几部分组成？起到什么作用？

（4）非独立悬架与独立悬架有什么不同？

（5）简述转向系统的工作原理。

4
汽车性能

 学习目标

 知识目标

1. 正确描述汽车动力性的评价指标；
2. 简单叙述影响汽车动力性的因素；
3. 正确描述汽车的燃油经济性的评价指标；
4. 简单叙述影响汽车的燃油经济性的因素；
5. 描述操纵稳定性的概念和评价方法；
6. 正确描述汽车制动性的评价指标；
7. 简单叙述影响汽车制动性的因素；
8. 简单叙述影响汽车的行驶平顺性的因素；
9. 正确描述汽车通过性的几何参数；
10. 简单叙述影响汽车通过性的因素。

能力目标

1. 能够识读汽车的各项性能指标；
2. 能够简单评价汽车的基本性能。

4.1

汽车的动力性

汽车的动力性表示汽车在良好的路面上直线行驶时，由汽车受到的纵向外力决定的，所能达到的平均行驶速度。汽车动力性好就会有较高的行驶速度、较好的加速能力和上坡能力。提高汽车的平均行驶速度，就会提高汽车的运输效率，所以，动力性是汽车各种性能中最基本、最重要的性能。

4.1.1 汽车动力性评价

汽车的动力性主要由汽车的最高车速、汽车的加速时间（汽车的加速性能）和汽车的最大爬坡度（汽车的爬坡能力）三个方面的指标来评定。

（1）汽车的最高车速

汽车最高车速是指以额定的最大总质量，在风速不大于3m/s的条件下，在干燥、清洁、平直良好的路面（混凝土或沥青）上所能达到的最高稳定行驶速度，单位为km/h。一般轿车的最高车速为130~200km/h，客车的最高车速为90~130km/h，货车的最高车速为80~110km/h。汽车的最高车速对于长途行驶车辆的平均行驶速度影响最大。

（2）汽车的加速性能

汽车的加速性能是指汽车在各种使用条件下迅速增加行驶速度的能力。它对平均行驶速度有着很大的影响，特别是轿车，对加速时间更加重视。实验中通常用起步加速时间和超车加速时间来表示汽车的加速能力。

汽车动力性评价(微课)

对于手动挡汽车，原地起步加速时间是指由1挡或2挡这样的低挡起步并且以最大的加速强度（包括选择恰当的换挡时机）逐步换至最高挡后到达某一预定距离或车速所需的时间。一般汽车原地起步行驶，用0~400m这段距离所需的时间来表示加速能力；也有用汽车原地起步，车速从0~100km/h所需的时间来表示加速能力的。部分轿车的原地起步加速时间如表4-1所示。

表4-1　部分轿车的原地起步加速时间

车型	0~100km/h加速时间/s
一汽大众宝来TDI	12.1
一汽奥迪A6 2.4(基本型)	10.2
上海大众帕萨特1.8T(自动变速豪华型)	12.0
上海大众波罗1.4(手动变速舒适型)	14.8
华晨宝马525i	8.7
2004款宝马X5	8.3
标致307	11.6
北京现代索纳塔2.7 V6	12.2
奔驰S600	6.5
劳斯莱斯幻影Phantom	5.6

超车加速时间是指汽车用最高挡或次高挡从某一中间车速全力加速到某一高速所需的时间，因为超车时汽车与被超车辆并行，容易发生交通事故，所以，超车加速能力强，并行行

驶时间短，行驶就安全。常用 40~60km/h、40~80km/h 或 40~100km/h 加速所需的时间来表示。

（3）汽车的爬坡能力

汽车的爬坡能力通常用汽车的最大爬坡度来表示。最大爬坡度是指汽车满载时用变速器最低挡在风速不大于3m/s的条件下，在干燥、清洁、平直良好的路面（混凝土或沥青）上等速行驶所能克服的最大道路纵向坡度，常用每100m水平距离内坡道的升高高度 h 与100m 之间的比值来表示，即 $i=(h/100)\times100\%$。

各种车辆的爬坡能力不同：越野汽车需要在坏路或无路的条件下行驶，因而爬坡能力是一个很重要的指标，最大爬坡度要求达到60%，即31°或更高；货车在各种路面上行驶，要求具有足够的爬坡能力，一般为30%，即16.7°左右；轿车主要行驶在良好的路面上，车速高、加速快，对它的爬坡能力要求不是很高，但实际上它的低挡加速能力大，所以爬坡能力也强。最大爬坡度代表了汽车的极限爬坡能力，它应比实际行驶中遇到的道路最大坡度超出很多，这是因为在实际坡道行驶时，汽车应能够在坡道上停车后顺利起步加速，克服松软路面的大阻力，克服坡道上崎岖不平路面的局部大阻力。

此外，为维持道路上的车辆畅通行驶，要求各种车辆在常见坡道上的动力性相差不能太悬殊。例如，要求汽车在3%坡道上能以60km/h的车速行驶。控制这个指标可以使各种车辆在通常条件下的爬坡能力接近，有利于交通畅通。

4.1.2 影响汽车动力性的因素

影响汽车动力性的因素主要有结构因素和使用因素。

（1）发动机功率

发动机的功率越大，汽车的动力性越好。设计发动机的最大功率时必须保证汽车预期的最高车速。最高车速越高，要求的汽车发动机功率越大，其后备功率也大，加速爬坡能力必然也好。但发动机功率不宜过大，否则在常用条件下发动机负荷过低，导致燃料消耗增加。

（2）传动系统

传动系统对汽车动力性的影响取决于传动系统机械效率、变速器的挡数和变速器的传动比。传动系统的机械效率越高，传动损失越小，发动机有效功率更多转变为驱动功率，汽车动力性好。在润滑油中加入减磨剂和选用黏度适当且受温度影响小的润滑油，对提高传动效率有明显效果。变速器挡数对汽车的动力性有很大的影响，变速器挡数增加，发动机在接近最大功率工况下工作的机会增加，发动机的平均功率利用率高，可得到的后备功率大。但挡数增加，变速器的结构变得复杂，操纵也显得困难。因此，有级变速器的实际挡数仍有所限制，一般采用3~5个挡的变速器。变速器一挡传动比对汽车的影响最大，传动比越大，汽车的最大爬坡度越大。变速器各挡传动比应按等比级数分配，这样汽车在换挡加速过程中功率利用程度最高，加速时间最短。如果各挡传动比分配不当，会导致换挡困难，影响汽车的动力性。

（3）汽车总质量

汽车的总质量对汽车的动力性有很大的影响。除了空气阻力以外，所有运动阻力都与汽车的总质量有关。在其他条件相同的条件下，汽车总质量增加，则汽车的动力性能下降。所以，减轻汽车自重，会改善汽车的动力性。对具有相同载重量的不同汽车来说，其自重较小者，总质量也较小，因而动力性好。对于自重占总质量比例较大的汽车，减轻自重所得的效果也很显著。

（4）使用因素

汽车的动力性还在不同程度上受到运行条件的影响，如道路、气候、海拔高度、驾驶技术、技术保养与调整、交通规则与运输组织等。在汽车使用过程中，加强保养维护，采用正确的驾驶方法，运用合理的运输组织，有助于充分发挥汽车的动力性能，提高运输速度与运输生产率。

4.2
汽车的燃油经济性

汽车在保证动力的条件下，以尽量少的燃油消耗量完成经济行驶的能力称作汽车的燃油经济性。汽车的燃油经济性是汽车的重要使用性能之一。燃油经济性好，可以降低汽车的使用费用，节省石油资源；同时也降低了发动机CO_2的排放量，起到防止全球变暖现象加剧的作用。发动机的燃油消耗率与排放污染是有密切关系的，应该在保证排放达到有关法规要求的前提下降低发动机的燃油消耗率，提高汽车的燃油经济性。

4.2.1 汽车的燃油经济性评价

汽车燃油经济性常用一定运行工况下汽车行驶100km的燃油消耗量或一定的燃油量能使汽车行驶的里程来衡量。在我国及欧洲国家，燃油经济性指标的单位是L/100km，即行驶100km所消耗的燃油量。其数值越大，汽车的燃油经济性越差。美国的指标是MPG或mile/USgal，指的是每加仑燃油能行驶的里程。这个数值越大，汽车的燃油经济性越好。

（1）等速百公里油耗

等速行驶百公里油耗是常用的一种评价指标，指汽车在一定载荷下，以最高挡在水平良好路面上等速行驶100km的燃油消耗量。常测出每隔10km/h或20km/h的等速百公里油耗量。表4-2给出了部分国产轿车的等速百公里油耗。

表4-2　部分国产轿车的等速百公里油耗

车型	等速油耗/(L/100km)
夏利TJ7100	60km/h，4.5
桑塔纳	90km/h，7.9
桑塔纳2000GSi	90km/h，6.8
捷达	60km/h，5.7
富康	90km/h，4.9
奥迪100	90km/h，5.9

（2）循环工况行驶百公里油耗

由于等速行驶工况没有全面反映汽车的实际行驶情况，特别是在市区行驶的频繁加速、减速和怠速停车工况。因此，各国都指定了一些典型的循环行驶工况来模拟实际汽车运行状况，并以其百公里燃油消耗量来评定相应行驶工况的燃油经济性。一般将循环行驶工况下的燃油消耗称为循环油耗。循环油耗是指在一段指定的典型路段内汽车以等速、加速和减速等三种工况行驶时的耗油量。有些还要计入启动和怠速停车等工况的耗油量，然后折算成百公里油耗量。一些汽车企业将循环油耗标注为"城市油耗"，而将等速百公里油耗标注为"等速油耗"。

循环油耗与等速百公里油耗（指定车速）加权平均，能比较客观地反映汽车的耗油量。现代乘用车给出的城市循环油耗和公路循环油耗，更确切地说应为城市综合油耗和公路综合油耗。例如，在欧洲汽车的燃油消耗量由三部分组成，城市行驶循环百公里油耗、90km/h和120km/h等速行驶百公里油耗，各取1/3相加作为综合百公里油耗来评定汽车燃油经济性。

4.2.2　影响汽车的燃油经济性的因素

为了改善汽车的燃油经济性，必须对影响燃油经济性的有关因素进行研究。影响汽车燃油经济性的因素主要有两方面，结构因素和使用因素。

（1）汽车的总体尺寸及质量

汽车燃油经济性随着汽车质量的增加而迅速下降。随着车速的增加，燃油消耗量与汽车迎风面积成正比。实践证明，大且重的豪华型轿车比小而轻的轻型或微型汽车的燃油消耗量高3~5倍，大型轿车费油的原因是大幅度地增加了滚动阻力、空气阻力、坡度阻力和加速阻力。为了保障良好的动力性而装用大排量的发动机，导致汽车在行驶中的负荷率低，也是燃油消耗量大的原因之一。因此，广泛采用轻型、微型车是有效的节能方式。货车的质量利用系数对燃油经济性也有很大影响。货车的质量利用系数是装载质量与整车装备质量的比值，质量利用系数愈大，有效运输质量比重增加，运输中的单位油耗与成本都降低。

（2）发动机

发动机的热损失与机械损耗占燃油化学能的65%左右，显然发动机是对汽车燃油经济性影响最大的部件。影响因素主要有压缩比、燃料供给、功率利用率等。目前来看，提高发动机经济性的主要途径有：提高汽油发动机的热效率与机械效率；扩大柴油机的应用范围，柴油机汽车燃油消耗量比汽油机汽车低30%~40%；增压化；广泛采用电子计算机控制技术。

（3）传动系统

传动系统对燃油经济性的影响取决于传动系统效率、变速器挡数和传动比。传动系统效率越高，则损失于传动系统中的能量也越小，因而燃油经济性也好。传动比对汽车的燃油经济性也有影响，传动比越小则汽车的燃油经济性越好。现代汽车常采用超速挡，减小传动系统的总传动比。在良好的路面上采用高速挡，可以更好地利用发动机的功率，提高燃油经济性。传动系统的挡位增多后，增加了选用合适挡位使发动机处于经济工作状况的机会，有利于提高燃油经济性。近年来轿车手动变速器已基本上采用5挡，也有采用6挡的。大型货车有采用更多挡位的趋势，如装载质量为4t的五十铃货车装用了7挡变速器。重型汽车和牵引车为了改善动力性和燃油经济性，变速器的挡位可多至10~16个。但不能为了提高性能而过多地增加有级式变速器的挡位，因为这将使传动系统过于复杂，而且也不便于操作。

（4）外形与轮胎

汽车外形对燃油经济性的影响主要表现在汽车高速行驶时的空气阻力，因此，改善车身的流线型，能降低空气的阻力系数，可以提高燃油经济性。但在城市道路中，由于行驶车速低，对油耗影响较小。轮胎对燃油经济性也存在影响。现在公认的子午线轮胎的耐磨性、动力性、经济性等综合性能最好，与一般斜交胎相比可节油6%~8%。

4.3

汽车的操纵稳定性

汽车操纵稳定性包含互相联系的两个部分，即操纵性和稳定性。操纵性是指汽车能够确切响应驾驶员转向指令的能力。稳定性是指汽车受到外界干扰时保持稳定行驶的能力。两者很难分开，故统称为操纵稳定性。汽车的操纵稳定性不仅影响驾驶员的操纵方便程度，而且也是决定汽车高速安全行驶的一个重要性能。

4.3.1 汽车操纵稳定性评价

汽车操纵稳定性的评价方法有主观评价和客观评价两种。

（1）主观评价

主观评价就是感觉评价，其方法是让试验评价人员根据试验时自己的感觉来进行评价，并按规定的项目和评分办法进行评分。由于汽车是由人来驾驶的，因此主观评价法始终是操纵稳定性的最终评价方法。客观评价中采用的物理量是否可以表征操纵的稳定性，取决于用这些物理量评价性能的结果与主观评价是否一致。熟练的驾驶员在进行主观评价试验时，还能发现仪器所不能检测出来的现象。通常，先由人的感觉发现问题，然后用仪器进行检测。主观评价受到评价者个人主观因素的影响，不同的评价者可能给出差别较大的评价结果。一般情况下它不能给出汽车性能与汽车结构二者之间有何种联系的信息。

（2）客观评价

客观评价是通过测试仪器测出表征操纵性能的物理量。操纵稳定性的研究涉及"环境-汽车-驾驶员"系统的响应特性，问题很复杂，有些理论也还不成熟，以致对操纵稳定性的要求、评价指标和试验方法也不统一，即便同一试验在不同国家、不同制造厂家也做法不一。表4-3给出了汽车操纵稳定性的基本内容及其评价用的各种物理参量，可以通过理论分析确定它们与汽车结构参数的函数关系。

在操纵稳定性的众多评价指标中，汽车的稳定转向特性是最常用的评价指标。稳定转向特性有三种状态，不足转向、过多转向和中性转向。汽车以一定车速、一个转向盘转角做稳态圆周运动，然后令汽车加速，如果行驶的圆周半径不变，则汽车在此动态分析参考点具有中性转向的稳态响应。如果行驶的圆周半径加大，则汽车在此动态分析参考点具有不足转向的稳态响应。若加速后，圆周半径变小，则汽车具有过多转向的稳态响应。实践和理论分析表明，为了获得良好的操纵稳定性，汽车应具有适当的不足转向量。过多转向的汽车，其操纵稳定性不好。汽车不应为中性转向，因为当运行条件改变时，中性转向有可能变为过多转向。汽车的稳定转向特性，主要取决于前后轴质量分配、轮胎侧偏刚度、悬挂装置及转向装置的结构形式和参数。

表4-3 汽车操纵稳定性的基本内容及主要评价参量

基本内容	主要评价参量
转向盘角阶跃输入下进入的稳态响应；转向盘角阶跃输入下的瞬态响应	稳态横摆角速度增益
横摆角速度频率响应特性	共振峰频率、共振时振幅比、相位滞后角
回正性	回正后剩余横摆角速度与剩余横摆角

基本内容	主要评价参量
转向直径	最小转向直径
转向轻便性,包括原地转向轻便性、低速行驶转向轻便性、高速行驶转向轻便性	转向力、转向功
直线行驶性能,包括直线行驶性、侧向风稳定性、路面不平度稳定性	转向盘转角、侧向偏移
典型行驶工况性能,包括蛇形性能、移线性能、双移线性能(回避障碍性能)	转向盘转角、转向力、侧向加速度、横摆角速度、侧偏角、车速等
极限行驶能力,包括圆周行驶极限侧向加速度、抗侧翻能力、发生侧滑时的控制性能	极限侧向加速度、极限车速、回到原来路径所需时间

4.3.2 汽车操纵稳定性试验

（1）直线行驶的稳定性

直线行驶稳定性是指汽车在没有驾驶员干预的情况下沿直线行驶的性能，也包括汽车加速和制动时车体姿态的稳定性。直线行驶稳定性考察项目包括：在光滑路面上行驶时没有驾驶员方向控制的情况下，汽车维持直线行驶的性能；在光滑路面上车辆是否随机地向一边偏移；车辆是否摆尾；有路面扰动时汽车是否保持直线行驶；通过凹坑、凸起或起伏路面时汽车直线行驶的稳定性。侧向风敏感性考察项目包括：侧身阵风时车辆的反应，包括车身侧倾角、横摆角，偏离行驶路线的偏移量（无驾驶员干预）；为保持汽车直线行驶驾驶员需要的转向修正。加速行驶稳定性考察项目包括：大油门开度时汽车传递驱动力的能力；最大加速度变化率高还是低；高加速度时，车轮是否容易滑转；油门开度变化时是否容易控制车轮转速；加速时车轮是否跳动；加速时是否有后仰和下蹲现象。

（2）转弯稳定性

转弯稳定性是指汽车在弯道上的控制能力。在进出弯道和弯道中，是否表现出一致、舒适和可预见的不足转弯特性，是否在有些情况下会改变转弯特性。改变油门开度对车辆转弯特性的影响，考察车辆行驶路线的改变量，不足转向特性和稳定性的影响程度。转弯制动的考察项目包括：车辆在不同附着系数路面转弯制动时车辆的响应；车辆在稳态和瞬态工况下强烈制动时车辆行驶路线改变，为保持车辆的行驶路线需要的转向修正量；为维持转弯时的安全性，车辆的减速度大小。抓地性考察项目包括：车辆在平滑路面上的横向抓地性和粗糙路面上的抓地性。在正常转弯情况下，车辆的转弯路径和转弯姿态受路面影响程度。侧倾控制评价车辆转弯时车辆的侧倾度。

（3）瞬态/单移线运动稳定性

瞬态/单移线运动稳定性是指变换车道时车辆的稳定性和可控性。稳定性评价车辆在操纵过程的稳定感、安全性；评价在操作过程中是否容易产生后部失稳，失稳发生是否突然；当回到直线行驶状态时，车辆横摆超调量；在操作过程中节气门改变对车辆的稳定性影响程度。可控性评价在操纵过程中总体的转向性能，评价转向修正的次数和幅度，评价车辆对初始转向输入的响应是否过大、是否迅速。

4.4

汽车的制动性

汽车制动性是汽车行驶时能在短距离内停车且维持行驶方向不变和在坡道上长时间保持停驻的能力。汽车制动性是汽车的重要性能之一，直接关系到交通安全。

4.4.1　汽车制动性评价

汽车制动性可由制动效能、制动效能的恒定性和制动时的方向稳定性三个方面来评价。

（1）制动效能

汽车的制动效能是制动性能最基本的评价指标，是指汽车迅速降低行驶速度直至停车的能力。评价制动效能，可以根据制动距离、制动减速度、制动时间、制动力、车轮阻滞力等参数进行评价。例如我国交通管理部门规定，汽车以30km/h的初速度开始制动，轿车的制动距离应不大于6m，轻型货车不大于7m，中型货车不大于8m。制动效能与汽车制动系统各个零部件的结构以及轮胎的结构有较大关系。

（2）制动效能的恒定性

制动效能的恒定性是指汽车高速行驶或下长坡道路行驶时，经连续或频繁制动后，制动效能的保持程度。汽车在高速时制动或下长坡时连续制动，由于制动器内剧烈的摩擦，零件温度升高（可超过600℃）而降低了制动效能，称为热衰退。选用优质的摩擦材料，改进制动器的结构和散热方式，有助于提高制动效能的恒定性。盘式制动器由于容易散热，制动效能的恒定性较好。

（3）制动时的方向稳定性

制动时的方向稳定性是指制动过程中汽车不产生跑偏、侧滑甚至失去转向能力的性能。如果汽车在制动时偏离行驶方向，就可能发生碰撞、滑到沟内或滑下山坡的危险情况。汽车在制动时，车轮的旋转速度逐渐下降，甚至可能抱死，此时汽车仍依靠惯性向前冲，车轮与地面之间就会产生滑移。前轮抱死后，汽车将失去转向操纵能力；后轮抱死后，汽车后部很可能发生侧滑，俗称"甩尾"。在冰雪路面上，轮胎的附着力很小，驾驶员向制动踏板施加轻微的力就可能导致车轮抱死和汽车打滑，所以要小心操作。在道路一侧有冰雪的情况下，汽车制动时左右车轮不会同时抱死，更难以保持稳定的方向。安装防抱死系统的汽车，不但可提高制动效能，更重要的是能保持制动时的方向稳定性。

4.4.2　影响汽车制动性的因素

汽车的制动性是行驶安全的重要保证，影响汽车制动性的因素除制动系统的结构和形式外，还涉及道路条件以及对车辆制动系统的合理使用。

（1）制动效能的影响因素

制动初速度越大，制动距离越长。作用在制动踏板上的力越大，制动的减速度就越大，则制动距离就越短。驾驶员反应时间（判断需要制动到脚踩到制动踏板的时间）越长，制动距离越长。由于制动器由回位弹簧拉紧，蹄片与制动鼓间有间隙，消除这些间隙之后才是真正的制动开始时间，所以制动器的作用时间越长，制动距离越长。制动器热衰退性能好，则制动减速度大，制动距离短。路面条件影响附着系数，附着系数越大，制动减速度越大，制动距离越短。天气主要影响空气湿度和路面的附水层，湿度越大则制动减速度越小，制动距离越长。

（2）制动效能恒定性的影响因素

摩擦副的材料是影响制动效能的最主要因素。制动器热容量和散热面积越大，制动恒定性越好。对于制动器的结构形式，一般来说，自增力的比无增力的效能好，双领蹄的比领从蹄的好。制动时，尽量避免长时间制动，否则会引起制动器过热。我国规定，以一定车速连续制动15次，每次制动强度为3m/s^2，最后的制动效能应不低于冷制动时的60%。

（3）制动方向稳定性的影响因素

汽车试验中常规定一定宽度的试验通道，试验合格的车辆在试验中不允许产生不可控的效应使它离开这条通道。制动方向稳定性不良，会导致汽车发生制动跑偏、后轴侧滑、前轴丧失转向能力。造成汽车制动跑偏的原因有两个，一个是左右两车轮的制动力不相等，一个是悬架导向杆和转向系统拉杆的运动干涉。前者是由制造、调整误差造成，后者是由设计造成。造成后轴侧滑的原因是制动时后轴车轮比前轴车轮先抱死拖滑，汽车处于极危险的状态。所以制动时前轮先抱死或前后轮同时抱死就能防止后轴侧滑。前轴丧失转向能力的原因是前轮先抱死，而后轮滚动。这时即使转动方向盘也不能使汽车转向，汽车继续以直线行驶，相比后轮先抱死的情况，由于车身离心力作用，汽车处于相对稳定的状态。所以在分配制动力时首先要考虑不能发生让后轮先抱死的情况，其次是考虑尽量减少前轮抱死或前后轮同时抱死的情况。最理想的状态是防止任何车轮的抱死，因为滚动摩擦因数比滑动摩擦因数要大，所以滚动情况下能获得的制动力就大，能更好地控制制动距离和制动减速度。现在的一些电子设备，如ABS、EBD，都是用来控制车轮抱死的装置，对汽车制动安全性的提高有很大帮助。

4.5

汽车的行驶平顺性

汽车的行驶平顺性是使汽车在行驶过程中产生的振动和冲击环境对乘员舒适性的影响保持在一定界限之内。因此，平顺性主要根据乘员主观感觉的舒适性来评价，对于载货汽车还包括保持货物完好的性能。行驶平顺性既是决定汽车舒适性最重要的方面，也是评价汽车性能的主要指标。

汽车作为一个复杂的多质量振动系统，其车身通过悬架的弹性元件与车桥连接，而车桥又通过弹性轮胎与道路接触，其他如发动机、驾驶室等也是以橡胶垫固定于车架上。在激振力作用（如道路不平而引起的冲击和加速、减速时的惯性力等）及发动机振动与传动轴振动时，系统将发生复杂的振动。这种振动对乘员的生理反应和所运货物的完整性均会产生不利的影响；乘员也会因为必须调整身体姿势，加剧产生疲劳的趋势。

车身振动频率较低，共振区通常在低频范围内。为了保证汽车具有良好的行驶平顺性，应使引起车身共振的行驶速度尽可能地远离汽车行驶的常用速度。在坏路上，汽车的行驶速度受动力性的影响不大，主要取决于行驶平顺性。振动产生的动载荷，会加速零件磨损乃至损坏。振动还会消耗能量，使燃油经济性变坏。因此，减少汽车本身的振动，不仅关系乘坐的舒适度和所运货物的完整性，而且关系汽车的运输生产率、燃油经济性、使用寿命和工作可靠性等。

4.5.1　汽车的行驶平顺性评价

汽车的行驶平顺性的评价方法，通常是根据人体对振动的生理反应及对保持货物完整性的影响来制订的，采用振动的物理量，如频率、振幅、加速度、加速度变化率等作为行驶平顺性的评价指标。

目前，常用汽车车身振动的固有频率和振动加速度评价汽车的行驶平顺性。试验表明，为了保持汽车具有良好的行驶平顺性，车身振动的固有频率应为人体所习惯的步行时身体上、下运动的频率。它为60~85次/min（1Hz~1.6Hz），振动加速度极限值为0.2~0.3g。为了保证货物的完整性，车身振动加速度也不宜过大。如果车身加速度达到1g，未经固定的货物就有可能离开车厢底板。所以，货车车身振动加速度的极限值应低于0.6~0.7g。

在综合大量资料基础上，国际标准化组织提出了《人体暴露于全身振动的评价指南》。该标准用加速度均方根值给出了在中心频率1~80Hz振动频率范围内人体对振动反应的三种不同的感觉界限：舒适-降低界限、疲劳-工效降低界限和暴露极限。

舒适-降低界限与保持舒适有关。在此界限内，人体对所暴露的振动环境主观感觉良好，并能顺利完成吃、读、写等动作。

疲劳-工效降低界限与保持工作效率有关。当驾驶员承受的振动在此界限内时，能保持正常驾驶。

暴露极限通常作为人体可以承受振动量的上限。当人体承受的振动强度在这个极限之内，能够保持健康或安全。

4.5.2　影响汽车的行驶平顺性的因素

（1）弹性元件

将汽车车身看成一个在弹性悬架上作单自由度振动的质量时，减少悬架刚度，可降低车身的固有频率，提高汽车行驶的平顺性，但是，悬架过软会增加非悬挂质量的振动位移，大幅度的车轮振动有时会使车轮离开地面，在紧急制动时，汽车会产生严重的"点头"现象。为解决这一问题，可采用具有非线性特性的变刚度悬架，即悬架的刚度随载荷而变，当车辆载荷变化时，能够保持车身振动的固有频率不变，从而获得良好的平顺性。

（2）系统的阻尼

为了衰减车身自由振动和抑制车身、车轮的共振，以减小车身的垂直振动加速度和车轮的振幅，悬架系统中应具有适当的阻尼。在悬架系统中，引起振动衰减的阻尼来源很多，如轮胎变形时，橡胶分子间产生的摩擦，系统中的减振器、钢板弹簧叶片间的摩擦等。减振器的阻尼效果最好，可提高汽车行驶平顺性，改善车轮与道路的接触条件，防止车轮离开路面，因而可改善汽车的稳定性，提高汽车的行驶安全性。改进减振器的性能，对提高汽车在不平道路上的行驶速度有很大的作用。

（3）轮胎

轮胎由于本身的弹性，在很大限度上吸收了因路面不平所产生的振动，因此它和悬架共同保证了汽车的平顺性。轮胎性能的好坏，是用轮胎在标准气压和载荷下，压缩系数的大小（轮胎被压下的高度与充气断面高度的百分比）来表示的。在最大允许负荷作用下，普通轮胎的压缩系数为10%~12%，为了乘坐舒适，客车轮胎的压缩系数稍大些，为12%~14%。近几年来，随着车速的提高，对轮胎缓冲性能的要求也越来越高。提高轮胎缓冲性能的方法有：增大轮胎断面、轮辋宽度和空气容量，并相应降低轮胎气压；改变轮胎结构型式，如采用子午线轮胎，轮胎径向弹性大，可以缓和不平路面的冲击，吸收大部分冲击能量；提高帘线和橡胶的弹性，用较柔软的胎冠。车轮旋转质量的不平衡对汽车的行驶平顺性和稳定性都有影响，车速越高，对平衡的要求就越高。为了避免因转向轮不平衡而引起振动，必须对每一车轮进行静平衡和动平衡。

4.6
汽车的通过性

汽车的通过性又称为越野性，是指在一定载质量下，汽车能以足够高的平均车速通过各种坏路及无路地带和克服各种障碍的能力。坏路及无路地带，是指松软土壤、沙漠、雪地、沼泽等松软地面及坎坷不平地段；各种障碍，是指陡坡、侧坡、台阶、壕沟等。尤其是军用、农用、工地及林区使用的汽车，要求有良好的通过性。

4.6.1 汽车通过性评价

（1）通过性的几何参数

汽车越野行驶时，由于地面的不规则（小丘、凸起、沟洼、坡道及壕沟等），可能出现使汽车无法通行的情况，这与汽车本身的结构有一定关系。通过性的几何参数是指汽车在不同地面上所涉及的与通过能力有关的汽车本身的几何参数，主要包括最小离地间隙、接近角、离去角等，见图4-1。各类汽车通过性几何参数的数值范围见表4-4。另外，汽车的最小转弯直径、内轮差、车轮半径也是汽车通过性的重要轮廓参数。

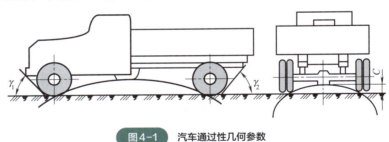

图4-1　汽车通过性几何参数

表4-4　汽车通过性的几何参数

汽车类型	驱动型式	最小离地间隙 C/mm	接近角 γ_1/(°)	离去角 γ_2/(°)	最小转弯直径 d_H/m
轿车	4×2	120~200	20~30	15~22	14~26
	4×4	210~370	45~50	35~40	20~30
货车	4×2	250~300	25~60	25~45	16~28
	4×4、6×6	260~350	45~60	35~45	22~42
越野车（乘用）	4×4	210~370	45~50	35~40	20~30
客车	6×4、4×2	220~370	10~40	6~20	28~44

最小离地间隙是汽车除车轮之外的最低点与路面之间的距离。它表征汽车无碰撞地越过石块、树桩等障碍物的能力。汽车的前桥、飞轮壳、变速器壳、消声器和主减速器外壳等通常有较小的离地间隙。汽车前桥的离地间隙一般比飞轮壳的还要小，以便利用前桥保护较弱的飞轮壳免受碰撞。后桥内装有直径较大的主减速齿轮，一般离地间隙最小。在设计越野汽车时，应保证有较大的最小离地间隙。

接近角与离去角是指自车身前、后凸出点向前、后车轮引切线时，切线与路面之间的夹角。它表征了汽车接近或离开障碍物（如小丘、沟洼地等）时，不发生碰撞的能力。接近角和离去角越大，则汽车的通过性越好。

车辆在转向过程中，转向盘向左或向右转到极限位置时，车辆外转向轮印迹中心在其支承面上的轨迹圆直径中的较大者，称为车辆的最小转弯直径。它表征车辆在最小面积内的回转能力和通过狭窄弯曲地带或绕过障碍物的能力。最小转弯直径越小汽车通过性越好。转向轴和末轴的内轮印迹中心在车辆支承平面上的轨迹圆之差，被称为内轮差，如图4-2所示，内轮差越小汽车通过性越好。

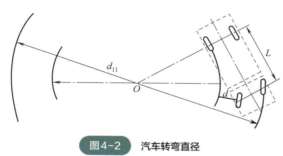

图4-2 **汽车转弯直径**

（2）通过性的牵引参数

汽车顺利通过松软土壤、沙漠、冰面、沼泽等地面的能力，用汽车的牵引参数来表示。附着质量系数和车轮接地比压是评价通过性的两个重要牵引参数。

附着质量是指轮式车辆驱动轴的载质量。车辆附着质量与总质量之比，称为附着质量系数。附着质量和附着质量系数大，有利于汽车在坏路面上行驶，丧失通过性的可能性就小。为了保证车辆的通过性，应对车辆附着质量有明确的要求。例如，意大利对4×2牵引车组成的汽车列车的附着质量系数规定为0.27，英国规定为0.263。

影响汽车通过
性的因素（微课）

车轮接地比压是指车轮对地面的单位压力。车辆在松软地面上行驶的滚动阻力系数和附着系数都与车轮接地比压直接相关。车轮接地比压小，轮辙深度小，车轮的行驶阻力和车轮沉陷失效的概率就小。同样，当汽车行驶在黏性土壤和松软雪地上时，降低车轮接地比压可使得车轮接地面积增加，提高地面承受的剪切力，使车轮不易打滑。车轮接地比压与轮胎气压、轮胎刚度有关。

4.6.2　影响汽车通过性的因素

汽车的通过性主要取决于汽车的驱动力、附着力等牵引参数和几何参数，也与汽车的平顺性、机动性、视野等性能密切相关。

（1）发动机的功率与转矩

汽车通过坏路或无路地带时，要克服较大的道路阻力。为此，要提高汽车的通过性，就必须提高汽车的动力性，提高发动机的最大功率和转矩。

（2）传动系统传动比

在相同的发动机转速下，传动系统的传动比增大，可使相应的汽车行驶速度降低。当汽车的行驶速度降低时，土壤的物理特性会有所改变，土壤剪切和车轮滑转的可能性减小。所以较大的传动系统传动比，可改善汽车的通过性。越野汽车往往采用增加副变速器或使用两挡分动器的结构形式，以增大传动系统的总传动比。

（3）轮胎花纹

轮胎花纹对附着系数有很大影响。正确地选择轮胎花纹，对提高汽车在一定类型地面上的通过性有很大作用。越野汽车的轮胎具有宽而深的花纹，当汽车在湿路面上行驶时，由于只有花纹的凸起部分与地面接触，使轮胎对地面有较高的单位压力，足以挤出水层。而在松软地面上行驶时，轮胎下陷，嵌入土壤的花纹凸起的数目增加，与地面接触面积及土壤剪切面积都迅速增加，因而同样能保证有较好的附着性能。越野轮胎花纹的形状应具有脱掉自身泥泞的性能。

（4）轮胎直径与宽度

增大轮胎直径和宽度都能降低车轮接地比压。用增加车轮直径的方法减少接地比压，增加接触面积以减少土壤阻力和减少滑转，要比增加车轮宽度更为有效。但增大轮胎直径会使惯性增大，汽车质心升高，轮胎成本增加，而且要采用大传动比的传动系统。因此，大直径轮胎的推广使用受到了限制。加大轮胎宽度能够降低车轮接地比压，而且轮胎较宽，允许胎体有较大的变形，不会影响其使用寿命。

（5）轮胎气压

在松软地面上行驶的汽车，应相应降低轮胎的气压，以增大轮胎与地面的接触面积，降低车轮接地比压，从而减小轮胎在松软地面的沉陷量及滚动阻力，提高土壤推力。

（6）前轮距与后轮距

若前、后轴采用相同的轮距，后轮可以沿前轮压实的轮辙行驶，从而使全车的行驶阻力减小，提高通过性。所以现代越野汽车普遍采用单胎，各轴轮距相等。

（7）驱动轮的数目

增加驱动轮的数目，可以提高相对附着质量，增加驱动轮胎与地面的接触面积，获得较大的驱动力。越野汽车均采用全轮驱动。

（8）液力传动

装有液力变矩器或液力耦合器的汽车，起步时扭矩增加平缓，避免了对路面的冲击，同时，不用换挡也能提高转矩，能提高汽车的通过性。

（9）差速器

普通锥齿轮差速器由于具有在驱动轮间平均分配扭矩的特性，当一侧车轮出现滑转时，另一侧车轮只能产生与滑转车轮相等的驱动力矩，使总驱动力不能克服行驶阻力，汽车不能前进。采用高摩擦差速器可以使转得较慢的车轮得到较大的驱动力矩从而使总驱动力提高，有利于提高汽车的通过性。若采用差速锁，两边车轮的驱动力可以按各自的附着力来分配，改善通过性的作用更明显。

中国汽车故事
第二汽车制造厂（二汽）的艰难破局——山沟里的汽车城

相比一汽、上汽，二汽的故事最为曲折，发展历程也更为艰难和多变。1954年，国家提出建设第二汽车制造厂，成立二汽建设筹委会，初步选址湖北武汉。1957年3月与1958年6月，由于经济原因，二汽两次被迫下马。1964年，国家的经济形势好转，建设二汽第三次提上议事日程，国家提出"靠山、分散、隐蔽"的六字方针，要求厂址要靠近大山，关键设备还要进洞。1967年4月，二汽在十堰炉子沟举行了奠基典礼，1969年，二汽正式开始大规模建设。

十堰原本只是一个小县城，一下子来了十几万建设大军，马灯、扁担、草鞋、芦席棚成为拓荒者艰苦创业的真实写照。为了适应当时的生产力状况，二汽提出了按照汽车的总成分工，由国内汽车厂家和设备厂分别"包建"的方案。为了努力追赶世界先进水平，大量采用新技术、新设备、新材料、新工艺。1975年7月，二汽第一个车型2.5t越野车EQ240胜利投产。1978年7月，首批民用东风5t载货汽车EQ140实现批量生产，闯过了亏损关，第一次向国家上缴利润279万元。

步入20世纪80年代，国民经济进入调整时期，二汽被国家列入了"停缓建"企业名录。二汽制定了自筹资金、量入为出、分期续建的方案，走上了依靠自己努力加强内涵发展的创业道路。到1985年，二汽达到了年产10万辆汽车的生产能力。

进入20世纪90年代，随着我国经济的转型，二汽自身的问题和矛盾暴露得更加充分，到1998年公司累计亏损5.4亿元，更名为东风汽车公司的二汽再次面临着生死存亡的考验。1999年6月，东风汽车公司酝酿已久的体制改革方案正式出台，建立起适应社会主义市场经济的现代企业制度。2000年公司整体扭亏为盈，产销量突破22万辆大关，盈利13.8亿元。2003年东风汽车公司与日产汽车公司共同组建了东风汽车有限公司，成为中国汽车行业最大的一个中外合资项目。

思维导图

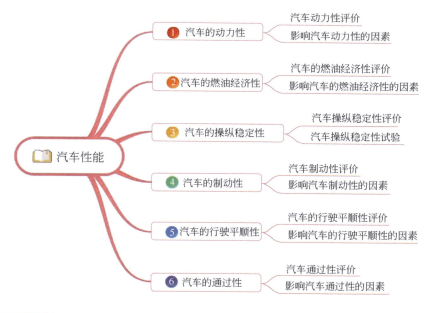

 复习思考题

1. 判断题

（1）变速器挡数增加，变速器的结构变得复杂，操纵也困难，导致汽车动力性

下降。（　　）

（2）我国汽车的燃油经济性指标的单位是L/100km，其数值越大，汽车的燃油经济性越好。（　　）

（3）客观评价是通过测试仪器测出表征操纵性能的物理量。（　　）

（4）子午线轮胎径向弹性大，可以缓和不平路面的冲击，并吸收大部分冲击能量，使汽车行驶平顺性得到改善。（　　）

（5）越野汽车采用全轮驱动既可以提高汽车的经济性，又可以提高通过性。（　　）

2. 选择题

（1）（　　）不能作为汽车动力性的评价指标。

A. 最高车速　　　　　　　　B. 汽车的加速时间

C. 最高转速　　　　　　　　D. 最大爬坡度

（2）在我国，汽车车速的单位是（　　）。

A. m/s　　　　　　　　　　B. mile/h

C. km/h　　　　　　　　　　D. L/100km

（3）在我国，燃油经济性指标的单位是（　　）。

A. L/100km　　　　　　　　B. mile/USgal

C. MPG　　　　　　　　　　D. km/L

（4）（　　）不是导致大型轿车费油的原因。

A. 滚动阻力　　　　　　　　B. 进气阻力

C. 坡度阻力　　　　　　　　D. 加速阻力

（5）（　　）不能作为评价制动效能的指标。

A. 制动距离　　　　　　　　B. 制动减速度

C. 制动力　　　　　　　　　D. 制动器

3. 问答题

（1）传动系统如何影响汽车的动力性？

（2）提高发动机经济性的主要途径有哪些？

（3）汽车制动性评价指标有哪些？

（4）影响汽车行驶平顺性的因素有哪些？

（5）影响汽车通过性的因素有哪些？

5
汽车主流技术

 学习目标

 知识目标

1. 简单叙述可变配气相位的功能及调节原理；
2. 描述缸内直喷的优点；
3. 描述转子发动机的工作原理；
4. 简单叙述可变排量发动机的工作原理；
5. 简单叙述DCT自动变速器的工作原理；
6. 简单叙述ESP电子稳定程序的作用及工作原理；
7. 简单叙述EPAS电动助力转向系统的工作原理；
8. 简单叙述TPMS汽车轮胎压力监视系统的组成及原理；
9. 描述GOA安全车身的基本原理；
10. 描述GPS卫星导航的作用；
11. 简单描述SRS乘员辅助保护系统的组成及原理。

能力目标

1. 能够识别各系统的英文缩写；
2. 能够找到各系统在车上的安装位置。

5.1

发动机主流技术

5.1.1 可变配气相位

　　普通的发动机在制造出来后，配气相位和气门升程就固定不变了，无法适应不同转速下发动机对进、排气的需求。因此，传统的发动机设计人员在设计凸轮轴凸轮线型时都采用折中方案，要同时考虑高速和低速工况，但是这种设计方案在某种程度上限制了发动机的性能，已远远不能满足高性能汽车的要求。因此，人们希望能够有这样一种发动机，其凸轮线型能够适应任何转速，不论在高速还是低速都能得到最佳的配气相位，于是，可变配气相位控制机构应运而生，如图5-1所示。

　　1989年本田技研工艺株式公社首次发布了可变气门配气相位和气门升程电子控制系统。此后，各大汽车企业不断发展该技术，推出自己的成熟产品，例如，丰田VVT-i连续可变配气正时、三菱MIVEC分级可变气门升程和连续可变配气正时、马自达S-vt分级可变气门升程和连续可变配气正时、日产CVTC连续可变配气正时、BMW Val-

图5-1　各种可变配气相位技术

vetronic连续可变气门升程、保时捷Variocam、现代DVVT，虽然商品名各异，但其设计思想却极为相似。

（1）本田车系VTEC

　　VTEC（variable valve timing and valve lift electronic control system）全称是可变气门正时和升程电子控制系统，是本田的专有技术，它能随发动机转速、负荷、水温等运行参数的变化，适当地调整配气正时和气门升程，使发动机在高、低速下均能达到最高效率。与很多普通发动机一样，VTEC发动机每缸有四气门（两进两排）、凸轮轴和摇臂等，但与普通发动机不同的是凸轮与摇臂的数目及控制方法，其进气凸轮轴上分别有三个凸轮面，如图5-2所示，分别是主凸轮、次凸轮、中间凸轮，分别顶动摇臂轴上的三个摇臂，当发动机处于低转速或者低负荷时，三个摇臂之间无任何连接，左边和右边的摇臂分别顶动两个进

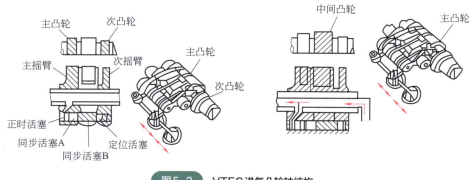

图5-2　VTEC进气凸轮轴结构

气门，使两者具有不同的正时及升程，以形成挤气作用效果。此时中间的高速摇臂不顶动气门，只是在摇臂轴上做无效的运动。当转速在不断提高时，发动机的各传感器将监测到的负荷、转速、车速及水温等参数送到计算机，计算机对这些信息进行分析处理。当达到需要变换为高速模式时，计算机就发出一个信号打开 VTEC 电磁阀，使压力机油进入摇臂轴内顶动活塞，使三只摇臂连接成一体，使两只气门都按高速模式工作。当发动机转速降低达到气门正时需要再次变换时，计算机再次发出信号，打开 VTEC 电磁阀压力开关，使压力机油泄出，气门再次回到低速工作模式。系统原理如图5-3所示。

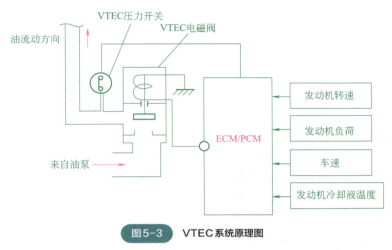

图5-3　**VTEC 系统原理图**

（2）丰田车系 VVT-i

VVT-i（variable valve timing-intelligence）的意思是智能可变配气正时系统。该系统的最大特点是可根据发动机的状态控制进气凸轮轴，通过调整凸轮轴转角对配气时机进行优化，以获得最佳的配气正时，从而在所有速度范围内提高扭矩，并能大大改善燃油经济性，有效提高汽车的功率与性能，减少油耗和废气排放。

VVT-i 系统由传感器、电控单元、液压控制阀和控制器等部分组成，如图5-4所示。按控制器的安装部位不同而分成两种：一种是安装在排气凸轮轴上的，称为叶片式 VVT-i，例如丰田大霸王；另一种是安装在进气凸轮轴上的，称为螺旋槽式 VVT-i，凌志400、430等高级轿车就是采用的此种型式。

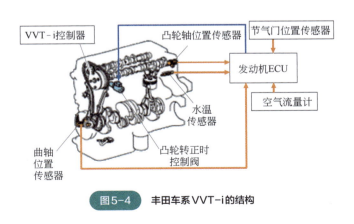

图5-4　**丰田车系 VVT-i 的结构**

VVT-i调节策略如下：

在怠速、轻载、低温和启动时，延迟进气门开启时刻可减少气门重叠角，以减少排出的废气逆吹入进气侧，从而达到稳定怠速、提高燃油经济性和启动性能。

中等载荷或高负荷中低速时，提前进气门开启时刻可增加气门重叠，以增加EGR率和降低泵气损失，从而改善了排放控制和燃料消耗率。此外，同时提前进气门的关闭时刻可减少进气被逆吹回进气侧，改善了容积效率。

高速、重载时，气流惯性大，推迟进气门的关闭时刻可增加充气效率，提高发动机的功率。

5.1.2 缸内直喷技术

缸内直喷的意思就是直接在气缸体内进行燃油喷射，有别于进气歧管喷射，直喷发动机的可燃混合气在进入气门前是纯净的空气，而不是油气混合体。

最早使用缸内直喷技术的是日本三菱GDI发动机，1995年GDI发动机量产装车，至今已经生产了100多万台。大众汽车集团FSI发动机也应用了缸内直喷技术，装备的车型有奥迪A4和A6、大众迈腾、高尔夫、斯柯达明锐等，图5-5为大众车系缸内直喷发动机。

图5-5　大众车系缸内直喷发动机

FSI是fuel stratified injection的字母简写，是燃料分层喷射的意思，是实现燃料稀薄燃烧的基础。为了做到燃油的稀薄燃烧，供油系统会向气缸内喷入浓度较稀的燃油，在气缸内实际空燃比要比理论空燃比高，单纯利用火花塞放电的能量无法使混合气点火燃烧，而采用分层燃烧技术后，在燃料相对较浓的地方进行点火燃烧，然后再引燃较稀区域的燃料，降低了点火能量，又实现了稀薄燃烧。

（1）缸内直喷技术的优点

提高了燃油经济性。其原因主要有：部分负荷下采用稀薄分层混合气，使循环热效率提高；缸内燃油蒸发导致压缩终点混合气温度降低，加之是稀混合气，爆燃倾向减小，从而使压缩比可以提高，使循环热效率提高；由于中小负荷工况采用稀薄燃烧，并由油量来控制发动机的负荷，泵气损失大大减少（降低15%左右），使机械效率提高；中小负荷时燃烧室周边基本是空气，散热损失减少，使循环热效率提高。

提高了动力性。主要是因为充气效率和压缩比的提高。

改善了冷启动时排放性能。冷启动时的未燃HC排放降低，温室效应气体CO_2减少，并且允许采用更高的EGR率来降低NO_x排放。

改善了各缸工作的不均匀性。由于燃油直接喷入气缸，可以对各缸的空燃比进行相对独立控制。

有良好的瞬态响应。缸内直喷发动机不存在壁面油膜，燃油计量精确，加速响应快，减速断油及时，冷启动迅速，冷启动加浓要求低。

系统优化潜力大。主要是因为缸内直喷发动机在喷油控制方面有着更大的灵活性。

（2）丰田汽车公司D-4发动机

如图5-6所示，丰田汽车公司D-4发动机为直接喷射直列四缸16气门发动机，采用深碗型的活塞顶部燃烧室。当压缩行程活塞接近上止点时，喷油器从与火花塞稍为偏斜的方向喷射燃油，与进气涡流混合汽化，并向火花塞处移动，燃油与空气成层化分布，接着火花塞点火，混合气迅速燃烧。

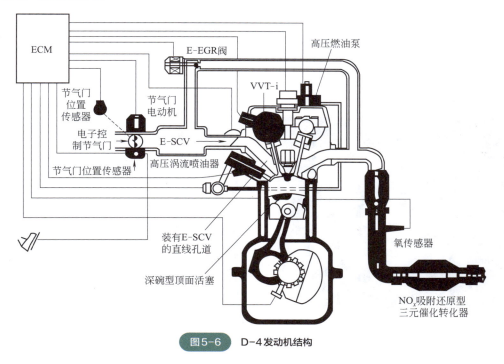

图5-6 D-4发动机结构

发动机的燃油系统分成低压与高压两部分，如图5-7所示。为使各种工况下，混合气均能稳定燃烧，ECU可以根据发动机转速与负荷，对燃油喷射量与喷射正时进行控制。随着空燃比的变化，燃烧形态也有四种变化。低转速低负荷时，燃烧形态为成层燃烧，空燃比为25~50。低转速中负荷时，燃烧形态为弱成层燃烧，空燃比为25~30。中转速中负荷时，燃烧形态为稀薄范围均匀燃烧，空燃比为15~23。高转速高负荷时，燃烧形态为较浓范围均

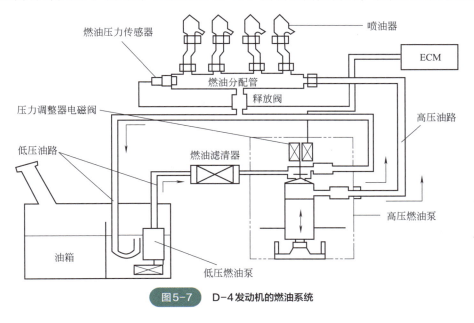

图5-7 D-4发动机的燃油系统

匀燃烧，空燃比接近理论空燃比，为12~15。

5.1.3 转子发动机

转子发动机由德国人菲加士·汪克尔（Felix Wankel）发明，他在总结前人的研究成果的基础上，解决了一些关键技术问题，成功研制了第一台转子发动机。转子发动机采用三角转子旋转运动来控制压缩和排放，与传统的往复活塞式发动机迥然不同。图5-8所示为转子发动机结构示意图，图5-9所示为马自达RX8的转子发动机。

图5-8　转子发动机结构

图5-9　马自达RX8转子发动机

转子发动机
（图片）

（1）转子发动机的运动特点

三角转子的中心绕输出轴中心公转的同时，三角转子本身又绕其中心自转。在三角转子转动时，以三角转子中心为中心的内齿圈与以输出轴中心为中心的齿轮啮合，内齿圈与齿轮的齿数之比为3∶1。上述运动关系使得三角转子顶点的运动轨迹（即气缸壁的形状）似"8"字形。三角转子把气缸分成三个独立空间，三个空间各自先后完成进气、压缩、做功和排气，三角转子自转一周，发动机点火做功三次。由于以上运动关系，输出轴的转速是转子自转速度的3倍。

（2）转子发动机的工作原理

转子发动机的内部空间总是被分成三个工作室，在转子的运动过程中，这三个工作室的容积不停地变动，在摆线形缸体内相继完成进气、压缩、做功和排气四个过程。每个过程都在摆线形缸体中的不同位置进行，而往复活塞式发动机的四个过程都是在一个气缸内进行的。

图5-10为转子发动机与往复活塞式发动机工作循环的比较（图中有两个气孔，左侧为进气，右侧为排气）。转子发动机与往复式四冲程发动机工循环相同，即由进气、压缩、做功、排气四个行程构成，下面以三角转子的一个弧面 BC 与气缸壁面之间形成的工作腔（BC 工作腔）为例，说明转子发动机的四行程工作原理。

进气行程。当三角转子的角顶 C 转到进气孔右边的边缘时，BC 工作腔开始进气，在位置（a），进排气孔相通，进排气重叠。这时 BC 工作腔的容积最小，相当于往复活塞式发动机的上止点位置。随着转子继续转动，BC 工作腔的容积逐渐增大，可燃混合气不断被吸入气缸。当转子自转90°（主轴转270°）到达位置（b）时，BC 工作腔的容积达到最大，相当于往复活塞式发动机的下止点位置，进气行程结束。

压缩行程。随着三角转子的继续转动，角顶 B 越过进气孔的左侧边缘，压缩行程开始，

BC工作腔的容积逐渐缩小，压力越来越大，到达位置（c）时，转子自转180°（主轴旋转540°），BC工作腔容积达到最小，相当于往复活塞式发动机的上止点位置，压缩行程结束。

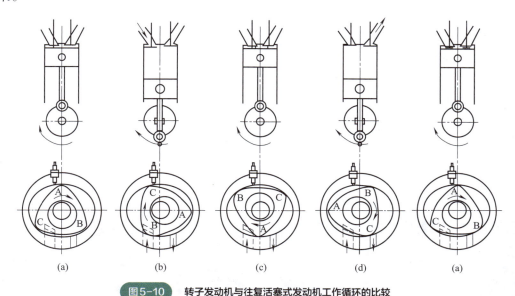

图5-10 转子发动机与往复活塞式发动机工作循环的比较

做功行程。在压缩行程终了，火花塞跳火，高温高压的气体推动三角活塞继续转动，BC工作腔的容积逐渐增大，当角顶C达到排气孔右侧边缘，在位置（d），转子自转270°（主轴旋转810°），BC工作腔的容积达到最大，相当于往复活塞式发动机的下止点位置，做功行程结束。

排气行程。三角转子角顶C转过排气孔右侧位置时，排气行程开始，最终三角转子回到位置（a），排气行程结束，转子自转360°（主轴转1080°），一个工作循环结束。同时，CA工作腔、AB工作腔也分别完成一个工作循环。

（3）转子发动机的优点

体积小、重量轻，便于降低车辆重心。由于转子发动机没有曲柄连杆机构，所以大大减小了发动机高度，同时降低了车辆重心，发动机结构也大为简化，零件减少。由于转子发动机一个气缸同时有三个工作腔处于工作状态，所以扭矩输出比较往复活塞式发动机更加均匀。由于活塞转子与主轴转速比为1∶3，故不需很高的活塞转速即可实现发动机的高转速，有利于发展高速发动机。

（4）转子发动机的缺点

油耗高，尾气排放难以达标。因其每个气缸有三个工作腔，活塞转子每旋转一周相当于有三个做功行程，和往复活塞式发动机作对比，3000r/min往复活塞式发动机喷油1500次/min时，转子发动机相当于转速为1000r/min，但是需要喷油3000次/min，可见转子发动机的油耗明显高于往复活塞式发动机，同时转子发动机的燃烧室形状不利于可燃混合气的充分燃烧，火焰传播路径长，机油消耗量大，导致废气中污染物含量较高。发动机的结构导致只能采取点燃式而不能采用压燃式，即只能用汽油作为燃料而不能用柴油。由于转子发动机采用偏心轴，导致发动机振动较大。功率输出轴（主轴）位置高，不利于整车布置。转子发动机的加工制造技术要求高，成本比较高。

5.1.4 可变排量发动机技术

广州本田第八代雅阁轿车搭载了3.5L V6发动机，具有3、4、6缸三种工作模式，既可以作为V6发动机工作，也可以根据发动机工况需要，转换成为直列3缸发动机或者V4发动机。借助这三种不同的工作模式，使得发动机排量与行驶环境的要求保持同步，大大提高了燃油经济性，同时还满足了发动机在必要时对动力性能的要求。

在发动机启动、加速或者低挡位爬坡时，发动机会启动所有的六个气缸来运行，如图5-11所示，从而满足发动机启动初期缸体的各个部分加热均匀，或者是满足动力输出的需求。

当车辆处于中低速的定速巡航或者发动机低负荷需求时（怠速状态），电子控制系统会通过控制VTEC系统关闭发动机一侧的三个气缸的进气、排气，以及供油来完成从V6发动机到直列3缸发动机工作模式的切换，如图5-12所示。此时，这台3.5L发动机的实际工作排量只有1.75L。通过对发动机在不同工况下工作排量的灵活控制，3.5L VCM发动机相对于上一代雅阁所搭载的3.0L发动机，燃油消耗降低7%。

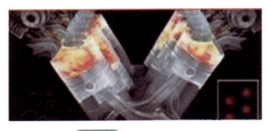

图5-11　6缸工作模式

图5-12　3缸工作模式

DCT自动变速器（微课）

5.2
底盘主流技术

5.2.1　DCT自动变速器

（1）基本原理

DCT（dual clutch transmission）自动变速器也叫双离合器自动变速器。DCT自动变速器有别于一般的自动变速器系统，它基于手动变速器而又不是手动变速器，除了拥有手动变速器的灵活性及自动变速器的舒适性外，还能提供无间断的动力输出。传统的手动变速器使用一台离合器，当换挡时，驾驶员必须踩下离合器踏板，使不同挡的齿轮做出啮合动作，而动力就在换挡期间出现间断，动力输出表现为有动力中断现象。

DCT自动变速器内含两台自动控制的离合器K1和K2，如图5-13所示，由电子控制及液压推动，能同时控制两台离合器的动作。变速器工作时，一组齿轮被啮合，而接近换挡时，下一组挡段的齿轮提前啮合，但离合器仍处于分离状态；当换挡时，一台离合器将使用中的

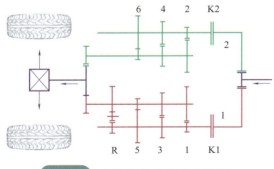

图5-13　双离合器自动变速器传动简图

齿轮分离，同时另一台离合器接合，在整个换挡期间能确保有一组齿轮在输出动力，从而不会出现动力中断现象。为配合以上动作，DCT的输入轴分为两部分，一为实心的输入轴，另一为空心的输入轴。实心的输入轴连接了1、3、5挡及倒挡，而空心的输入轴则连接2、4及6挡，两台离合器各自负责一根输入轴的啮合动作。

传统的液力自动变速器以方便的操作逐渐取代了手动变速器，但不足之处是传动效率低，燃油经济性差，换挡时动力传递有间断。DCT自动变速器的换挡动作比手动挡变速器快，换挡过程中不产生动力间断。DCT的油耗水平与手动挡车型相当，甚至低于手动挡车型。

（2）工作过程

DCT自动变速器省略了传统手动变速器的离合器踏板，改由电子控制液压系统对两个离合器进行控制。DCT自动变速器的输入轴也被分为两部分，两个离合器各自与一根输入轴相连，中空的外轴用于连接变速器中的偶数挡位，外轴套嵌的实心内轴则用于连接奇数挡位。两个离合器在工作时相互配合，各自负责一根输入轴的动力传递。如图5-14所示。

从图中可以清楚地看出，离合器2通过内轴控制变速器中的奇数挡位，离合器1通过外轴控制变速器中的偶数挡位。

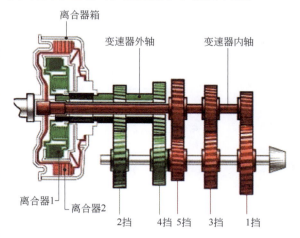

图5-14 双离合器自动变速器结构简图

当汽车正常行驶时，一个离合器与变速器中的某一挡位相连，将发动机动力传递至驱动轮，与此同时，控制单元根据车辆行驶速度和发动机转速对驾驶者的换挡意图进行预先判断，控制另一个离合器与变速器中下一挡位的齿轮组相连，离合器仍处于分离状态，尚未进行任何动力传输。

换挡时，第一个离合器断开连接，同时第二个离合器将之前预连接的变速器中下一挡位的齿轮组与发动机接合，进行下一个挡位的动力传输，从而不会出现动力中断的状况。除了空挡之外，双离合器变速器中的一个离合器总处于接合状态，另一个离合器总处于断开状态。

5.2.2 ESP电子稳定控制系统

ESP的英文全称是electronic stability program，中文名称是电子稳定控制系统，也可称作ESC或VSC。其作用主要是在紧急情况下对车辆的行驶状态进行主动干预，它整合了ABS（防抱死制动系统）和TCS（牵引力控制系统）的功能，并且增加横摆控制、防侧滑功能，可以防止车辆在高速行驶转弯过程中失控，防止转向时汽车出现转向不足或转向过度。

（1）ESP的工作原理

ESP系统包含ABS及TCS，是这两种系统功能上的延伸。因此，ESP称得上是当前汽车防滑装置的最高级形式。ESP系统由控制单元、转向传感器（监测转向盘的转向角度）、车轮转速传感器（监测各个车轮的速度）、侧滑传感器（监测车体绕垂直轴线转动的状态）、横向加速度传感器（监测汽车转弯时的离心力）及执行机构组成。

如图5-15所示，车辆前轮侧滑，车辆出现转向不足。此时，ESP系统通过制动器对内后轮施加一定的制动力，由此产生一个逆时针的力矩，改进车辆转向能力。

如图5-16所示，车辆后轮侧滑，出现车辆转向过度现象。此时，ESP系统通过制动器对外前轮施加一定的制动力，由此产生一个顺时针的力矩，保证车辆的稳定性。

图5-15　转向不足

图5-16　转向过度

ESP系统主要在大侧向加速度、大侧偏角的极限工况下工作。它利用控制左右两侧车轮制动力或驱动力之差产生的纠正力矩来防止难以控制的侧滑现象出现，保证车辆的路径跟踪能力，提高了车辆在高速行驶时的安全性。研究表明，ESP降低了30%~50%的轿车单车致命事故和50%~70%的SUV单车致命事故。

（2）ESP的特点

实时监控。ESP是一个实时监控系统，它每时每刻都在监控驾驶者的操控、路面反应、汽车运动状态，并不断向发动机和制动系统发出指令。

主动干预。ABS在起作用时，系统对驾驶者的动作起干预作用，但它不能调控发动机，而ESP则是主动调控发动机的转速并可调整每个轮子的驱动力和制动力，以修正汽车的过度转向和转向不足。

事先提醒。ESP还有一个实时警示功能，当驾驶者操作不当和路面异常时，它会用警告灯警示驾驶者。

2008年全球车辆的ESP装配率达到33%。2011年9月起，美国所有4.5t以下车辆都必须装配ESP。2014年11月起，欧洲所有乘用车和轻、中、重型车辆都要求装配ESP。在2008年，我国只有约11%的新车装配了ESP。目前，我国20万元以上新车配备ESP的比率大幅提高，像别克新君越、新天籁、雅阁八代等都装配了ESP。

5.2.3　EPAS电动助力转向

汽车上常见的助力转向系统根据动力源可以分为两类，即机械助力转向系统和电子控制助力转向系统。机械助力转向系统具有转向轻便和响应性好等优点，已经在汽车上广泛使用。但是，固定助力效果的助力转向系统具有明显的缺点，这种转向系统的助力效果在车速较低时能够起到很好的作用，但是当车速不断升高时，固定的助力效果会使转向盘过于灵敏，不利于驾驶者对方向进行控制。基于这种原因，设计人员在助力转向系统上增加了车速感应功能，以实现车辆低速行驶时助力力矩大和高速行驶时助力力矩小的效果，这就出现了电子控制助力转向系统。电子控制助力转向系统可以分为电控液压助力转向系统和电动助力转向系统。

（1）EPAS的工作原理

EPAS的英文全称是 electrical power assisted steering，中文名称是电动助力转向。电动助力转向系统部件包括电动机、转向器、传感器、控制单元以及EPAS警告灯等。转矩传感器测出驾驶员施加在转向盘上的操纵力矩，车速传感器测出车辆当前的行驶速度，然后将这两个信号传递给控制单元；控制单元根据内置的控制策略，计算出理想的目标助力力矩，转化为电流指令传递给电机；然后，电机产生的助力力矩经减速机构放大，作用在机械式转向系统上，和驾驶员的操纵力矩一起克服转向阻力矩，实现车辆的转向。

（2）EPAS的优点

由于电动助力转向系统采用电动机取代了机械助力转向系统的液压泵，在一定程度上降低了发动机的负荷，从而降低了燃油消耗。根据技术性统计结果，车辆在正常行驶时，在超过85%的行驶时间内助力转向系统不需要提供助力。电动助力转向系统中的电动机在不需要提供助力时无电流通过，只有在提供助力时才输出驱动电流，这样可以避免消耗不必要的电能。EPAS相比机械助力转向系统能节省2%的燃油，相当于减少了一名乘员的油耗。电动助力转向系统具有调校灵活的特点，通过修改控制单元内存储的软件，可以很容易地按照行驶需要设定或修改转向助力的特性，因此在低速和高速行驶时都能有良好的助力效果。EPAS系统还能够直行矫正、补偿由横向倾斜路面或侧向风引起的行驶偏向，保证了行驶的舒适性。由于采用了控制单元，在系统出现故障时可以使用故障诊断仪辅助故障的检修。

5.2.4　TPMS轮胎压力监测系统

TPMS的英文全称是 tire pressure monitoring system，中文名称是轮胎压力监测系统。它的主要功能是在汽车行驶时实时地对轮胎气压和温度进行自动监测，对轮胎存在漏气、低气压和高温状况进行报警，从而达到预防爆胎、降低油耗的目的，以保障行车安全和经济行车。

（1）TPMS的类型

轮胎压力监测系统主要分为间接式和直接式两种类型。间接式轮胎压力监测系统（wheel-speed based TPMS，简称WSB TPMS）通过汽车ABS系统的轮速传感器来比较轮胎之间的转速差别，以达到监测胎压的目的。当轮胎压力降低时，车辆的重量会使轮胎直径变小，导致轮速发生变化，这种变化被用于触发警报系统来向驾驶员发出警告。直接式轮胎压力监测系统（pressure-sensor based TPMS，简称PSB TPMS）利用安装在每一个轮胎里的压力传感器来直接测量轮胎的气压，利用无线发射器将压力信息从轮胎内部发送到中央接收器模块，然后对各轮胎气压数据进行显示。当轮胎气压太低或漏气时，系统会自动报警。还有一种复合式TPMS，在两个互相成对角的轮胎内装备压力传感器，并装备一个四轮间接系统。与全部使用直接系统相比，这种复合式系统可以降低成本，克服间接系统不能检测出多个轮胎同时出现气压过低的缺点。但是，它仍然不能像直接系统那样提供所有四个轮胎内实际压力的实时数据。

TPMS系统即时监控轮胎气压，当轮胎气压过低时会提前指示，因此安全性得到提高。不需要定期检查轮胎的压力，只有当显示屏上显示相应的信息时才有必要校正轮胎气压。提高了轮胎寿命（压力每降低30kPa，轮胎寿命会降低25%）。正常的轮胎压力会相应地降低燃油消耗。

（2）PSB轮胎压力监控系统原理

PSB轮胎压力监控系统一般由五个轮胎压力传感器、四个轮胎压力监控天线、控制单元、组合仪表、功能选择开关等元件组成。大众途锐汽车轮胎气压监控系统组成如图5-17所示。

图 5-18 为大众途锐汽车轮胎气压监控系统的工作原理图，传感器到监控天线的数据通过高频无线电传递。车辆外围设备的信息交换是通过舒适 CAN 总线实现的。每个气门嘴上都装有一个轮胎气压测量和发送单元，该单元以固定的时间间隔向安装在翼子板上的轮胎压力监控天线和控制单元发送无线电信号。控制单元分析轮胎的充气压力及压力的变化情况，将相应信息通过舒适 CAN 总线发至组合仪表，向驾驶员显示系统信息。

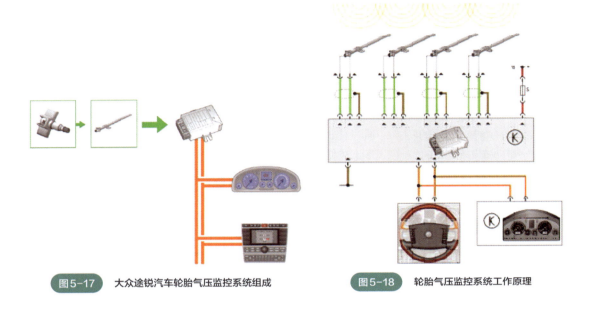

| 图5-17 | 大众途锐汽车轮胎气压监控系统组成 | 图5-18 | 轮胎气压监控系统工作原理 |

国内市场上配备 TPMS 系统的汽车品牌主要有：奔驰 E 级、宝马 3 系、5 系、奥迪 A6、别克君威、君越、克莱斯勒铂锐、荣威 550、朗逸等。

GOA 安全车身(微课)

5.3

车身主流技术

5.3.1 GOA安全车身

| 图5-19 | 雅力士GOA安全车身 |

当汽车发生碰撞时，如果整个车身做得非常坚固，虽然可以保护座舱空间，却不能降低车身所承受的冲击力；如果整个车身容易变形，在碰撞激烈的情况下，也很难保护座舱空间。为了解决这个难题，丰田以追求实际安全为原则，独立研究开发出 GOA（global outstanding assessment）车身专利设计技术，降低乘员所受冲击的同时保护座舱空间。图 5-19 为雅力士 GOA

安全车身。

GOA车身技术包括三个方面，一是高强度的座舱，二是高效吸收动能车身，三是合适的乘员约束系统（预紧式安全带、WIL概念座椅等）。当车辆发生碰撞时，前两者保证前车身的柔性结构吸收并分散碰撞能量，并将碰撞能量分散至车身各部位骨架，使驾驶室的变形减到最小，确保乘员安全。乘员约束系统则在碰撞中将乘员牢牢约束在座椅上，避免乘员因激烈碰撞脱离座椅而遭到伤害。

为了减少碰撞时乘员承受的冲击，保护座舱空间，GOA车身车体前后部分可高效吸收碰撞能量，驾驶室部分则采用强度高且难以变形的车身结构。一方面利用车头区域充分的吸收能量，另一方面，高强度座舱把冲击力均匀分散至车身各部分骨架，这两者互相匹配发生作用，最大限度减小座舱内部空间的变形，从而保护驾乘者的安全。另外，在车体变形程度较小的侧面碰撞中，利用中柱和地板十字梁等高强度车身骨架部件，以较小的变形吸收碰撞能量，尽可能保持座舱空间的完好。

以雅力士为例，它的前后保险杠中均设置有大型的保护钢板，这有助于分散撞击力，四个车门内也装备有防撞钢梁，它们一起构成了雅力士的第一层防撞体系，使得在发生轻微碰撞时不会伤及车身主体。然而当发生比较大的碰撞时，雅力士的安全车身会以自我牺牲的方式，把冲撞力切断、吸收，再经整体式车身，把力量均匀分散至车身各部分骨架，尽可能降低内部空间的变形程度，最大限度保护座舱中的驾乘者。

5.3.2　GPS卫星导航

GPS卫星导航系统集GPS定位技术、GSM通信技术、GIS地理信息显示技术和计算机网络技术为一体，能为车辆导航提供全面的服务。车辆通过车载导航设备接收GPS数据，在显示屏幕的地图上显示汽车行驶中的位置，以及目的地的方向和距离等。可在公路网范围内，定向选择最佳行驶路线，为驾驶员提前提供道路信息，例如道路转弯、交通事故易发区的提示，降低交通事故发生率。

（1）GPS的功能

地图浏览功能。对电子地图数据进行操作，具体功能包括：地图无级放大、缩小，地图任意平移、切换，地图随汽车行驶方向旋转，平面图、鸟瞰图模式选择，多层图层任意调用，显示当前指北针方向，夜光显示。

信息查询功能。实现属性数据与图形数据的相互查询，如目标查询、范围查询及模糊查询等。为用户提供旅游景点、宾馆、医院等数据信息，用户能够在电子地图上根据需要进行查询，并在电子地图上显示其位置。具体功能包括：图层管理，控制图层的显示参数；地名查询，如某一旅游景点的查询；点击查询，点击目标查询当前信息；范围查询，某一范围内的信息查询。

路径分析功能。由用户通过拖动鼠标或指定地名的方法在地图窗口中指定起点和终点，由计算机软件按照要求自动计算最短行驶路线，并在地图窗口中予以显示。用户可以在最短路径的基础上，利用鼠标拖动，确定最终的行进路线。具体功能包括：最短路径选择，用户指定起始点、途经地和终点，选择最短路径；路径模拟导航，选好路径后，用户可以模拟导航；距离量算，量算地图上多点之间的距离。

导航定位功能。利用GPS和电子地图可以实时显示出车辆的实际位置，可以随目标移动，使目标始终保持在屏幕上。具体功能包括：定位功能，定位当前位置；导航功能，自主导航，显示相应的位置信息；轨迹记录功能，保存当前路线轨迹；自动道路捕捉，使得导航更加准确；语音提示，对路况信息（如路口、误行等）进行语音提示。

（2）系统组成

硬件。GPS接收机、SA1110（ARM）处理器、FLASH、SDRAM，扩展CFC卡、TFT LCD触摸屏。

电子导航系统。车辆导航嵌入式电子地图软件。

电子地图数据。电子地图是一幅按比例缩小的城市真实地图，可在计算机屏幕上显示街区和特征建筑物，确定汽车在城市中的位置，同时，能根据操作人员的需要，随时对地图进行放大、缩小和平移，并显示有关的特殊信息。

GIS部分与GPS部分的接口。

GIS部分与通信部分的接口。

数据计算模型。包括投影变换、最短路径分析、数据查询模型、格式加密。

5.3.3 SRS乘员辅助保护系统

安全气囊分布在车内前方（正副驾驶位），侧方（车内前排和后排）和车顶三个方向上。在装有安全气囊系统的容器外部都印有SRS（supplemental inflatable restraint system）的字

图5-20 安全气囊

样，中文含义为辅助可充气约束系统，旨在减轻汽车碰撞后，乘员因惯性发生二次碰撞时的伤害程度。

汽车与障碍物碰撞，称为一次碰撞；乘员与车内构件发生碰撞，称为二次碰撞。作为车身被动安全性的辅助配置，气囊在第一次碰撞后、第二次碰撞前迅速打开一个充满气体的气垫，使乘员因惯性而移动时扑在气垫上，从而缓和乘员受到的冲击并吸收碰撞能量，减轻乘员的伤害程度，如图5-20所示。

（1）结构组成

现代安全气囊系统由碰撞传感器、气囊、气体发生器及控制单元组成。安全气囊系统要求气体发生器能够在较短的时间内（30ms左右）产生大量的气体充满气囊，产生的气体必须对人体无害，且不能温度太高，同时要求气体发生器有很高的可靠性和稳定性。气体发生器主要有压缩气体式、烟火式和混合式三种类型。混合式气体发生器是压缩气体式和烟火式相结合的发生器，也是目前广泛应用的一种气体发生器。

（2）工作原理

虽然安全气囊在结构上有所不同，但其工作原理基本一致。汽车行驶过程中，传感器不断向控制单元发送速度变化信息，由控制单元对这些信息加以分析判断。如果所测的加速度、速度变化量或其他指标超过预定值（即真正发生了碰撞），控制单元向气体发生器发出点火命令，气体发生器点火后发生爆炸反应，产生氮气或将储气罐中压缩氮气释放出来充满碰撞气囊。乘员与气囊接触时，通过气囊上排气孔的阻尼吸收碰撞能量，达到保护乘员的目的。新型安全气囊加入了可分级充气或释放压力的装置，以防止一次突然点爆产生的巨大压力对乘员头部产生伤害。

轻微的碰撞不会打开安全气囊。一般说来，只有在车辆正面一定角度范围内才是打开安全气囊的有效碰撞范围，例如，桑塔纳2000在车身正面左右各30°以内受到重创时才会打开

安全气囊。安全气囊打开的必要条件：车速一般在50km/h以上，碰撞发生时的加速度达到预定值，正面行驶，碰撞物体是刚性墙壁或障碍物。

中国汽车故事
汽车工业产业政策的出台——支柱地位的确立

产业政策是指政府为了经济和社会目的，对于以制造业为中心的产业部门进行保护、扶植、调整和完善的一系列政策的总和。汽车产业在国民经济中占据特殊地位，一直是我国政府密切关注的对象。1986年4月公布的第七个五年计划提出："把汽车制造业作为重要的支柱产业。按照高起点、大批量、专业化和联合发展的原则，以骨干企业为龙头，形成长春第一汽车制造厂、湖北第二汽车制造厂、济南重型汽车制造厂等汽车制造基地，同时改建扩建一批技术比较先进的汽车零部件专业化生产企业。"

从此，一些地方和部门纷纷将轿车发展列为本地经济的支柱产业，全国汽车制造厂的数量在短时间内达到百余家。1988年，国务院在《关于严格控制轿车生产点的通知》中明确提出轿车生产布局的"三大三小"战略，即国家只支持一汽、二汽和上汽三个轿车生产基地（三大）和北京、天津、广州三个轿车生产点（三小）。围绕轿车生产，中央三令五申要求汽车产业要全国一盘棋，支持大项目落地，严禁小项目上马。1993年7月，原机电部和中汽总公司起草了《关于汽车工业产业政策要点》，在指出中国汽车工业存在的主要问题之后，明确了振兴汽车工业的目标及发展步骤。

经过一系列前期准备，1994年7月3日，国务院正式颁布《汽车工业产业政策》，这是中华人民共和国成立以来中国第一部汽车产业政策。94版汽车产业政策的出台，无疑是中国汽车产业发展的标志性事件，对汽车产业的命运走向产生了深远的影响。汽车产业政策明确了汽车产业在国民经济中的地位，从上至下对"支柱产业"概念取得了一致的共识，并落地为推动社会经济发展的基本国策。鼓励私人拥有汽车，并承认汽车私有合法化，为汽车体制转型，走向市场化提供了政策保障。明确了以轿车为主，利用外资助力我国汽车工业的发展方向。

思维导图

1. 判断题

（1）VVT-i 只是改变进气门开、关时间的早晚，不改变进气门升程的大小。（　　）

（2）三角转子把气缸分成三个独立空间，三个空间各自先后完成进气、压缩、做功和排气，三角转子自转一周，发动机点火做功一次。（　　）

（3）转子发动机与往复活塞式四冲程发动机工作循环相同，即由进气、压缩、做功、排气四个行程构成。（　　）

（4）DCT 自动变速器在任何挡位下双离合器中的一个离合器总处于接合状态，另一个离合器总处于断开状态。（　　）

（5）GOA 车身的核心技术是具有高强度座舱和冲击能量高效吸收能力的车身结构。（　　）

2. 选择题

（1）属于本田公司可变气门配气相位技术的是（　　）。

A. VTEC
B. VVT-i
C. MIVEC
D. VVT1-i

（2）转子发动机输出轴的转速是转子自转速度的（　　）倍。

A. 1
B. 2
C. 3
D. 以上都不对

（3）TPMS 是（　　）。

A. 混合动力
B. 车身电子稳定控制系统
C. 缸内直喷
D. 轮胎压力监测系统

（4）关于 DCT 的讨论，甲说："DCT 自动变速器省略了传统手动变速器的离合器踏板，改由电子控制液压系统对两个离合器进行控制"；乙说："DCT 自动变速器的输入轴被分为两部分，两个离合器各自与一根输入轴相连"；丙说："两个离合器在工作时相互配合，各自负责一根输入轴的动力传递"；丁说："当变速器运作时，一组齿轮被啮合，而接近换挡时，另一个离合器处于接合状态，但下一组挡段的齿轮仍处于断开状态"；以上说法错误的是（　　）。

A. 甲
B. 乙
C. 丙
D. 丁

（5）在装有安全气囊系统的容器外部都印有（　　）的字样。

A. EPS
B. ESP
C. GDI
D. SRS

3. 问答题

（1）简述 D-4 发动机燃烧形态的四种变化。

（2）简述轮胎压力监控系统的优点。

（3）简述 ESP 系统的特点。

（4）GPS 车辆导航系统导航定位功能包括哪些？

（5）简述安全气囊的工作原理。

6
新能源汽车

学习目标

知识目标

1. 叙述混合动力汽车的布置形式；
2. 叙述混合动力汽车的特点；
3. 简单描述丰田 PRIUS 的动力系统与工作模式；
4. 简单描述本田 Civic Hybrid 的动力系统与工作模式；
5. 叙述电动汽车的结构；
6. 简单描述北汽新能源 E150EV 的动力系统与技术特点；
7. 简单描述比亚迪 E6 的动力系统与技术特点；
8. 叙述燃料电池汽车的结构；
9. 简单描述丰田 Mirai 的动力系统与技术特点；
10. 简单描述本田 FCX 的动力系统与技术特点。

能力目标

1. 能够识别混合动力汽车动力系统的主要部件；
2. 能够识别纯电动汽车动力系统的主要部件；
3. 能够识别燃料电池汽车动力系统的主要部件。

6.1

混合动力汽车

6.1.1 混合动力汽车的种类及特点

混合动力（hybrid-electric vehicle，HEV）是指那些采用传统燃料，同时配以电动机和发动机来改善低速动力输出和燃油消耗的车型。按照燃料种类的不同，可以分为汽油混合动力和柴油混合动力两种。混合动力汽车的关键是混合动力系统，它的性能直接关系到混合动力汽车整车性能。经过十多年的发展，混合动力系统已从原来发动机与电动机离散结构向发动机、电动机和变速器一体化结构发展，即集成化混合动力总成。按动力传输路线不同，混合动力系统可分为串联式、并联式和混联式三种。

（1）串联式混合动力

串联式混合动力的动力总成包括发动机、发电机和电动机三部分，它们之间用串联方式构成HEV动力单元系统，布置形式如图6-1所示。发动机驱动发电机发电，电能通过逆变器输送到动力电池和电动机，电动机通过变速机构驱动汽车。小负荷时由动力电池为驱动电动机供电，驱动车轮；大负荷时由发动机带动发电机发电，驱动电动机、车轮；当车辆处于加速、爬坡工况时，发动机-发电机组和动力电池共同向电动机提供电能；当车辆处于低速、滑行、怠速工况时，则由动力电池驱动电动机；当动力电池缺电时则由发动机-发电机组向动力电池充电。串联式结构适用于城市内频繁起步和低速运行工况，可以将发动机调整在最佳工况点附近稳定运转，通过调整动力电池和电动机的输出达到调整车速的目的。使发动机避免了怠速和低速运转工况，从而提高了发动机效率，减少了废气排放，其缺点是能量几经转换，机械效率较低。

（2）并联式混合动力

并联式混合动力的发动机和电动机共同驱动汽车，其布置形式如图6-2所示，发动机与电动机分属两套系统，可以分别独立地向汽车传动系统提供扭矩，在不同的路面上既可以共同驱动又可以单独驱动。当汽车加速、爬坡时，电动机和发动机能够同时向传动机构提供动力，一旦汽车车速达到巡航速度，汽车将仅仅依靠发动机维持该速度。电动机既可以作电动机又可以作发电机使用，称为电动机-发电机组。由于没有单独的发电机，发动机可以直接通过传动机构驱动车轮，这种装置更接近传统的汽车驱动系统，机械效率损耗与普通汽车差不多，得到比较广泛的应用。

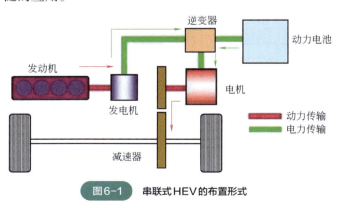

图6-1　串联式HEV的布置形式

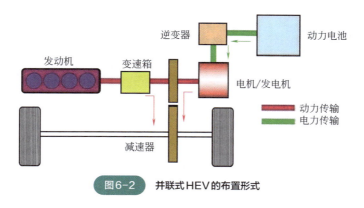

图6-2　并联式HEV的布置形式

（3）混联式混合动力

混联式混合动力包含了串联式和并联式的特点。动力系统包括发动机、发电机和电动机，其布置形式如图6-3所示，根据助力装置不同，可分为发动机为主和电机为主两种。以发动机为主的形式中，发动机作为主动力源，电机为辅助动力源；以电机为主的形式中，发动机作为辅助动力源，电机为主动力源。

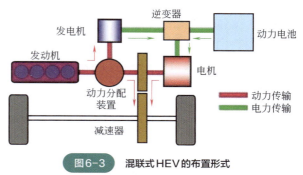

图6-3　混联式HEV的布置形式

（4）混合动力汽车的特点

采用混合动力后可按平均需用的功率来确定内燃机的最大功率，在油耗低、污染少的最优工况下工作，内燃机功率不足时，由动力电池来补充。负荷小时，富余的功率可给动力电池充电，由于内燃机可持续工作，动力电池可以不断得到充电。因为有了动力电池，可以十分方便地回收制动、下坡、怠速时的能量。在繁华市区，可关停内燃机，由动力电池单独驱动，实现零排放。内燃机可以方便地解决耗能大的空调、取暖、除霜等纯电动汽车遇到的难题。可以利用现有的加油站加油，不必再投资建设。可让动力电池保持在良好的工作状态，不发生过充、过放，延长其使用寿命，降低成本。

6.1.2　车型实例一（丰田PRIUS）

（1）车型简介

普锐斯（PRIUS）是日本丰田汽车公司于1997年推出的世界上第一个大规模生产的混合动力车型，其主要市场是日本和北美。

第一代PRIUS于1997年12月出厂，型号为NHW10。作为丰田推行减少空气污染和提高燃油效率的绿色汽车的探路者，该车型定位为紧凑型，长、宽、高分别为4275mm、1694mm、1491mm，轴距2550mm。2005年12月丰田汽车公司生产的PRIUS在长春下线，如图6-4所示，PRIUS混合动力先后经历了THS

图6-4　丰田PRIUS

（Toyota Hybrid System，丰田混合动力系统）和THS-Ⅱ两代系统。

动力方面，搭载一台 1.5L 汽油发动机、永磁交流电动机和高压镍金属氢化物（镍氢）电池。汽油发动机提供的最大功率为 56kW，最大扭矩为 102N·m。电动机的峰值功率和扭矩分别为 40kW 和 305N·m。丰田混合动力系统车辆不需要充电，动力电池消耗了电量，发动机会驱动发电机，对动力电池充电。

（2）动力系统

丰田 PRIUS 混合动力汽车的动力中枢是丰田混合动力系统，它使用汽油机和电动机两种动力，属于混联式结构，在突出燃油经济性和环保性能的前提下，也保证了动力性，并具有舒畅的驾驶乐趣和良好的静谧性。丰田 PRIUS 混合动力系统的主要部件如图 6-5 所示。

Atkinson 循环发动机。丰田 PRIUS 汽车采用具有高膨胀比的 Atkinson 循环发动机，是在传统奥拓循环发动机的基础上增加了一个回流过程，包括进气、回流、压缩、膨胀和排气五个过程。在 Atkinson 循环中，将进气门开启的时间延长到压缩行程开始之后，使气缸中一部分混合气在活塞开始上升时被压回到进气管中，也就是延迟了实际压缩行程开始的时间，其结果是在没有提高实际的压缩比的情况下，却提高了膨胀比和发动机的能量转换效率，使得 THS 的燃料消耗率达到 3.6L/100km 的高水平。另外，进气门推迟关闭使实际压缩比降低，缸内燃烧温度降低，有利于改善 NO_x 排放。

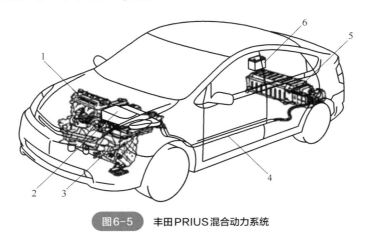

图6-5　丰田PRIUS混合动力系统

1—发动机；2—变频器总成；3—变速驱动桥；4—高压电缆；5—动力电池；6—辅助蓄电池

变速驱动桥。丰田 PRIUS 混合动力车辆变速驱动桥由 MG1（1号电动机/发电机）、MG2（2号电动机/发电机）和行星齿轮组组成。MG1 通过发动机带动其旋转产生高压电，以驱动 MG2 或为动力电池充电。同时，MG1 还可以作为启动机启动发动机。MG2 由 MG1 或动力电池的电能驱动，产生动力，驱动车辆行驶。制动期间或滑行减速时，MG2 产生电能为动力电池再次充电（再生制动控制）。行星齿轮组通过组合，以最佳的比例分配发动机驱动力来驱动车辆和发电机。车辆为 MG1 和 MG2 装备了带有电动水泵的冷却系统，该冷却系统与发动机冷却系统相互独立，冷却系统的散热器集成在发动机的散热器中，使得散热器的结构得到简化，空间也得到有效利用。

动力电池。PRIUS 的动力电池采用全密封镍氢（Ni-MH）电池，具有高能量、重量轻、寿命长等特点。车辆正常工作时，THS 系统通过充电、放电来保持动力电池的 SOC（充电状态）为恒定数值，因此，车辆不依赖外部设备来充电。动力电池、电池 ECU 和 SMR（系统主继电器）集中在一个电池箱内，位于后座的行李箱中，这样可更有效地使用车内空间。

在电池箱中设置了一个检修塞，用于在必要时切断电源，维修高压电路的任何部分时，一定要将此检修塞拔下。充电、放电时，动力电池会散发热量，为确保其正常工作，车辆为动力电池配备了专用的冷却系统，冷却风扇的工作由电池ECU控制。电池ECU根据动力电池内部三个温度传感器和一个进气温度传感器给出的信号将电池温度控制在合理的范围内。

变频器总成。变频器总成安装在发动机舱内，包括增压转换器、变频器、DC-DC转换器和空调变频器四部分。增压转换器将动力电池的DC201.6V电压升压到DC500V，反之亦然（从DC500V降压DC201.6V）。变频器将高压直流电转换为三相交流电来驱动MG1和MG2。DC-DC转换器将高电压从DC201.6V降压转换为DC12V，为车身电气组件供电，并为辅助蓄电池充电（DC12V）。空调变频器将动力电池的额定电压DC201.6V转换为AC201.6V，为空调系统中的电动变频压缩机供电。

HV ECU。接收传感器及其他ECU（发动机ECU、电池ECU、制动防滑控制ECU和EPS ECU）的信息并进行处理，根据这些信息计算所需的转矩和输出功率，将计算结果发送给发动机ECU、变频器总成、电池ECU和制动防滑控制ECU，协调整车控制。

辅助蓄电池。PRIUS混合动力汽车采用12V的免维护辅助蓄电池，主要给大灯、音响等电器附件及所有ECU供电。与传统汽车蓄电池类似，辅助蓄电池接地到汽车的金属车架，通过一个通风管与外界空气通风。

高压电缆。高压电缆将变频器与动力电池、MG1、MG2及空调压缩机等部件相连，传输高电压、高电流。电缆一端接在动力电池的连接器上，而另一端从后排座椅下经过，穿过地板沿着地板加强筋一直连接到发动机舱中的变频器上。高压电缆及其连接器，以橙色与普通低压配线相区别。

（3）工作模式

内燃机在低速时扭矩输出小，排出的废气也多，要到达一定的转速才进入最佳的工作状态；而电动机的特性则是一启动扭矩就达到最大，排放为零，但速度越高、消耗能量越大。所以内燃机比较适合高速，电动机则适合低速。PRIUS混合动力的思路，就是低速时电动机负责驱动，中高速时由汽油发动机介入驱动，从而发挥各自最佳的动力性和经济性。PRIUS在各工况下的工作模式如下。

起步、低速行驶和倒车（纯电模式）。只要动力电池有充足的电能，0~20km/h以内PRIUS只使用电动机作为驱动源，而发动机不用启动，这样就避免了发动机在低转速时的低功效和恶劣排放。倒车时原理相同，只不过电动机的转向相反。

高速行驶状态下（纯油模式）。这时候发动机启动，并只有发动机作为能量源，发动机的能量一方面传输给汽车的驱动轮，一方面传输给发电机发电，电能再由电动机转化成驱动力传输到驱动轮上。

急加速状态（油电混合模式）。急加速过程通常需要更大的驱动力，因此在此状态下发动机和电动机同时运转以获得最大的扭矩。PRIUS的1.5L发动机的功率只有56kW，而且始终是以优化功效的工作模式运行。然而加上电机的辅助，PRIUS最大输出功率可以超过100kW，最大输出扭矩可以超过500N·m。

制动过程（动能转化电能模式）。该过程是PRIUS不同于一般汽车的地方，一般汽车在该过程中的动能只能转化成制动钳（蹄）与制动盘（鼓）之间摩擦的热能而流失；PRIUS在该状态下停止发动机喷油，电动机转变为发电机，利用原本作为热量散掉的动能驱动电机发电，向动力电池充电，让动力电池时刻处于电力充足的状态以备后用。

停车状态。停车状态时，发动机和电动机会同时停止工作，此时油耗和排放均为零。不过在该状态下如果动力电池处于亏电状态，那么发动机会继续运转驱动发电机向动力电池充电。此外，PRIUS的环保空调完全由电力驱动，因此关闭发动机后也一样可以运行。

6.1.3　车型实例二（本田 Civic Hybrid）

（1）车型简介

1997年，本田公司开发出第一代 IMA（integrated motor assist）系统。1999年12月，搭载 IMA 系统的 Insight 在美国正式上市，本田成为第一个在北美销售混合动力车的公司。2003年，装配第二代 IMA 系统的四门小型轿车 Civic 投放市场，深受消费者欢迎。如图6-6所示，2006款 Civic Hybrid 应用了本田第四代 IMA 混合动力系统，该系统的主要部件包括1.3L 四缸 VTEC 汽油机、高功率的超薄永磁同步电动机、无级变速器（CVT）和智能动力单元（IPU，Intelligent Power Unit），如图6-7所示。

图6-6　本田 Civic Hybrid

发动机、电动机和变速箱组成的IMA系统动力总成

电池与计算机组成的IPU智能动力单元

电缆

图6-7　本田 Civic Hybrid IMA 混合动力系统

（2）动力系统

发动机。本田 Civic Hybrid 发动机采用了可变气门配气相位和气门升程电子控制技术（VTEC）、智能化双火花塞顺序点火技术（i-DSI）及可变气缸管理技术（VCM）。VECT 提供了低速、高速及间歇三种配气正时控制模式，使发动机在具有高输出功率的同时，保持了低油耗。i-DSI 系统，在一个气缸上安装两个火花塞，分别设在进气侧和排气侧，缩短了燃烧室火焰传播时间，降低了爆燃倾向。VCM 可将四个气缸全部断缸，消除了发动机制动的影响，再生制动系统能够尽可能多地回收能量。

电动机。IMA电动机是一个三相超薄永磁同步电机，安装在发动机和CVT之间，能够提供15kW的功率和139N·m的辅助力矩。在低速行驶状态下，由电动机提供动力；高速大负荷时，电动机给发动机提供辅助动力；在减速和制动时，电动机作为发电机回收动能，给动力电池充电。

动力电池。本田Civic Hybrid采用高效镍氢电池，与上一代相比，提升了30%的蓄电能力，电池电压由144V升高到了158V。电池箱外形紧凑，冷却性和减振性也更好，为动力电池长期稳定地工作提供了保证。采用全新的双模包装，减轻了重量，体积也更小。

混合式空调压缩机。本田Civic Hybrid采用混合式空调压缩机，既可以由发动机驱动，也可以由电动机驱动，还可以由两者一起驱动。当发动机不工作时，电动机驱动空调压缩机继续工作，保证车内的温度。如果室外温度特别高，发动机自动启动，提高制冷强度。当车内温度已经稳定到最佳水平时，发动机自动熄火，从而降低油耗。

再生制动系统。IMA电动机能够在制动、稳定行驶、减速滑行时作为发电机，回收车辆动能，给动力电池充电。制动时，计算机控制机械制动和再生制动之间的均衡，以得到最大的能量回馈。

系统控制。IMA系统控制是通过智能动力单元实现的。智能动力单元由动力控制单元（PCU）、动力电池及其冷却系统组成。PCU通过节气门开度、发动机参数和动力电池的荷电状态，来控制电机辅助、制动回馈以及动力电池的充放电。PCU主要由电池监控模块（BCM，Battery Condition Monitor）、电机控制模块（MCM，Motor Control Module）、电机驱动模块（MDM，Motor Drive Module）构成。BCM通过温度传感器、电压传感器、电流传感器监控动力电池，测定充放电比率，将动力电池控制在理想的荷电状态（20%~80%），防止额外的电量消耗和电池过充。BCM还控制着动力电池冷却风扇的运行。MCM的主要功能有：与发动机控制模块通信，决定车辆的运行状态，同时将IMA系统中检测到的问题，传输给发动机控制模块；与BCM通信，获得电池模块的荷电状态，保持适当的充电平衡；与仪表盘连接，显示IMA运行状态信息；与MDM连接，接收电机的整流信息，通过电压转换模块控制电机功率变换器（MPI，Motor Power Inverter）。MDM实现电流在电机和动力电池之间的双向传递，由电机功率变换器和电压转换模块构成。在电机处于辅助状态时，能量从动力电池通过MPI将直流电转换为三相交流电输送给电机。在制动时，电机产生三相交流电，通过MPI转化为直流后给动力电池充电。

（3）工作模式

启动状态。发动机以低速配气正时状态运转，同时电机提供辅助能量。

急加速状态。发动机以高速配气正时状态运转，电机与发动机共同驱动车辆，提升整车加速性能。

低速巡航状态。发动机的所有气门全部关闭，燃烧停止，车辆以纯电动状态行驶。

轻加速或高速巡航。发动机以低速配气正时状态运转，此时发动机工作效率较高，单独驱动车辆，电机不工作。

减速状态。发动机关闭，电动机以发电机模式工作，将车辆动能最大限度地转化为电能，存储到动力电池中。

停车状态。发动机自动关闭，降低油耗和排放。

6.2

纯电动汽车

6.2.1　纯电动汽车的结构

　　纯电动车顾名思义就是纯粹靠电能驱动的车辆。尽管被冠以"新能源车"这个富有科技感的称谓，但抛开那些各式各样的外表和配置，电动车的动力系统其实十分简单，简单到用两个部分就可以概括：电能储存系统，也就是电池，以及提供驱动力的电动机。如果按照这样的视角看待纯电动车，在高端展厅耀眼灯光之下的特斯拉豪华电动车（图6-8、图6-9）和迷你四驱车玩具其实没什么两样。当然，这仅仅是从驱动形式来讲的，如今的纯电动车辆在电池材料、电池管理、电动机以及车载设备的技术复杂程度远远超出了人们的想象，这也就是为什么纯电动车的价格往往并不便宜。

纯电动汽车
结构(图片)

图6-8　特斯拉MODEL X

锂电池组
前轮电机驱动单元
后轮电机驱动单元

图6-9　特斯拉MODEL X底盘与动力系统

　　电力驱动及控制系统是纯电动汽车的核心，也是区别于内燃机汽车的最大不同点。电力驱动及控制系统由驱动电动机、动力电池和电动机的调速控制装置等组成。电动汽车的其他装置基本与内燃机汽车相同。

　　动力电池为电动汽车的驱动电动机提供电能，电动机将动力电池的电能转化为机械能，通过传动装置或直接驱动车轮。以前，电动汽车上应用最广泛的动力电池是铅酸蓄电池，但随着电动汽车技术的发展，铅酸蓄电池由于比能量较低，充电速度较慢，寿命较短，逐渐被其他电池所取代。正在发展的动力电池主要有钠硫电池、镍镉电池、锂电池、燃料电池等，这些新型动力电池的应用，为电动汽车的发展开辟了广阔的前景。

　　驱动电动机的作用是将动力电池的电能转化为机械能，通过传动装置或直接驱动车轮。以前，电动汽车上广泛采用直流串激电动机，这种电机具有"软"机械特性，与汽车的行驶特性非常相符，但直流电动机由于存在换向火花，比功率较小、效率较低，维护保养工作量大，随着电机技术和电机控制技术的发展，逐渐被直流无刷电动机、开关磁阻电动机、交流同步电机和交流异步电动机所取代。

电动机调速控制装置是为电动汽车的变速和方向变换设置的，其作用是控制电动机的电压或电流，完成电动机的驱动转矩和旋转方向的控制。

电动汽车传动系统的作用是将电动机的驱动转矩传给汽车的驱动轴，当采用电动轮驱动时，传动系统的多数部件常常可以省略。由于电动机可以带负载启动，所以电动汽车无需传统内燃机汽车的离合器。由于驱动电机的旋转方向可以通过电路控制实现变换，所以电动汽车无需内燃机汽车变速器中的倒挡。当采用电动机无级调速控制时，电动汽车可以省略传统汽车的变速器。在采用电动车轮驱动时，电动汽车也可以省略传统内燃机汽车的差速器。

电动汽车行驶系统的作用是将电动机的驱动力矩通过车轮变成对地面的作用力，驱动车轮行走，与传统汽车的构成是相同的，由车轮、轮胎和悬架等组成。

转向系统是为实现汽车的转弯而设置的，由转向器、转向盘、转向机构和转向轮等组成。作用在转向盘上的控制力，通过转向器和转向机构使转向轮偏转一定的角度，实现汽车的转向。多数电动汽车为前轮转向，工业中用的电动叉车采用后轮转向。电动汽车的转向系统有机械转向、液压助力转向和电动助力转向等类型。

电动汽车的制动系统同传统汽车一样，是为汽车减速或停车而设置的，通常由制动器及其操纵装置组成。在电动汽车上，还有电磁制动装置，它可以利用驱动电动机的控制电路实现电动机的发电运行，使减速制动时的能量转换成对动力电池充电的电流，从而得到再生利用。

6.2.2　车型实例一（北汽新能源E150EV）

（1）车型简介

如图6-10，E150EV纯电动轿车是北汽新能源基于北汽集团自主品牌轿车平台BC301开发的A0级纯电动轿车产品，是北汽集团2012年在新能源汽车领域重点推出的车型。E150EV轿车车型紧凑，具有单位里程能耗低、节能效果显著等特点。E150EV搭载永磁同步电机、单极减速器形成电驱系统，采用磷酸铁锂动力电池，自主研发整车电控系统。动力性能方面，该车在电量充足的状态下可实现最大150km的续航里程，最高行驶速度可达到125km/h。

（2）动力系统

北汽新能源E150EV纯电动轿车动力系统主要部件如图6-11所示。图6-12是E150EV动力系统组成框图。

动力电池。动力电池模块放置在一个密封并且屏蔽的动力电池箱里面，电池箱体的作用是承载并保护动力电池及其内部的电气元件，因此需要具有较高的强度和刚度并且防尘防水，防护等级为IP67。E150EV纯电动轿车采用磷酸铁锂电池，具有很高的安全性及良好的循环寿命，其高温性能较好，但低温充放电性能较差。

图6-10　E150EV纯电动轿车

低温充电对电池寿命有极大的影响，低温放电的放电容量及放电功率都有所下降，因此冬季低温时整车会出现续驶里程低及动力性下降的现象。

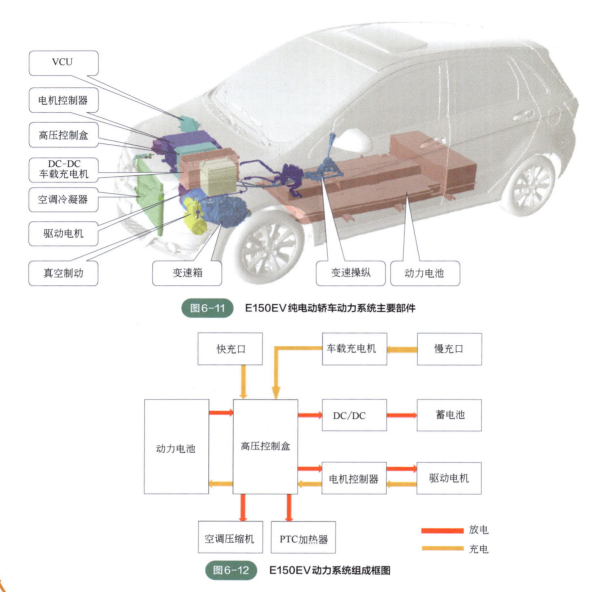

图6-11　E150EV 纯电动轿车动力系统主要部件

图6-12　E150EV 动力系统组成框图

电池管理系统。电池管理系统（battery management system，BMS）是电池保护和管理的核心部件，在动力电池系统中，不仅要保证电池安全可靠使用，而且要充分发挥电池的能力和延长使用寿命。作为动力电池和整车控制器及驾驶者沟通的桥梁，BMS 通过控制接触器控制动力电池的充放电，并向整车控制器上报动力电池的基本参数及故障信息。BMS 通过电压、电流及温度检测实现对动力电池的过压、欠压、过流、过高温和过低温保护，实现继电器控制、SOC 估算、充放电管理、均衡控制、故障报警及处理、与其他控制器通信等功能。此外，BMS 还具有高压回路绝缘检测功能，以及为动力电池加热功能。

驱动电机。E150EV 驱动电机系统由驱动电机（DM）、驱动电机控制器（MCU）构成，通过高低压线束、冷却管路，与整车其他系统进行连接。驱动电机采用永磁同步电机，具有效率高、体积小、重量轻及可靠性高等优点。驱动电机通过内置传感器（旋转变压器、温度传感器）将自身的运行状态信息发送给驱动电机控制器。其中，旋转变压器用以检测电机转子位置，控制器解码后可以获知电机转速；温度传感器用以检测电机的绕组温度，控制器可以保护电机避免过热。驱动电机控制器将动力电池提供的直流电转化为交流电，然后输出给电机；通过电机的正转来实现整车加速、减速；通过电机的反转来实现倒车；通过有效的控制策略，控制动力总成以最佳方式协调工作。

整车控制器。整车控制器（VCU）根据驾驶员意图发出各种指令，驱动电机控制器响应并反馈，实时调整驱动电机输出，以实现整车的怠速、前行、倒车、停车、能量回收以及驻车等功能。VCU另一个重要功能是通信和保护，实时进行状态和故障检测，保护动力总成和整车安全可靠运行。

DC-DC变换器。DC-DC变换器安装于前机舱位置，其主要功能是在车辆启动后将动力电池输入的高压电转变成低压12V直流电，给整车低压用电系统供电，并向蓄电池充电，以保证行车时低压用电设备正常工作。

车载充电机。车载充电机采用高频开关电源技术，主要功能是将交流220V市电转换为高压直流电给动力电池进行充电，保证车辆正常行驶。同时车载充电机提供相应的保护功能，包括过压、欠压、过流、欠流等多种保护措施，当充电系统出现异常会及时切断供电。车载充电机内部可分为三部分：主电路、控制电路、线束及标准件。主电路前端将交流电转换为恒定电压的直流电，后端为直流变换器，将前端转出的直流高压电变换为合适的电压及电流供给动力电池。控制电路用于控制MOS管的开关，与BMS之间通信，监测充电机状态，与充电桩握手等。线束及标准件用于主电路及控制电路的连接，元器件及电路板的固定。

高压控制盒。高压控制盒完成动力电池高压电源的输出及分配，实现对支路用电器的保护及切断。高压控制盒内设置PTC熔断器、压缩机熔断器、DC-DC熔断器、车载充电机熔断器。

整车高压线束。整车共有五段高压线束：动力电池高压电缆，连接动力电池与高压控制盒；驱动电机控制器电缆，连接高压控制盒与驱动电机控制器；快充线束，连接快充口与高压控制盒；慢充线束，连接慢充口与车载充电机；高压附件线束，连接高压控制盒与DC-DC、车载充电机、空调压缩机、空调PTC。为了确保高压系统安全，在高压线束插接器上增加高压互锁设计，主要作用包括：整车在高压上电前确保整个高压系统的完整性，使高压处于一个封闭的环境下工作，提高安全性；当整车在运行过程中高压系统回路断开或者完整性受到破坏的时候，需要启动安全防护；防止带电插拔高压连接器给高压端子造成的拉弧损坏。

（3）技术特点

加速快。E150EV起步快，0~50km/h加速仅需5.8s，超过一般2.0L汽油车型；车速从0~100km/h，只要13.15s，最高车速可达125km/h。

噪声低。高速行驶时，车内噪声低于70dB。

操控稳。E150EV拥有成熟稳定的悬架系统，抓地力强、操控性好；高性能动力电池稳妥置于四轮中间，让整车车身更加平稳安全；标配博世ABS+EBD系统，整车操控性能更加优异。

节能无污染。据推算，若将燃油汽车行驶100km消耗的汽油能量转换成电能，可供E150EV行驶500~600km。E150EV红灯驻停时不消耗能量，刹车时能进行能量回收增进续航。而作为纯电动汽车，其使用的是清洁电能，本身也不排放任何尾气。

充电方便。E150EV使用家用220V电源即可随插随充，6~8h充满；若使用快充桩，0.5h充至80%，1h充满。

电池耐久。E150EV使用高容量高性能动力电池，电池寿命能达到满充满放3000次以上而电量衰减率不到20%，也就是说，即使用户每天跑完一次充电的里程，也能充电使用近10年，而那时其续航里程仍在120km以上。

6.2.3　车型实例二（比亚迪E6）

（1）车型简介

如图6-13，E6是比亚迪整合电池产业和汽车产业两大板块资源，自主研发的以磷酸锂钴铁电池为动力源的纯电动汽车。E6车身采用前后贯通式纵梁的承载式车身，使得动力电池包与车身有机地融为一体，充分保证了电池和整车的安全。75kW电机充分保证了车辆运行各种工况所需要的动力来源。各种新技术的配备，使E6不论从外观视觉还是主观驾驶，都给人与众不同的冲击感。

图6-13　比亚迪E6

（2）动力系统

如图6-14所示，比亚迪E6纯电动汽车动力系统主要由控制模块、动力模块、高压辅助模块组成。电动车的控制模块包括电机控制器、DC-DC、动力配电箱、电池管理器。动力模块包括驱动电机、动力电池。高压辅助模块包括车载慢充、漏电保护器、车载快充口、维修开关。

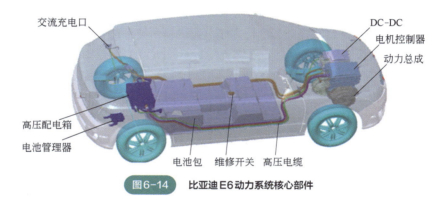

图6-14　比亚迪E6动力系统核心部件

动力电池（电池包）。比亚迪E6采用自主研发生产的ET-POWER磷酸锂钴铁电池，为整车提供动力能源。

电池管理器。是电动汽车动力电池的参数测试及控制装置，具有安全预警与控制、剩余电量估算与指示、充放电能量管理与过程控制、信息处理与通信等功能。

驱动电机。E6使用交流永磁同步电机，通过采集电机旋变信号控制电机工作。

电机控制器。负责控制电机的前进、倒退、维持电动车的正常运转，关键零部件为IGBT。IGBT用于控制电机电流的大小与相序，保证能够按照驾驶意图输出合适的电流参数。

DC-DC。负责将330V高压直流电转变为12V低压电，给车载低压用电设备供电。

高压配电箱。通过配电箱对电池包体中巨大的能量进行控制，相当于一个大型的电闸，通过继电器的吸合来控制电流通断，并将电流进行分流。为了控制如此大的电流，需要通过几个继电器的并联工作，这也为继电器工作一致性和可靠性提出了苛刻的要求。

漏电保护器。通过将一端和负极相连，一端对车身连接，检测电流和电压值，一旦发现有超出限制的电流和电压，则发出警报，并切断控制模块，保证用电安全。动力电池泄漏电流量不超过2mA，整车绝缘电阻值应大于1000Ω/V。

车载慢充。使用家用插座为电动车充电时，要考虑插座及线路的承受能力，选用额定电流10A的单相220V插座，如果采用的插座规格不符，可能导致充电插座烧毁、线路烧熔等安全隐患。

车载快充口。充电时要连接专用的充电设备，保证整车防水密封性要求，保证车载快充口能够承受瞬时大电流的充电过程。

维修开关。人工操作的安全开关。在紧急情况或车辆维修时，拔下维修开关，可以隔离动力电池的高压电。

动力控制系统的工作过程包括充电过程、放电过程。在充电过程当中，电池管理器监控动力电池的温度和电压，如果发现动力电池内部某单体温度或电压过高，就会切断配电箱给动力电池的供电。车辆行驶，即放电过程，动力电池在电池管理器和漏电保护器的监控下，通过维修开关输电给高压配电箱，高压配电箱根据车辆的实际用电情况分配电量。一部分电量流向电机控制器，另一部分电量流向DC-DC变换器。电机控制器控制驱动电机电流的大小、驱动电机的正反转来驱动车辆前进或后退。从高压配电箱流向DC-DC变换器的电量，经过DC-DC变换器将高压直流电转化为低压直流电，为车辆电动助力转向系统提供42V的电源，同时还为整车用电设备提供12V的电源。

（3）技术特点

节能、环保、无污染。由于E6在各种工况都是电机驱动，实现零排放，百公里耗电控制在20kW·h以内。动力电池内部所有化学物质均可以无害的方式分解吸收，很好地解决了二次回收等环保问题，不会给环境造成危害。

低噪声、良好的乘坐舒适性。整车完全在纯电动工况下行驶，车内、车外声音极小，提供燃油车无法比拟的驾驶、乘坐环境。

燃料电池汽车结构(图片)

超高的安全性能。动力电池经过高温、高压、撞击等试验测试，安全性能极佳。在深度为200mm的水池内行驶，车内及电池包无漏电、进水现象。电池管理器时刻监控电池包，根据每节电池的电压、电流等各项性能指标，调整电池对外输出，防止过充、过放、过温等一系列影响动力电池性能的问题出现。

动力强劲。75kW电机可以为E6提供高转速、大扭矩，E6的百公里加速时间为15s，最高设计车速可达140km/h。

使用便捷。目前E6可以采用两种充电方式，直流充电采用100kW充电柜充电，1h充满；家用交流220V充电，8h充满。

超长续驶里程。E6电池包容量为220Ah，使E6满电后能量超过65kW·h，综合工况续驶里程超过300km。

6.3

燃料电池汽车

6.3.1 燃料电池汽车的结构

（1）燃料电池

燃料电池是直接将燃料的化学能转化为电能的发电装置。将燃料和空气分别送入燃料电池后，就可从其正极和负极输出电能。从表面上看，燃料电池与蓄电池一样，有正、负极和电解质等，但燃料电池不能通过充电的方法"储电"，只是一个通过消耗燃料来输出电能的发电装置。

燃料电池的核心部分是燃料（阳极）、电解质、氧化剂（阴极），其发电原理如图6-15所示。燃料电池工作时，向阳极供给燃料（氢），向阴极供给氧化剂（空气），在其内部产生电化学反应。燃料电池内部阳极和阴极的电化学反应，使正极电位和负极电位发生改变，正、负电极之间产生电位差。将燃料电池接入外电路中，即形成放电电流。生成的水（H_2O）以水蒸气或冷凝水的形式随着过剩的阴极反应气体从阴极室排出。按采用的电解质不同，燃料电池可分为碱性燃料电池、磷酸燃料电池、质子交换膜燃料电池、熔融碳酸盐燃料电池、固态氧化物燃料电池。无论是哪种电解质，氢燃料电池的电动势都为1.229V。如果反应产物水为气态，则电动势为1.18V。由燃料电池单体通过串联的方式组成的燃料电池堆必须持续地供给燃料和氧化剂，及时处理电化学反应产生的水和热才能正常工作。

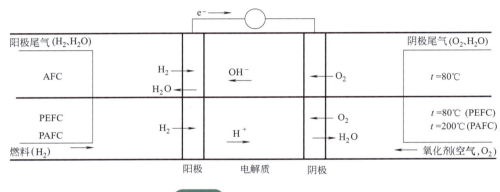

图6-15　燃料电池的发电原理

（2）燃料电池汽车

燃料电池汽车与普通燃油汽车相比，其外形和内部空间几乎没有什么区别，不同之处在于动力系统。燃料电池汽车按有无蓄能装置，可分为纯燃料电池汽车、混合型燃料电池汽车；按燃料电池与蓄电池的结构关系，可分为串联式燃料电池汽车、并联式燃料电池汽车；按提供的燃料不同，可分为直接燃料电池汽车、重整燃料电池汽车。典型的燃料电池汽车结构如图6-16所示。

燃料电池系统。燃料电池系统的核心是燃料电池堆，此外，还配备了氢气供给系统、氧气供给系统、气体加湿系统、水循环及反应物生成处理系统等，用以确保燃料电池堆正常工作。

辅助蓄能装置。混合型燃料电池汽车还配备辅助蓄能装置。辅助蓄能装置可采用蓄电池、超级电容和飞轮电池中的一种，组成双电源的混合动力系统，或采用蓄电池+超级电容、蓄电池+飞轮电池的三电源系统。

驱动电机。驱动电机用于将电源所提供的电能转换为电磁转矩，并通过传动装置驱动车辆行驶。与纯电动汽车和混合动力电动汽车一样，燃料电池汽车用驱动电机也可采用直流有刷电动机、交流异步电动机、交流同步电动机、永磁无刷直流电动机和开关磁阻电动机等。

电子控制系统。直接燃料电池汽车的电子控制系统包括燃料电池系统控制、DC-DC转换器控制、辅助储能装置能量管理、电动机驱动控制及整车协调控制等控制模块，各控制模

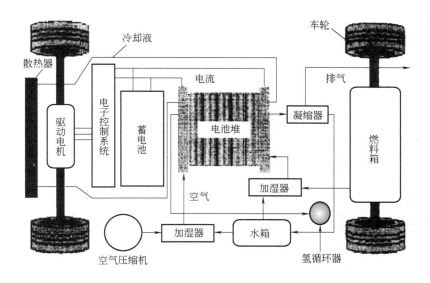

图6-16 典型的燃料电池汽车结构

块通过总线连接。

燃料箱。目前的燃料电池汽车大都以纯氢为燃料，为使燃料电池汽车能达到所需的续驶里程，在车上就需要有一定储量的氢。车载储氢装置主要有压缩氢气、液态氢和金属储氢三种类型。

（3）燃料电池汽车的工作模式

目前燃料电池汽车多采用燃料电池+蓄电池的混合动力模式。在电动汽车起步、加速、匀速、滑行、减速、制动等不同的行驶工况时，燃料电池的工作模式是不同的，大体可分为燃料电池模式、混合动力模式、蓄电池模式、能量回馈模式等。

燃料电池模式。当燃料电池汽车工作在燃料电池模式时，电动机的电力全部由燃料电池提供。当蓄电池在非充足电状态（SOC<1），且燃料电池的电能供给电动机后尚有富余时，燃料电池还可向蓄电池充电。燃料电池汽车在低负荷、匀速、滑行等行驶工况时，通常工作在燃料电池模式。

混合动力模式。混合动力模式是指燃料电池和蓄电池共同提供电动机所需电力的工作方式。在燃料电池汽车加速行驶、高速行驶、上坡或重载的情况下，当燃料电池输出的电功率已不能满足驱动车辆所需的功率时，由蓄电池提供瞬时能量来补充燃料电池汽车加速、上坡的动力需要，或由蓄电池持续地协助燃料电池供电，以满足燃料电池汽车在持续高速或重载下对电源持续电功率输出的需求。

蓄电池模式。蓄电池模式是指燃料电池停止输出电能，车辆单独由蓄电池提供电力。当燃料电池还未启动，而蓄电池的SOC值大于最小临界值时，由蓄电池提供电动汽车起步时所需的电能。此外，当燃料耗尽或燃料电池堆发生故障时，若蓄电池的SOC值大于最小临界值，则也可由蓄电池短时间内独立供电。工作在蓄电池模式的燃料电池汽车，对蓄电池容量和输出功率的要求相对较高。

能量回馈模式。能量回馈模式是指电动机工作在发电机状态，将车辆的动能转换为电能，并向蓄电池充电的工作方式。在燃料电池汽车在下坡、遇红灯减速及非紧急制动等情况下，蓄电池又处于非充足电状态（SOC值在最大临界值以下）时，电动机转换为发电机工作方式，将车辆的动能转换为电能，向蓄电池充电，实现能量回馈。

6.3.2 车型实例一（丰田Mirai）

（1）车型简介

2014年12月15日，丰田FCV（fuel cell vehicle）概念车完成了技术验证，取名Mirai，并在日本正式上市，如图6-17所示。Mirai的发布，标志着传统汽车产业新变革的开始。使用氢气代替燃油产生电能，副产物仅为氢氧化物和反应产生的水，但整车性能和续航里程却有了质的飞跃，这是传统汽油车以及目前大部分电动汽车所无法企及的。

图6-17　丰田Mirai

（2）动力系统

Mirai使用了丰田燃料电池系统（TFCS），将燃料电池和混合动力技术进行了深度整合。相比传统内燃机，做功效率不仅有了明显提升，同时不会排放CO_2、NO_x等有害气体。根据丰田的官方数据，在参照日本JC08燃油模式测试的情况下，Mirai的巡航里程达到了650km，同时完成单次氢燃料补给仅需约3min。丰田燃料电池系统包含了丰田自主开发的丰田燃料电池、燃料电池升压斩波电路（FC boost converter）及高压储氢罐。Mirai动力系统主要部件如图6-18所示。

燃料电池系统。丰田全新的燃料电池系统为高分子电解质燃料电池，是整辆车的核心部件，使氢气和氧气在催化剂的作用下产生电能。电池最大输出功率为114kW，功率输出密度为3.1kW/L，比之前丰田限量公布的FCHV-adv燃料电池车要高2.2倍。此外，燃料电池电解液中水的容量也会对发电效率产生重大影响，因此通过内部循环系统将发电过程产生的多余水分排出，保证了燃料电池的高效运行。由于没有真正的能源燃烧，Mirai的氢气能量转化效率达到了60%，比传统内燃机高1倍。

图6-18　Mirai动力系统主要部件

高压储氢罐。由于使用了碳纤维强化塑料的三层结构，Mirai的储氢罐可以承受70MPa的高压。相比丰田FCHV-adv，它的储氢能力增加了将近20%，同时重量和体积却大幅缩减。

驱动电机。Mirai配置了一台交流同步电动机，最大输出功率为113kW，峰值扭矩为335N·m，其转矩表现接近2.0T发动机。

储能电池。采用镍氢电池，位于行李箱下面，它可以储存燃料电池发的电，负责为车内电气设备供电以及保障低速时的纯电动运行。此外，能量回收系统也将减速和制动时回收的能量储存到镍氢电池中。

（3）技术特点

Mirai安装了丰田车联网应用T-Connect数据通信模块（DCM），保证用户能够享受到安全舒适的出行体验。通过导航系统，T-Connect可自动检索附近的加氢站；而Pocket Mirai作为一款便携性的手机客户端，用户可获取当前氢燃料用量信息，预计续航里程；系统自带的燃料电池远程控制功能，会在电池发生故障时自动报警，并通过导航屏幕发送提示信息，提醒驾驶员及时处理，保证行车安全。

通过位于车身行李箱位置的电源转换接口，可将Mirai内部的直流电转换为交流电输出，除了能够供家庭以及道路系统使用之外，像笔记本电脑、手机等消费类电子设备同样可以直接使用该接口进行充电。

相比传统汽油、柴油车及纯电动汽车，燃料电池汽车完全做到了零排放、零污染，同时不会让消费者感受到任何的里程焦虑。

6.3.3　车型实例二（本田FCX）

（1）车型简介

本田自1992年开始致力于发展电动汽车以来，一直积极进行燃料电池汽车的研制工作。本田燃料电池车首次亮相于1999年，到现在其燃料电池汽车的发展已经发生了很大的变化。本田新一代的燃料电池汽车FCX Clarity，如图6-19，以本田独创的燃料电池堆"V Flow FC Stack"技术为核心，实现了燃料电池车所特有的 CO_2 零排放。本田 FCX Clarity 的电动机可从燃料电池获取100kW的功率，13500r/min时可提供98kW功率及

图6-19　**本田FCX Clarity**

256N·m的扭矩，能够以大约9.2s的时间驱动一辆中型轿车由零加速至96.6km/h。这和装备了130kW、2.4L直列四缸发动机的本田 Accord 轿车的加速时间一致。氢消耗量约为30km/L。

（2）动力系统

由图6-20可见，储氢罐布置在车尾部，燃料电池堆则放置在车身的下方，锂离子电池作为辅助的动力电池布置在车后部，驱动电机驱动汽车的前轮。

燃料电池堆。如图6-21所示，FCX Clarity采用本田独创的氢气和空气竖直流动的"V Flow"电池单体结构，采用使氢气和空气波状流动的"波状隔板"。新型燃料电池堆的最高功率可提升至100kW，与上一代电池堆相比，体积功率密度提高50%，质量功率密度提高67%。低温启动性能提升至-30℃以下。燃料电池堆的垂直结构还可以更有效地提升燃料电池冷却、氢电转换和低温下的工作性能。由于电池是垂直分布的，因此表面的水分会自动向下排出，使它不会结冰。

锂离子电池。FCX Clarity燃料电池汽车采用紧凑型锂离子电池作为补充电源，取代了早期FCX车中的超级电容，其体积适合安放在车辆后部，从而节省了空间。

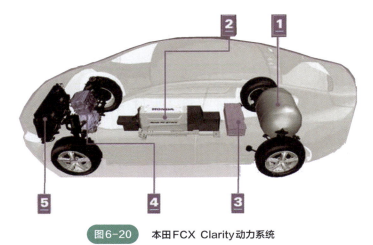

图6-20　本田FCX Clarity动力系统

1—储氢罐；2—燃料电池堆；3—锂离子电池；4—能量驱动单元；5—驱动电机

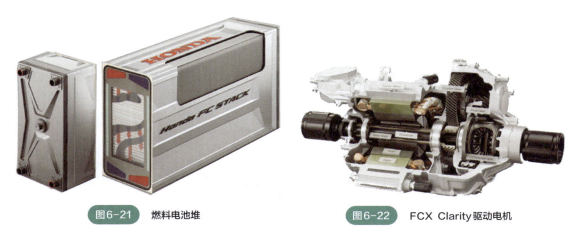

图6-21　燃料电池堆　　　　　　　　　　图6-22　FCX Clarity驱动电机

驱动电机。如图6-22所示，FCX Clarity采用功率达100kW的交流永磁同步电机，最大输出扭矩为189N·m。与上一代相比，整体动力单元的重量功率密度提高1倍，体积功率密度提高1.2倍，实现了轻质小型化和高功率的高度统一。此外，经济性提高20%，续航里程提高30%。

（3）技术特点

燃料电池汽车是电动汽车的一种，其电池的能量是通过氢气和氧气的化学作用直接变成电能的，而不是经过燃烧，能量转换效率不受"卡诺循环"的限制，能量转换效率高达60%~70%，实际使用效率则是普通内燃机的2倍左右。燃料电池的化学反应过程不会产生有害产物，是真正的无污染汽车，因此从能源的利用和环境保护方面，燃料电池汽车是一种理想的车辆。

FCX Clarity实现了燃料电池车所特有的抢眼设计，划时代的外观线条，以及超凡的驾驶感觉。不仅实现了超级的清洁性，而且还赋予了燃料电池车独特的新价值和新魅力。内饰采用世界首创植物型新材料"本田生物纤维"；全车座椅均采用具有冷暖空调功能的温控座椅；采用小型便于操纵的"电子线控换挡技术"；采用具备视野控制功能的单向可视后车窗，在保证良好的后方视野的同时确保了驾驶室的私密性。

中国汽车故事
汽车产业"入世"——中国企业的挑战与机遇

　　2001年12月11日，中国正式成为世界贸易组织（World Trade Organization，WTO）第143个成员国（简称"入世"）。统计数据显示，在过去的时间里，中国货物贸易量从全球第六位跃升为第一位，服务业贸易额也从全球第十一位提升至第二位。中国用实际行动证明，世界经济离不开中国，中国发展也离不开世界。汽车产业更是如此，诸如江汽集团、吉利集团和奇瑞集团等自主品牌车企，积极地融入全球化竞争，已发展成为"世界汽车之林"不可忽视的重要力量。

　　"入世"之初，中国车企力量薄弱，外资车企在产品、技术、人才和品牌等方面都具有比较大的优势，中国90%以上的汽车市场被进口汽车或者合资品牌所占据。然而，开放市场的同时，也为中国汽车企业提供了良好的制度条件。中国制造的高效率和低成本优势，成为中国汽车产业快速发展的根本动力。随着市场地位的不断提升，国际汽车巨头不断将最新车型引入中国，并纷纷在国内设立研发中心，进一步提升了中国汽车工业的总体发展水平。"入世"还有一个意想不到的成果，就是允许民营企业进入乘用车制造领域。长城汽车、吉利集团和比亚迪都是在加入WTO后才进入乘用车制造领域的，目前已成长为中国汽车产业的主力军。

　　"入世"之初，进口汽车的关税下降，每年汽车的进口量维持在100多万辆的水平。而随着国内汽车产业的发展，进口汽车在国内市场的占比也越来越小，进口车辆对国内市场的冲击并没有想象中那么严重，但中国汽车产业的发展速度却远超想象和预期。数据显示，自主品牌商用车目前已占据国内90%的市场份额，乘用车自主品牌市场占有率也已接近40%，国内车市形成了日韩车系、欧美车系和自主品牌"三分天下"的格局。当前，面对智能新能源汽车发展机遇，众多造车新势力开始崛起，与传统车企一道，逐渐向着中高端市场发起冲击，自主品牌走上了崛起之路。

　　"入世"20多年，中国的发展不仅超出了自身的预期，也超出了世界的预期，中国逐渐从汽车大国向汽车强国迈进。

思维导图

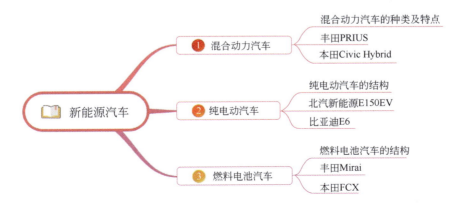

复习思考题

1. 判断题

（1）混合动力汽车是指那些采用传统燃料的，同时配以电动机和发动机的车型。（　　）

（2）本田 Civic Hybrid 是世界上第一个大规模生产的混合动力车型。（　　）

（3）内燃机与电力驱动系统的协调控制是纯电动汽车的核心。（　　）

（4）电动汽车上无需传统内燃机汽车的离合器以及变速器中的倒挡。（　　）

（5）混合型燃料电池汽车无需配备辅助蓄能装置。（　　）

2. 选择题

（1）本田 Civic Hybrid 发动机没有采用（　　）技术。

A. VTEC   B. i-DSI

C. VCM   D. FSI

（2）混联式装置包含了串联式和并联式的特点，动力系统包括发动机、电动机和（　　）。

A. 变速器   B. 发电机

C. 动力电池   D. 辅助电池

（3）BMS 是指（　　）。

A. 混合动力   B. 电机控制系统

C. 电池管理系统   D. 整车控制系统

（4）高压控制盒内没有设置（　　）。

A. 前照灯熔断器   B. PTC 熔断器

C. 压缩机熔断器   D. 车载充电机熔断器

（5）（　　）是电动汽车的核心，也是区别于内燃机汽车的最大不同点。

A. 行驶装置   B. 传动装置

C. 转向装置   D. 电力驱动及控制系统

3. 问答题

（1）简述混合动力汽车的技术特点。

（2）简述丰田 PRIUS 混合动力汽车在各工况下的工作模式。

（3）简述纯电动汽车基本结构。

（4）简述比亚迪 E6 动力控制系统的工作过程。

（5）简述燃料电池汽车的工作模式。

7
汽车工业概况

 学习目标

 知识目标

1. 正确描述汽车设计的要求；
2. 简单叙述汽车设计的过程；
3. 简单叙述汽车现代设计方法；
4. 描述汽车整车性能试验的项目；
5. 叙述汽车试验场功能；
6. 简单叙述汽车风洞的结构与作用；
7. 描述汽车制造工艺的种类；
8. 简单叙述汽车材料的种类与特点。

👥 能力目标

1. 能够识别汽车零部件的加工方法；
2. 能够大致辨别汽车零部件的材料。

7.1

汽车设计

汽车设计制造全过程大致包括以下几个步骤，手绘初步设计，效果图，制作油泥模型，制作样车，风洞实验，模拟碰撞实验，路试，实车碰撞实验等。对于汽车这种复杂的机械产品，其设计要求是多方面、多层次、互相关联、互相制约的。设计人员需要不断创新，将各种新概念、新结构、新材料进行科学的结合，更需要全面均衡、分层次满足各种不同的要求，使整车的设计在技术、经济、艺术等方面达到最佳折衷。

7.1.1 汽车设计要求

由于汽车生产量大，品种型号多，设计中实行零件标准化、部件通用化和产品系列化，可简化生产，提高工效，保证产品质量，降低生产成本，减少配件品种，方便维修。

为了使所设计的汽车产品具有竞争力，设计中要充分考虑对复杂多变的使用条件的适应性。特别应注意热带、寒带等不同的气候条件和高原、山区、丘陵、沼泽、沿海等不同的地理条件，以及燃料供应、维修能力等不同的使用条件对汽车结构、性能、材料、附件等的特殊要求。

重视汽车使用中的安全、可靠、经济与环保。汽车良好的使用性能是设计者追求的目标，不同的汽车使用性能也是不同的（例如，动力性、经济性、制动性、操纵稳定性、平顺性、舒适性、通过性，以及可靠性、耐久性、维修性和对环境的影响等），而且在某些性能之间有时是相互矛盾的。因此，要在给定的使用条件下协调各使用性能的要求，优选各使用性能指标，使汽车在该使用条件下的综合性能达到最优，特别要重视使用中的安全、可靠、经济与环保。

车身设计既重视工程要求，又注重外观造型。汽车车身的外形、油漆及色彩是汽车给人们的第一个外观印象，是评价汽车最直接的方面，也是轿车的重要市场竞争因素。车身造型既是工程设计，又是美工设计。从工程设计来看，它既要满足结构的强度要求、整车布置的匹配要求和冲压分块的工艺要求，又要适应车身的空气动力学要求而具有最小的空气阻力系数。从美工设计来看，它应当适应时代的特点和人们的爱好，要像对待工艺品那样进行美工设计，给人以高度美感，起到美化环境的作用。

在保证可靠性的前提下尽量减小汽车的自身质量。和固定的机械设备不同，作为运输用的汽车，其自身质量直接影响燃油经济性。和单件生产或小批量生产的产品不同，作为大批量生产的汽车，减小其自身质量可节约大量的制造材料，降低生产成本。合理地减小汽车的自身质量，会对汽车工业和汽车运输业带来巨大的经济效益。

设计要在有关标准和法规的指导下进行。设计图纸的绘制与标注应按有关国家标准进行，汽车设计还应遵守与汽车有关的一些标准与法规。中国汽车工业标准包括与国际基本通用的汽车标准和宏观控制汽车产品性能和质量的标准，分为国家标准、行业标准和企业标准。汽车标准又分为强制性标准和推荐性标准。强制性标准主要包括整车尺寸限制标准、汽车安全性标准、油耗限制标准、汽车排放物限制标准及噪声标准。为使我国汽车产品进入世界市场，设计时应考虑到国际标准化组织汽车专业委员会、联合国欧洲经济委员会、欧洲经济共同体所制订的一些标准，以及美国国家标准协会标准、美国汽车工程师学会标准、日本工业标准、日本汽车标准组织标准、日本汽车车身工业协会标准、日本汽车轮胎标准、日本汽车用品工业协会标准、日本蓄电池工业协会标准。

汽车设计是考虑人机工程、交通工程、制造工程、运营工程、管理工程的系统工程。汽车是由人来驾驶和乘坐的，因此其设计必须考虑这种人车关系，即操纵要方便、乘坐要舒适。汽车是一种交通工具，其设计必须符合交通工程的要求。

7.1.2　汽车设计过程

（1）制订产品开发规划

在汽车产品开始技术设计之前，必须制订产品开发规划。首先，必须确定具体的车型。其次是进行可行性分析，根据用户需求、市场情况、技术条件、工艺分析、成本核算等，预测产品是否符合需求，是否符合生产厂家的技术和工艺能力，是否对国民经济和企业有利。第三步是拟定汽车的初步方案，通过绘制方案图和性能计算，选定汽车的技术规格和性能参数。最后一步是制订出设计任务书，写明对汽车的形式、各个主要尺寸、主要质量指标、主要性能指标，以及各个总成的形式和性能等具体要求。

产品开发的前期工作，指的是分析各方面的影响因素，明确产品开发的目的和工作方向。否则，没有经过周密调查研究与论证，盲目草率上马，轻则会造成产品先天不足，投产后问题成堆，重则造成产品不符合需求，在市场上滞销，带来重大损失。在产品开发的前期，企业为了进行各种研究与探索，概念设计和概念车在近年来逐渐兴起。概念设计，是对下一代车型或未来汽车的总概念进行概括描述，确定汽车的基本参数、基本结构和基本性能的设计。概念设计同样需要研究产品的开发目的、技术水平、企业条件、目标成本、竞争能力等。概念设计可能只停留在图纸上和文件上的描述，称为虚拟的概念车，也可能制造出实体的样车供试验和研究。概念设计可能只是一种参考方案或技术储备，也有可能纳入正式的产品开发规划。

（2）初步设计

汽车初步设计的主要任务是构造汽车的形状，设计过程主要包括汽车总布置设计、绘制效果图、制作缩小比例模型、召开选型讨论会。

汽车总布置设计。又称初步造型，是将汽车各个总成及其所装载的人员或货物安排在恰当的位置，以保证各总成运转相互协调、乘坐舒适和装卸方便。为了保证汽车各部分合理的相互关系，需要定出许多重要的控制尺寸。在这个阶段，需要绘制汽车的总布置图：绘出发动机、底盘各总成、驾驶操作场所、乘员和货物的具体位置，以及边界形状；也包括零部件的运动（如前轮转向与跳动）范围校核。经过汽车总布置设计，就可确定汽车的主要尺寸和基本形状。

绘制效果图。效果图是表现汽车造型效果的图画。造型设计师根据总布置设计出所定的汽车尺寸和基本形状，就可勾画出汽车的具体形象。效果图又分为构思草图和彩色效果图两种。构思草图是记录造型设计师灵感的速写画，如图7-1。彩色效果图是在构思草图的基础上绘制的较正规的绘画，需要正确的比例、透视关系和表达质感。彩色效果图包括外形效果图（如图7-2）、室内效果图（如图7-3）和局部效果图，其作用是供选型讨论和审查。效果图的表现技法多种多样，可采用铅笔、钢笔，也可采用毛笔（水彩画或水粉画）等，而目前较流行的是混合技法——用马克笔描画，喷笔喷染，以及涂抹、遮挡等同时表现的技法。只要效果良好，表现技法可不拘一格。

图7-1　构思草图

图7-2　外形效果图

图7-3　室内效果图

制作缩小比例模型。缩小比例模型是在构架上涂敷造型泥雕塑而成的。轿车缩小模型常用1：5的比例，即真车尺寸的1/5，英、美等国采用英制尺寸，模型的尺寸是真车尺寸的3/8。造型泥是一种油性混合物，又称油泥，在常温下有一定硬度，涂敷前需经烘烤。缩小比例模型是在彩色效果图的基础上更进一步表达造型构思和立体形象，比效果图更有真实感，要求比例严格、曲线流畅、曲面光顺。雕塑一个缩小比例汽车模型，需要从各个角度审视，反复推敲，精工细雕，因而很难在两三天内完成。

召开选型讨论会。经过初步设计，绘制出一批彩色效果图和塑制出几个缩小比例模型，就可以召开选型讨论会。会议的目的是从若干个造型方案中选择出一个合适的车型方案，以便作为技术设计的依据。选型讨论会主要讨论审美问题，也涉及结构、工艺等方面，通常由负责人召集造型设计师、结构设计师和工艺设计师等参加会议。选型讨论会结束，说明车型的造型构思基本成熟，汽车的初步设计结束。

（3）汽车造型设计

绘制胶带图。胶带图是用细窄的彩色不干胶纸带粘贴成的1：1（全尺寸）汽车整车图样，可表达零部件形状及外形曲线。胶带图的外形曲线数据取自选定的缩小比例模型，可用来审查整车外形曲线的全貌。如发现某条曲线不美观或不符合要求，可将胶带揭起，重新粘贴，直到满意为止。胶带图完成后，缩小比例模型放大的曲线又经过进一步修订。

绘制1：1整车外形效果图。除了用缩小比例的绘画表达汽车的外形，还需要绘制等大尺度（全尺寸）的彩色效果图。现代造型设计非常重视等大的尺度感。缩小比例图样和全尺寸图样的真实感是截然不同的。例如，雏鸡看上去很小巧可爱，若放大5倍就显得太胖太臃肿。汽车也是一样，缩小比例模型上某些圆角或曲线看上去很小巧雅致，放大5倍后就显得笨拙臃肿。因此，汽车形状的最后确定，不能从缩小比例的图样或模型直接放大，而应经过1:1效果图和1:1模型的修正，以符合等大的尺度感和审美要求。

制作1:1外部模型。1:1外部模型是汽车外形定型的首要依据，如图7-4。根据缩小比例模型的放大数据，结合胶带图和1:1效果图的修订情况，就可以制造1:1外部模型。这个模型是在一个带有车轮的构架上涂敷造型泥而雕塑成的。由于要用数以吨计的造型泥，并雕塑得细致、平整、光顺，所以制造一个1:1外部模型的时间很长，通常需要几个星期。

制作1:1内部模型。1:1内部模型用以审视汽车内部造型效果和检验汽车内部尺寸，如图7-5。1:1内部模型与1:1外部模型同时制作，其设计和尺寸相互配合。1:1内部模型的形状、色彩、覆盖饰物的质感和纹理都应制造得十分逼真，使人具有置身于真车室内的感觉。

图7-4　1:1外部油泥模型

图7-5　1:1内部油泥模型

造型的审批。1:1外部模型、内部模型、效果图完成后，需要交付企业最高领导审批，使汽车最终定型。汽车造型设计是促进汽车销路的重要竞争手段，大公司为了击败对手会频繁更换车型，对汽车造型设计的需求就十分迫切，在整个汽车设计过程中占有越来越重要的地位。

（4）汽车结构设计

汽车造型审定后，就可以着手进行汽车结构设计。汽车的结构设计，是确定汽车整车、部件（总成）和零件的结构。也就是说，设计师需要考虑由哪些部件组合成整车，又由哪些零件组合成部件。零件是构成产品的最基本的、不可再分解的单元。零件设计是产品设计的根基。零件设计时，首先要考虑这个零件在整个部件中的作用和要求；其次，为了满足这个要求，零件应选用什么材料和设计成什么形状；最后，零件如何与部件中其他零件相互配合和安装。

按照零件所使用的材料，可分为金属材料和非金属材料两大类。钢铁是汽车上所使用的最重要的金属材料，占全车重量的大部分。钢铁的优点是强度、刚度和硬度高，耐冲击和耐高温，因而用于汽车上载荷大、高温、高速的重要零件。所谓强度高，就是这种材料可承受较大的力而不会被破坏；所谓刚度高，就是这种材料可承受较大的力而变形很小。汽车的零件在工作时，有的零件承受拉力而有伸长的趋势，有的零件承受压力而有缩短的趋势，有的零件承受弯曲力矩而趋于弯曲变形，有的零件承受扭转力矩。事实上，许多汽车零件的受力比上述例子复杂得多。如汽车变速器的轴就同时承受了拉、压、弯、扭多种力。汽车零件不仅承受静载荷，还要承受十分复杂的动载荷。作为设计师，必须充分考虑零件的受力情况，经过周密的计算，确保零件的强度和刚度数值在允许的范围内。

　　确定汽车零件的形状，也要花费设计师许多心血。例如，发动机气缸体的形状就非常复杂，需要设计气缸和水套，考虑与气缸盖、油底壳的接合，安装曲轴、进气管、排气管和各种各样的附属设备，以及气缸体内部细长的润滑油通道，所有这些因素都应考虑周全，每个细节均不能遗漏。汽车车身零件的形状就更特别，既不是常见的平面或圆柱体，也不是简单的双曲面或抛物面，而是造型师根据审美要求而塑造的。在确定零件的形状时，还需要考虑零件的制造方法，例如零件在机床上如何装夹定位，刀具如何加工，半成品如何传送、堆叠等。

　　设计师必须把所设计的汽车结构用图纸表达出来。图纸是设计师与企业中的工艺师、技工和其他人员交流的"工程语言"。图纸绘制的方法，按照投影原理并借助于几个视图、剖面或局部放大等，把产品的立体形状和内部结构详细而清晰地表达出来。图纸应按指定的比例绘制并且写出对产品的技术要求，零件图需要详细地标注出各部分的尺寸，总成图应清楚地表达零件相互装配的关系并标注出相关的装配尺寸。设计一辆汽车，需要绘制数以千计的图纸。一些复杂的图纸，图面的长度可达3~5m。图纸绘制成后，需要将部件和零件按照它们所属的装配关系编成"组"。每个部件、每个零件及其图纸都给定一个编号，以便于对全部图纸进行管理。

7.1.3　汽车现代设计方法

　　汽车设计的理论和方法在不断地发展，汽车的现代设计理论为汽车设计的创造性过程建立各种数学模型，现代设计方法则针对这些数学模型进行求解，或者为设计师实施创造性的设计过程提供各种手段。采用现代设计理论和方法的优点是可以不做或少做试验，在设计阶段就能预估未来汽车产品的性能、结构和品质，从而缩短设计周期，提高设计质量。在汽车设计中所采用的现代设计方法主要包括有限元分析和评价技术、优化设计、系统工程方法、人工智能和专家系统、疲劳和可靠性设计、价值工程、反求工程、人机工程和计算机辅助设计技术等等。实际上，无论是现代设计方法的发展还是其应用，都需要试验技术的支撑，而且对试验技术提出了更高的要求，以便为精确的物理模型提供机理方面的依据；为具有高的空间分辨率和时间分辨力的计算结果提供试验验证；为各种计算提供边界条件、经验常数、基本统计数据等。

（1）有限元分析

　　有限元法是古典变分方法的变种，它直接把所需分析的结构离散化，使用最小位能原理和虚位移原理等力学基本原理，列出计算公式，用电子计算机求解。有限元法在结构离散化时可采用各种单元形式，以适应不同的问题，网格的加密也很方便，边界易贴合。有限元分析的算法对弹性或弹塑性问题的分析均较成熟，对流体问题的分析也有一定的长处。在汽车设计中，有限元分析除应用于车身、车架等板梁结构外，还用来对零部件、组合结构进行强度、刚度、热强度、振动模态、稳定性等方面的计算分析。图7-6是采用有限元分析软件进行的侧面模拟碰撞

图7-6　侧面模拟碰撞实验

实验。图7-7是车身有限元计算的单元划分，图7-8是汽车以14.8m/s的速度正面碰撞刚性墙时模拟计算得到的车身变形和应力分布情况。

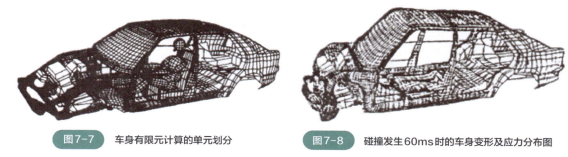

图7-7 车身有限元计算的单元划分　　图7-8 碰撞发生60ms时的车身变形及应力分布图

国内外有许多商用的有限元分析软件，例如SAP5/SAP6、ASKA、ADINA/ADINAT、NASTRAN等，一般都具有较强的前、后处理功能。但通用的有限元分析软件有时不利于在优化设计中多次调用，因此各厂家也自己开发一些针对特定对象的专用有限元分析软件，以提高运算速度，减少解题时间。

（2）优化设计

无论是总体设计，还是零部件设计，人们总是力求从各种可行方案中选择最优方案，这就是优化设计的基本任务。过去工程设计中尽管没有"优化"这个词汇，但在实际设计过程中往往通过直觉判断、试验比较，对产品进行优胜劣汰。随着科学的进步，实际工程问题可以通过数学模型来描述，并利用最优化数值方法求解所确定的数学模型，这就为优化设计提供了科学工具。目前，有许多优化算法可供选用，其优劣随所解问题的特征而异。优化设计首先要确定设计变量、优化准则、优化目标函数和约束条件，它们由设计要求而定。例如，在汽车发动机与传动系统的匹配计算中，既能以给定工况谱条件下的最低百公里油耗为目标函数，又能以最低排放指标和多种指标的加权平均值为优化目标。在零件的结构优化中，不仅可以进行尺寸优化，还可以进行形状优化。

（3）系统工程方法

对于像车辆这样复杂的整体系统，无法简单地定义为一个最优化设计问题。为了能在设计阶段进行较为准确的定性和定量分析，需要采用系统工程方法，其主要内容为系统分析。汽车的系统分析除研究汽车系统结构、系统行为外，也要研究汽车系统的受控方式，研究怎样使汽车系统演化才能达到设计者所期望的目标。用系统分析的方法，可以预先研究系统结构及其相关性，可以通过建模和仿真进行模拟研究，所以它能在设计阶段处理问题，提高了设计开发过程的质量和效率。

（4）可靠性设计

可靠性理论是以产品的寿命特征作为主要研究对象的一门综合性科学。20世纪60年代以来，可靠性研究由电子、航空、航天、核能等尖端工业部门，扩展到大批量生产的汽车工业部门，并取得可喜成果。例如，1959年国际市场上轿车的保用期为90天或者4000mi（1mi=1.6km），而到80年代初，则提高到5年或5万mi。提高产品的可靠性已成为提高产品质量、增强竞争力的关键，可靠性设计已成为汽车现代设计方法中的一项重要内容。可靠性设计主要包括可靠性预测和可靠性分配。

可靠性预测是一种预报方法，它在设计阶段从所得到的失效概率数据，预报零部件和系统实际可能达到的可靠度，预报这些零部件和系统在规定时间、规定条件下完成规定功能的概率。在汽车设计初期，通过可靠性预报可以了解汽车中各零部件可靠度的相互关系，找出提高汽车可靠度的有效途径。

如何将系统规定的允许失效概率合理地分配给该系统的各零部件，是可靠性分配的任务。在可靠性设计中，采用最优化方法进行系统的可靠性分配，是当前可靠性研究的重要方向之一，称为可靠性优化设计。当完成可靠性分配后，就可以在给定可靠度下确定零部件尺寸，使零部件的质量得到适当的减轻，而又保证足够的寿命。

(5) 反求工程

反求工程又称为反求设计，是以设计方法学为指导，以现代设计理论、方法和技术为基础，运用专业设计人员的知识、经验和创造性，对已有产品进行剖析和再设计的过程。因此，反求工程在本质上是从已知事物的有关信息（如国外样车的数据资料及实物）去寻求这些信息的科学性、技术性、经济性，以及具体实施的途径，并经再创造达到设计目标。图7-9是反求设计的概略框图。应当指出，反求不是简单的模仿，只有消化再创造，才能吸收参照物的先进技术，而变成既有自己特色，又无知识侵权的具有竞争力的新产品。在我国汽车设计的现阶段，推广反求工程，提高设计能力和水平是重要的，但最终不能全靠反求，创造性地设计才是永恒的目标。

(6) 人机工程

人机工程又称人体工程学，是20世纪50年代前后发展起来的一门新兴学科。它以工程设计中与人体有关的问题为研究对象，目的在于使设计更好地适应人体的各种要求，从而提高人机系统，即人与所操纵的机构在内的整个系统的工作效能。与人们日常生活息息相关的汽车，其车身及其附件与人的关系很密切，例如，设计中要考虑人的最小活动空间、手伸界限；考虑能适应不同人体的座椅及其可调装置；考虑人在车内如何减少车外视野中的盲区以提高安全性；考虑人体最敏感的频率范围，使悬架设计避开这一频率区域；考虑仪表指示和报警信息如何使人最易察觉而不干扰其他操作和不引起疲劳；考虑车体在事故碰撞中如何保护人体不受或减少伤害等。人机工程涉及人体尺寸、心理学、心理生理学、运动生理学、生物工程和医学等许多复杂课题，属于跨学科的边缘科学领域。

图7-9　反求设计的概略框图

(7) 计算机辅助设计

在汽车设计过程中，有创造性的思维劳动（如方案构思、车身外形创新等），有综合性能的分析与判断（如方案评价），也有复杂的计算和精细的绘图等，工作量巨大。计算机辅助设计（CAD）技术将计算机高速而准确的计算能力、大容量数据存储和处理能力与设计者的综合分析和逻辑判断能力及创造性思维结合起来，从而大大加快了设计进程，缩短了设计周期，提高了设计质量。

CAD除进行结构和性能的计算、分析并绘制出零部件的设计图样外，还越来越多地把方案初选、最优决策、规划布置、经验评估等包括进去，构成所谓智能化CAD系统。对于某些重要的典型零件，CAD与计算机辅助制造（CAM）、计算机辅助生产过程规划（CAPP）相结合，构成计算机集成制造系统（CIMS）。如车身与覆盖件模具CIMS技术，将车身CAD

子系统，覆盖件模具CAD、CAPP和CAM子系统集成在一起。车身CAD完成车身造型、覆盖件设计、总体布置和结构分析等功能。模具CAD子系统在车身覆盖件产品模型的基础上，完成冲压工艺设计、模具结构设计和成形过程分析，为模具CAPP和CAM提供所需的信息。模具CAPP子系统具有设计模具加工工艺、设计毛坯、制定材料与工时定额、编制生产网络控制计划等功能。模具CAM子系统则根据模具CAD和CAPP所提供的资料编制数控（NC）加工程序，并有加工仿真、加工检验等内容。利用计算机辅助设计技术，使通常的车身开发和模具设计制造周期缩短一年以上，成效显著。

7.2
汽车试验

汽车试验技术在汽车工业的发展中发挥着重要的作用，汽车技术的发展离不开汽车试验的支撑，汽车工业的发展又促进了汽车试验技术的发展。由于汽车的使用条件复杂，汽车工业所涉及的技术领域极为广泛，致使许多理论问题研究得还不够充分，因此汽车工业特别重视试验研究。汽车的设计、制造过程始终离不开试验，无论是设计思想、理论计算、初步设计、技术设计、汽车定型还是生产过程，都要进行大量的试验。在汽车使用过程中，车辆交通管理部门还要定期对车况进行测试，以确保行车安全。除了某些研究性试验外，汽车产品试验均应遵循一定的标准和规范，对试验条件、试验方法、测试仪器及其精度、结果评价等进行限定，以确保试验结果的再现性和可对比性。不同国家甚至不同厂家的试验规范可能不同，因此在查看某种产品的试验数据时，必须弄清试验所依据的规程或标准。

7.2.1 汽车整车性能试验

汽车整车性能试验是为了测定汽车的基本性能而进行的试验。

（1）动力性能试验

对常用的三个动力性能指标，即对汽车的最高车速、加速和爬坡性能进行实际试验。最高车速试验的目的是测定汽车所能达到的最高车速，我国规定的测试区间是1.6km试验路段的最后500m。加速试验一般包括起步到给定车速，以及从给定初速度加速到给定车速两项试验内容。爬坡试验包括最大爬坡度与爬长坡两项试验。最大爬坡度试验最好在坡度均匀、测量区间长20m以上的人造坡道上进行，如果人造坡道的坡度不适合所测车辆（如坡道过大或过小），可采用增、减载荷或变换挡位的办法做试验，再折算出最大爬坡度。爬长坡试验主要用来检查汽车能否通过坡度为7%~10%、长10km以上的连续长坡，试验中不仅要记录爬坡过程中的换挡次数、各挡位使用时间和爬坡总时间，还要观察发动机冷却系统有无过热，供油系统有无气阻或渗漏等现象。

（2）燃油经济性试验

汽车的燃油经济性是汽车的主要性能之一，汽车的燃油消耗量越小，它的燃油经济性越好。在汽车运输过程中，燃料消耗费用占全部成本的20%~30%。降低汽车燃油消耗，可以节约能源，降低汽车运行成本，减少汽车对环境的污染，提高汽车的使用经济性。燃油经济性试验方法包括道路试验和汽车测功器试验，后者能控制大部分的使用因素，重复性好，能模拟实际行驶的复杂情况，能采用各种测试油耗的方法，还能同时测试废气排放情况。

（3）制动性能试验

汽车制动性能是安全行车最重要的因素之一，也是汽车检测诊断的重点。汽车的制动性能主要由制动效能、制动热衰退性和制动时汽车的方向稳定性三个方面来评价。常进行制动距离试验、制动效能试验（测制动踏板力和制动减速度关系曲线）、热衰退和恢复试验、浸水后制动效能衰退和恢复试验等。

（4）操纵稳定性试验

试验类型较多，如：用转弯制动试验评价汽车在弯道行驶制动时的行驶方向稳定性；用

转向轻便性试验评价汽车的转向力是否适度；用蛇形行驶试验来评价汽车转向时的随从性、收敛性、转向力大小、侧倾程度和避免事故的能力；用侧向风敏感性试验来考察汽车在侧向风作用下直线行驶状态的保持性；用抗侧翻试验考察汽车为避免交通事故而急打方向盘时，汽车是否有侧翻危险；用路面不平度敏感性试验来检查汽车高速行驶时，承受路面干扰而保持直线行驶的能力；用汽车稳态回转试验确定汽车稳态转向特性等。如图7-10所示，是汽车在冰雪路面的操纵稳定性试验。

（5）平顺性试验

平顺性主要是根据乘坐者的舒适程度来评价的，所以又叫作乘坐舒适性，通常根据人体对振动的生理感受和保持货物的完整程度来评价。典型的试验有汽车平顺性随机输入行驶试验和汽车平顺性单脉冲输入行驶试验，前者用以测定汽车在随机不平的路面上行驶时，其振动对乘员或货物的影响，如图7-11；后者用以评价汽车行驶中遇到大的凸起物或凹坑冲击振动时的平顺性。

（6）安全性试验

安全性试验项目很多，而且耗资巨大，特别是碰撞安全试验，除正面碰撞试验外，近来还增加侧面碰撞试验。可以进行实车碰撞试验，也可以

图7-11 平顺性试验

进行模拟试验或碰撞模拟计算。但多数国家规定新车型必须经过实车碰撞试验，以验证其碰撞安全性，如图7-12。在碰撞试验中需用假人（又称人体模型）进行试验。人体模型的质量、尺寸分布，主要骨骼关节和动作要尽量逼近真人，又要容易测定各部位的加速度、载荷和变形；人体模型价格较高，因此也要求具有高的耐用性。当进行车内装置（如安全带、座椅、方向盘、仪表板等）抗冲撞能力试验时，为节省开支常用碰撞模拟装置进行，它以装有人体模型的平台车代替实车，模拟以一定初速度运动的汽车撞击固定壁后部件的减速度特性，从而研究冲击能量的吸收情况。

汽车工业发达国家都有自己的汽车碰撞安全标准（法规），且都形成了各自的标准体系。

从内容看，各国的标准不尽相同，因此，其性能的评价方法与使用的设备也不完全相同。

图7-12　实车碰撞试验

整车碰撞试验是综合评价汽车碰撞安全性能的最基本、最有效的方法。它是从乘员保护的观点出发，以交通事故再现的方式，分析车辆碰撞前后乘员与车辆的运动状态及操作状况，并以此为依据改进车辆结构设计，增设或改进车内外乘员保护装置。同时，它还是汽车模拟碰撞、计算机模拟计算等试验研究的基础。虽然，实车碰撞试验费用昂贵，周期较长，但却是不可替代的试验方法。实车碰撞试验可分为正面固定式障壁碰撞试验、斜面固定式障壁碰撞试验、柱障碍碰撞试验、移动障壁碰撞试验、车对车碰撞试验、台车对车碰撞试验、翻车试验、变刚性障壁碰撞试验、变刚性台车对车碰撞试验。正面固定式障壁碰撞试验主要用于评价汽车前部结构的碰撞特性和乘员保护。斜面固定式障壁碰撞主要用于评价汽车遭受集中负荷的碰撞特性。柱障碍碰撞在结构碰撞性能的研究中广泛用于集中闯入负荷条件下的汽车碰撞试验，该试验技术在模拟汽车与大树、电线杆和桥墩等柱形障碍前碰或侧碰时，具有较高的精度。侧向移动障壁碰撞是模拟侧向碰撞，考核汽车侧面结构的碰撞特性及乘员保护的试验装置。车对车碰撞有几种不同类型，包括前对前、前对后及前对侧碰撞。车对车碰撞试验是车对车真实碰撞最接近的模拟方法。在这些试验中，可获得实际结构之间的相互作用情况，缺点是试验的高成本和试验的复杂性。翻车试验包括山坡翻滚试验、落下试验、倾斜行驶翻车试验、车顶跌落试验。车顶跌落试验仅用于评价车顶的碰撞特性。

7.2.2　汽车零部件试验

汽车零部件种类繁多，各种试验也不胜枚举。从类型来看，零部件试验涉及性能、强度、耐久性等方面。发动机是汽车中最重要的总成，其性能试验主要有功率、怠速、空转特性、负荷特性、调速特性、启动、机械效率、多缸工作均匀性、排放和噪声等试验。对发动机的重要零部件（如曲轴、连杆、活塞等运动件和缸盖、缸体等固定件）应进行强度试验。曲轴是汽车发动机的重要部件，无论是在产品开发阶段还是在生产检验阶段，都要求对曲轴的疲劳性能进行检验。在发动机实际运行过程中，曲轴所承受的载荷主要是弯曲、扭转复合载荷，弯曲疲劳破坏是曲轴失效的最常见形式，而在发动机输出功率较大、曲轴承受扭矩较大的情况下，扭转疲劳破坏则成为主要失效形式。整机和重要部件常需进行耐久性试验，重要部件的耐久性试验可在专门的试验台上进行，整机的耐久性试验则在发动机台架上进行。为了缩短试验时间，通常强化试验条件，如在额定工况、全负荷最大扭矩工况、超负荷超转速工况下运转。耐久性试验前后要全面测量尺寸和性能，以便评价磨损情况和动力性、经济性、排放等指标的稳定程度。许多汽车承载系统的寿命都与"道路-汽车"系统产生的随机振动特性有关，因此按载荷谱提供激振力（或位移）的电子液压振动试验台成了许多零部件试验中不可缺少的加载工作台。图7-13是用激振设备对后桥做耐久性试验的场景。

图7-13　后桥的耐久性试验

7.2.3　汽车试验设施

（1）汽车试验场

汽车试验场，亦称试车场，是重现汽车使用过程中遇到的各种道路条件和使用条件，进行汽车整车道路试验的场所。为满足汽车的试验要求，汽车试验场将实际存在的各种道路经过集中、浓缩、不失真地强化形成典型化的道路。汽车试验场的主要试验设施是集中修筑的

图7-14　美国通用汽车公司的汽车试验场

各种试验道路，如高速环形跑道、高速直线跑道、可靠性强化试验路段、耐久性试验跑道、爬坡试验路以及特殊试验路段。由于汽车试验在汽车开发过程中处于极为重要的地位，许多汽车企业都投入巨额资金修建大型的汽车综合试验场，例如美国通用汽车公司的密尔福德试验场、日本汽车研究所试验场、英国汽车工业研究协会试验场、中国海南汽车试验场等。如图7-14所示，为美国通用汽车公司的汽车试验场。

高速环形跑道。高速环形跑道是平面形状，长度为4~8km，设有3~5条车道，多数采用两端圆形路和中间直线路的形状，也有椭圆形或其他形状。这种跑道的设计最高车速通常在120km/h以上，可供汽车长时间持续高速行驶，以考验汽车的高速性能和零部件的可靠性。

高速直线跑道。高速直线跑道是水平直线路，长度为2.5~4km，可供汽车作动力性、制动性和燃油经济性试验。为了节省建设费用，许多试验场将高速直线跑道设置在高速环形跑道的直线部分，两者结合使用。

可靠性、耐久性试验道路。模仿汽车使用寿命中在各种好路和坏路上行驶的情况，在汽车试验场内，除了建造沥青路外，也建造沙土路和各种不同的砾石路，以便进行强化试验，使汽车在较短的行驶里程内就能暴露问题。

扭曲试验路。汽车在这种道路上行驶时，车身和车架、前后轴、悬架，以及汽车传动系统都产生反复扭转，以考验这些部件的性能。

坡路。汽车试验场通常还建有各种坡度的坡路，用以检验汽车的爬坡能力，还可考察驻车制动器在坡道上的停车能力、汽车在坡路上起步时离合器的工作状况等。

操纵性、稳定性试验设施。操纵性、稳定性试验设施最常见的是圆形广场，可供汽车转

向或绕"8"字形行驶试验。有的圆形广场还备有洒水装置，使地面生成均匀的水膜以测试汽车的侧滑情况。易滑路是用来试验汽车在冰雪或附着条件很低的路况下的行驶性能和制动性能，采用磨光、洒水、冰雪等方法降低路面的附着系数。横向风路段是考验汽车空气动力稳定性的设施。丰田汽车公司是在试车道路旁排列有15个直径为2.7m的大型风扇，可产生类似垂直于道路的横向风，以考验汽车在横向侧风作用下的操纵性能。

涉水池。涉水池有浅水池（水深约0.2m）和深水池（水深1~2m）两种，用以检查汽车涉水时水对汽车各种部件的影响，如电气设备、制动器、发动机进排气管浸水后的工作情况等。

（2）汽车风洞

汽车风洞就是用来研究汽车空气动力学的一种大型试验设施，如图7-15。其实，风洞不是个洞，而是一条大型隧道或管道，里面有一个巨型扇叶，能产生一股强劲气流。气流经过一些风格栅，减少涡流产生后进入试验室。

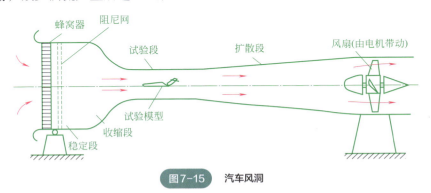

图7-15　汽车风洞

风洞的最大作用是用来测量汽车的风阻，风阻的大小用风阻系数表示，风阻系数越小，说明它受空气阻力影响越小。当然，除了用来测量风阻外，风洞还可以用来研究气流绕过车身时所产生的效应，如升力、下压力，还可以模拟不同的气候环境，如炎热、寒冷、下雨或下雪等情况。这样，工程师们便可以知道汽车在不同环境下的工作情况，特别是冷却水箱散热、制动器散热等问题。新车在造型设计阶段，必须将汽车制成风洞试验模型进行风洞试验，以便改进汽车的形状，提高空气动力性能。按照尺寸的大小，风洞可分为供缩小比例模型试验的风洞和供整车试验的大型风洞，按照气流流动的形式，风洞又可分为直流式和回流式两种。用道路试验的办法，不可能同时测得空气作用力的六个分力，因而风洞试验就成为研究汽车空气动力性能的最有效的手段。

风洞是在飞机制造业最先应用的，从20世纪60年代起，世界各大汽车公司和有关机构开始建立自己的风洞试验室。如大众汽车公司的多用途风洞实验室可模拟多种环境条件下的汽车风洞实验，空气温度可在−30~45℃调节，湿度为5%~95%，最大风速为180km/h。图7-16是正在做风洞试验的汽车。目前我国最大型的风洞是中国航空动力研究所的风洞实验室，主要承担中国航天和航空机械的风洞实验任务，也可用作汽车、建筑物、运动设备的风洞实

图7-16　风洞试验

验，最大风速100m/s。风洞的洞体由收缩段、试验段和扩散段组成。在电动机带动的风扇作用下，空气从蜂窝栅（起整流作用）进入风洞，经收缩段加速而进入试验段，再经扩散段流出。在试验段中放置汽车模型，其下部的固定装置与测定六个分力的天平相连，通过工作室中的相关仪器可测定汽车承受空气作用力的情况，风洞试验还可测定汽车模型表面的压力分布情况，以及借助于烟、丝带、油膜等显示汽车周围的气流流动情况。

7.3
汽车制造

7.3.1　汽车的制造工艺

现代汽车制造企业都是大规模生产，其生产方式就整体而言是流水作业方式，但对于不同的工艺，其程度有些差异。铸造、锻造、冲压等工艺的生产周期短，采用容易变换程序进行批量生产的通用生产线比采用专用生产线更为有利。机械加工与焊接工艺过程，宜采用专用生产线进行流水作业。涂漆与装配工艺，一般都采用流水作业。随着科学技术的发展，新技术、新工艺、新材料层出不穷，汽车工业的生产工艺和设备也发生了很大的变化。

（1）铸造

铸造是将熔化的金属浇灌入铸型空腔中，冷却凝固后而获得产品的生产方法。在汽车制造过程中，采用铸铁制成毛坯的零件很多，约占全车重量的10%，如气缸体、变速器箱体、转向器壳体、后桥壳体、制动鼓、各种支架等。制造铸铁件通常采用砂型。砂型的原料以硅砂为主，并与黏结剂、水等混合而成。砂型材料必须具有一定的黏合强度，以便被塑成所需的形状并能抵御高温铁水的冲刷而不会崩塌。为了在砂型内塑成与铸件形状相符的空腔，必须先用木材制成模型，称为木模。炽热的铁水冷却后体积会缩小，因此，木模的尺寸需要在铸件原尺寸的基础上按收缩率加大，需要切削加工的表面相应加厚。空心的铸件需要制成砂芯子和相应的芯子木模（芯盒）。有了木模，就可以翻制空腔砂型。在制造砂型时，要考虑上下砂箱如何分开才能把木模取出，还要考虑铁水的流入位置，如何灌满空腔以便得到优质的铸件。砂型制成后，就可以浇注，也就是将铁水灌入砂型的空腔中。浇注时，铁水温度为1250~1350℃，熔炼时温度更高。

（2）锻造

在汽车制造过程中，广泛地采用锻造的加工方法。锻造分为自由锻造和模型锻造。自由锻造是将金属坯料放在铁砧上承受冲击或压力而成型的加工方法。汽车齿轮和轴类零件的毛坯就是用自由锻造的方法加工。模型锻造是将金属坯料放在锻模的模腔内，承受冲击或压力而成型的加工方法。模型锻造有点像面团在模子内被压成饼干形状的过程。与自由锻相比，模锻所制造的工件形状更复杂，尺寸更精确。发动机连杆和曲轴、汽车前轴、转向节都是采用模型锻造工艺加工的。

（3）冷冲压

冷冲压或板料冲压是使金属板料在冲模中承受压力而被切离或成型的加工方法。日常生活用品，广口铝锅、饭盒、脸盆等就是采用冷冲压的加工方法制成的。例如制造饭盒，首先需要切出长方形并带有四个圆角的坯料，然后用凸模将这块坯料压入凹模而成型。在拉伸工序，平面的板料变为盒状，其四边向上垂直弯曲，四个拐角的材料产生堆聚并可看到皱褶。采用冷冲压加工的汽车零件有发动机油底壳、制动器底板、汽车车架及大多数车身零件。这些零件一般都经过落料、冲孔、拉深、弯曲、翻边、修整等工序而成型。为了制造冷冲压零件，必须制备冲模。冲模通常分为两块，其中一块安装在压床上方并可上下滑动，另一块安装在压床下方并固定不动。生产时，坯料放在两块冲模之间，当上下模合拢时，冲压工序就完成了。冲压加工的生产率很高，并可制造形状复杂而且精度较高的零件。

（4）焊接

焊接是将两片金属局部加热或同时加热、加压而接合在一起的加工方法。工人一手拿着面罩，另一手拿着与电线相连的焊钳和焊条的焊接方法称为手工电弧焊，利用电弧放电产生的高温熔化焊条和焊件，使之接合。手工电弧焊在汽车制造中应用得较少。在汽车车身制造中应用最广的是点焊。点焊适于焊接薄钢板，操作时，两个电极向两块钢板加压力使之贴合，同时使贴合点（直径为5~6mm的圆形）通电流加热熔化从而牢固接合。两块车身零件焊接时，其边缘每隔50~100mm焊接一个点，使两零件形成不连续的多点连接。焊好整个轿车车身，通常需要上千个焊点。焊点的强度要求很高，每个焊点可承受5kN的拉力，甚至将钢板撕裂，仍不能使焊点部位分离。在修理车间常见的气焊，是用乙炔燃烧并用氧气助燃产生高温火焰从而使焊条和焊件熔化并接合的方法。还可以采用这种高温火焰将金属割开，称为气割。气焊和气割应用较灵活，但气焊的热影响区较大，使焊件产生变形

图7-17　机器人焊接生产线

和金相组织变化，性能下降。因此，气焊在汽车制造中应用极少。如图7-17所示，汽车焊接生产线中的机器人正在焊接车身。

（5）金属切削加工

金属切削加工是用刀具将金属毛坯逐层切削，使工件得到所需要的形状、尺寸和表面粗糙度的加工方法。金属切削加工包括钳工和机械加工两种方法，钳工是工人用手工工具进行切削的加工方法，操作灵活方便，在装配和修理中广泛应用。机械加工是借助机床来完成切削的，包括车、刨、铣、钻和磨等方法。车削是在车床上用车刀加工工件的工艺过程。车床适于切削各种旋转表面，如内、外圆柱或圆锥面，还可以车削端面。汽车的许多轴类零件及齿轮毛坯都是在车床上加工的。刨削是在刨床上用刨刀加工工件的工艺过程。刨床适于加工水平面、垂直面、斜面和沟槽等。发动机气缸体和气缸盖的配合平面、变速器箱体和盖的配合平面都是用刨床加工的。铣削是在铣床上用铣刀加工工件的工艺过程。铣床可以加工斜面、沟槽，甚至可加工齿轮和曲面等。铣削广泛地应用于加工各种汽车零件，如汽车车身冷冲压的模具都是用铣削加工的。计算机操纵的数控铣床可以加工形状很复杂的工件，是现代化机械加工的主要机床。钻削和镗削是加工孔的主要切削方法。磨削是在磨床上用砂轮加工工件的工艺过程。磨削是一种精加工方法，可以获得高精度和粗糙度的工件，而且可以磨削硬度很高的工件。一些经过热处理后的汽车零件，均用磨床进行精加工。

（6）热处理

热处理是将固态的钢重新加热、保温或冷却而改变其组织结构，以满足零件的使用要求或工艺要求的方法。加热温度的高低、保温时间的长短、冷却速度的快慢，可使钢产生不同的组织变化。热处理工艺包括退火、正火、淬火和回火等。退火是将钢件加热，保温一定时间，随后连同炉子一起缓慢冷却，以获得较细而均匀的组织，降低硬度，以利于切削加工。正火是将钢件加热，保温后从炉中取出，随后在空气中冷却，适于对低碳钢进行细化处理。淬火是将钢件加热，保温后在水中或在油中快速冷却，以提高硬度。回火通常是淬火的后续工序，将淬火后的钢件重新加热，保温后冷却，使组织稳定，消除脆性。有很多汽车零件，既要保留芯部的韧性，又要改变表面的组织以提高硬度，就需要采用表面高频淬火或渗碳、氰化等热处理工艺。

（7）涂漆

轿车、客车车身和货车驾驶室的涂漆不仅装饰性要求高，而且还要求高耐蚀性。装饰性要求包括涂层光亮、平滑、丰满、美感强；耐蚀性涉及汽车出现外观锈蚀、穿孔腐蚀、结构腐蚀的时间。例如，加拿大规定这三种腐蚀出现的使用时间应分别保证5年、10年和20年。为保证喷漆质量，车间厂房及其环境要求非常干净。喷漆之前需进行预处理。预处理质量的优劣对整车的耐蚀性有重要影响。货车预处理一般设有7~8道工序，而轿车的预处理则多达12~13道工序。预处理的目的是使金属车身脱脂清洗后通过中温低锌磷化，生成一层磷化膜，并经钝化进一步增强其耐蚀性。涂漆有好几道，先经电泳底漆，后喷中间涂料，最后做面漆施工，面漆施工是决定车身美观的最后一关，面漆类型有氨基醇酸类、聚酯类、丙烯酸类等。如图7-18，为了高质量、快节奏，涂漆生产较多地采用往复式喷涂机、喷漆机器人等装备，构成自动化程度较高的生产线。考虑到轿车面漆的返修率较高，一般在车间内设计有专用的返修生产线，供正常返修使用。

（8）装配

装配是按一定的要求，用联接零件（螺栓、螺母、销或卡扣等）把各种零件相互连接和组合成部件，再把各种部件相互连接和组合成整车。无论是把零件组合成部件，或是把部件组合成整车，都必须满足设计图纸规定的相互配合关系，以使部件或整车达到预定的性能。在汽车制造厂，最引人入胜的是汽车总装配线。如图7-19，以我国某轿车厂的总装配线为例，这条装配线是一条165m长的传送链，汽车随着传送链移动至各个工位并逐步装成，四周还有输送悬链把发动机总成、车身总成、车轮总成等源源不断地从各个车间输送到总装配线上的相

图7-18　汽车涂漆生产线

图7-19　轿车装配流水线

应工位。在传送链的起始位置首先放上车身（底朝天），然后将后桥总成（包括后悬架和轮毂）和前桥总成（包括前悬架、转向节和轮毂）安装到车架上，继而将车架翻过来以便安装转向器、储气筒和制动管路、油箱、油管、电线及车轮等，最后安装发动机总成（包括离合器、变速器和中央制动器），再安装车前板制件等。至此，汽车就可以驶下装配线。

7.3.2 汽车材料

由于汽车生产是大规模工业生产，汽车材料必须具有严格的质量均一性，材料的化学成分、力学性能、热处理性能的波动应当尽可能小，而且材料的价格要低廉，来源充足。

（1）高强度钢板

汽车用高强度钢板是在低碳钢内加入适当的微量元素，经各种处理轧制而成，抗拉强度高达 $420N/mm^2$，是普通低碳钢板的2~3倍。高强度钢板的深拉延性能极好，可轧制成很薄的板材，是车身轻量化的重要材料。中国奇瑞汽车公司与宝钢合作，2001年在试制样车上使用的高强度钢，用量为262kg，占车身钢板用量的46%，对减重和改进车身性能起到了良好的作用。

高强度钢板的品种主要有含磷冷轧钢板、烘烤硬化冷轧钢板、冷轧双向钢板、超高强度冷轧钢板、轻量化叠层钢板等，车身设计师可根据板制零件受力情况和形状复杂程度来选择钢板品种。含磷高强度冷轧钢板主要用于轿车外板、车门、顶盖和行李箱盖板，也可用于载货汽车驾驶室的冲压件，具有良好的强度和塑性平衡，具有良好的耐腐蚀性能和点焊性能。烘烤硬化冷轧钢板经过冲压、拉延变形及高温时效处理，屈服强度得以提高，其厚度薄又有足够的强度，是车身外板轻量化设计首选材料。冷轧双向钢板兼备高强度及高塑性的特点，主要用于要求拉伸性能好的承力零部件，如车门加强板、保险杠等。超高强度冷轧钢板在超低碳钢中加入适量的钛或铌，以保证钢板的深冲性能，再添加适量的磷以提高钢板的强度，实现了深冲性与高强度的结合，特别适用于一些形状复杂而强度要求高的冲压零件。轻量化叠层钢板是在两层超薄钢板之间压入塑料复合材料，表层钢板厚度为0.2~0.3mm，塑料层的厚度占总厚度的25%~65%，与具有同样刚度的单层钢板相比，质量减少43%。隔热防振性能良好，主要用于发动机罩、行李箱盖、车身底板等部件。

（2）铝合金

与汽车钢板相比，铝合金具有密度小（$2.7g/cm^3$）、比强度高、耐锈蚀、热稳定性好、易成形、可回收再生等优点。德国大众公司的新型奥迪A2型轿车，由于采用了全铝车身骨架和外板结构，使总质量减少了135kg，油耗降至3L/100km的水平。全新奥迪A8通过使用性能更好的大型铝铸件和液压成型部件，车身零件数量从50个减至29个，车身框架完全闭合。这种结构不仅使车身的扭转刚度提高了60%，还比同类车型的钢制车身车重减少50%。由于所有的铝合金都可以回收再利用，深受环保人士的欢迎。

（3）镁合金

镁的密度为 $1.8g/cm^3$，仅为钢材密度的35%，铝材密度的66%。镁合金的比强度、比刚度高，阻尼性、导热性好，电磁屏蔽能力强，尺寸稳定性好，因此在航空工业和汽车工业中得到了广泛的应用。镁的储藏量十分丰富，镁可从石棉、白云石、滑石中提取，特别是海水的盐分中含3.7%的镁。近年来镁合金在世界范围内的增长率高达20%。镁合金车门由成型铝材制成的门框和耐碰撞的镁合金骨架、内板组成。另一种镁合金制成的车门，它由内外车门板和中间蜂窝状加强筋构成，每扇门的净质量比传统的钢制车门轻10kg，且刚度极高。

随着压铸技术的进步，已经可以制造出形状复杂的薄壁镁合金车身零件，如前后挡板、仪表盘、方向盘等。

（4）泡沫合金板

泡沫合金板由粉末合金制成，其特点是密度小，仅为 0.4~0.7g/cm³，弹性好，受力压缩变形后，可凭自身的弹性恢复初始形状。泡沫合金板种类繁多，除了泡沫铝合金板外，还有泡沫锌合金、泡沫锡合金、泡沫钢等，可根据不同的需要进行选择。由于泡沫合金板的特殊性能，特别是出众的低密度、良好的隔热吸振性能，深受汽车制造商的青睐。目前，用泡沫铝合金制成的零部件有发动机罩、行李箱盖等。

（5）蜂窝夹芯复合板

蜂窝夹芯复合板是两层薄面板中间夹一层厚而极轻的蜂窝组成。根据夹芯材料的不同，可分为纸蜂窝、玻璃布蜂窝、玻璃纤维增强树脂蜂窝、铝蜂窝等；面板可以采用玻璃钢、塑料、铝板和钢板等材料。由于蜂窝夹芯复合板具有轻质、比强度和比刚度高、抗振、隔热、隔音和阻燃等特点，在汽车车身上获得较多应用，如车身外板、车门、车架、保险杠、座椅框架等。英国发明了一种以聚丙烯作芯，钢板为面板的薄夹层板用以替代钢制车身外板，使零件质量减轻了 50%~60%，且易于冲压成型。

（6）工程塑料

与通用塑料相比，工程塑料具有优良的机械性能、电性能、耐化学性、耐热性、耐磨性、尺寸稳定性等特点。20世纪70年代起，软质聚氯乙烯、聚氨酯在汽车工业中被广泛采用。福特公司开发的LTD试验车，塑料化后的车身取得了轻量化方面的明显成果。

（7）高强度纤维复合材料

高强度纤维复合材料，特别是碳纤维复合材料（CFRP），因其质量小，而且具有高强度、高刚性，有良好的耐蠕变与耐腐蚀性，是很有前途的汽车用轻量化材料。20世纪80年代后期，复合材料车身外覆件得到大量的应用和推广，如发动机罩、翼子板、车门、车顶板、导流罩、车厢后挡板等，甚至出现了全复合材料的卡车驾驶室和轿车车身。据统计，在欧洲汽车复合材料的用量约占复合材料总产量的33%左右，并继续呈增长态势。复合材料作为汽车车身的外覆件来说，无论从设计还是生产制造、应用都已成熟，并逐渐从车身外覆件的使用向汽车内饰件和结构件的方向发展。

中国汽车故事
上汽的腾飞——中国汽车工业崛起的缩影

汽车行业在改革开放过程中取得了令人瞩目的成就，上汽集团从起步到腾飞无疑是中国汽车工业发展的缩影。

1958年9月30日，上海生产的第一辆凤凰牌轿车在上海汽车装配厂试制成功，实现了上海汽车工业轿车制造"零的突破"，上海自主制造轿车的历史篇章由此揭开。1964年凤凰牌轿车改名为上海牌轿车，1975年达到5000辆的年生产能力，上海牌轿车也因此成为了继红旗轿车之后全国唯一大批量生产的轿车。1991年11月25日，随着最后一台上海牌轿车从上海汽车制造厂下线，上海牌轿车正式停产谢幕。

1978年6月，国务院批准在上海引进一条轿车装配线，上海迅速上报项目方案，占领先机，上汽开始了它四十多年的传奇之路。作为上汽首款合资车型，桑塔纳的到来，让国人第一次看到世界先进汽车技术的成果，更从源头带动了整个中国汽车工业的发展。桑塔纳国产化的过程，不仅使上汽大众在成立初期即建立了现代化的汽车产业结构，也带动了中国现代汽车工业的发展。

有了成功的经验之后，1997年6月，上汽集团与通用汽车集团合资建立了上海通用汽车有限公司。与通用的合作同样非常成功，上汽集团总销量较之前翻了1倍，其中大部分就来自上海通用的贡献。

在进行一系列的规模扩张之后，根据国家深化国有企业改革的方针，2004年11月，上汽集团设立上汽股份；2006年12月，上海汽车成为以整车业务为主的上市公司。

2006年10月，上汽推出首个国际化自主品牌荣威。如今，荣威品牌发展迅速，产品覆盖中级车与中高级车市场，科技化已经成为荣威汽车的品牌标签。

2007年4月，上汽集团全面收购了南京汽车集团，成为了MG名爵品牌的新主人。

2020年，上汽集团全年销售整车560万辆，连续15年销量保持国内第一。其中，自主品牌销售260万辆，在总销量中占比达到46.4%；新能源汽车销量为32万辆，海外市场销量为39万辆，实现全面领跑。

从一个汽车修理和零配件企业发展成为跻身世界500强行列，拥有从乘用车到商用车全系列产品以及核心零部件，产业链完整的、国内销量最大的汽车企业集团，上汽集团辉煌的发展历程凝聚了中国汽车工业人的无数智慧和心血。

思维导图

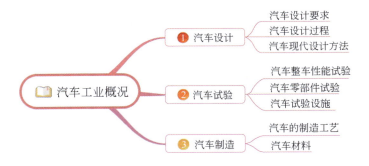

汽车工业概况
1. 汽车设计
- 汽车设计要求
- 汽车设计过程
- 汽车现代设计方法

2. 汽车试验
- 汽车整车性能试验
- 汽车零部件试验
- 汽车试验设施

3. 汽车制造
- 汽车的制造工艺
- 汽车材料

 复习思考题

1. 判断题

（1）汽车总布置设计是将汽车各个总成及其所装载的人员或货物安排在恰当的位置，以保证各总成运转相互协调、乘坐舒适和装卸方便。（　　）

（2）汽车技术设计包括确定汽车造型和确定汽车市场定位两个方面。（　　）

（3）汽车的结构设计，是确定汽车整车、部件（总成）和零件的结构。（　　）

（4）将系统规定的允许失效概率合理地分配给该系统的各零部件，是可靠性预测的任务。（　　）

（5）金属切削加工是工人用手工工具进行切削的加工方法，操作灵活方便，在装配和修理中广泛应用。（　　）

2. 选择题

（1）在汽车设计中，制作轿车缩小模型通常为（   ）的比例。

A. 1：2 　　　　　　　　B. 1：5

C. 1：3 　　　　　　　　D. 1：8

（2）（   ）不属于汽车现代设计方法。

A. 优化设计 　　　　　　B. 反求工程

C. 人机工程 　　　　　　D. 质量工程

（3）（   ）是有限元分析软件。

A. ACDSee 　　　　　　B. WORD

C. AutoCAD 　　　　　　D. NASTRAN

（4）发动机气缸体和气缸盖的配合平面是采用（   ）加工的。

A. 刨床 　　　　　　　　B. 铣床

C. 车床 　　　　　　　　D. 镗床

（5）以下项目中，（   ）密度最小。

A. 镁合金 　　　　　　　B. 高强度钢

C. 铝合金 　　　　　　　D. 铸铁

3. 问答题

（1）简述汽车设计中要满足哪些标准和法规？

（2）汽车设计的要求有哪些？

（3）简述汽车操纵稳定性试验包括哪些项目？

（4）简述风洞的作用有哪些？

（5）简述热处理工艺的种类和含义。

8
汽车企业介绍

学习目标

知识目标

1. 了解美洲主要汽车企业发展史；
2. 了解欧洲主要汽车企业发展史；
3. 了解亚洲主要汽车企业发展史。

能力目标

1. 能够辨别世界著名汽车企业的主要汽车品牌；
2. 能够识读各汽车品牌标志。

8.1

美洲汽车企业

8.1.1　通用汽车公司

通用汽车公司成立于1908年9月16日，先后联合或兼并了别克、凯迪拉克、雪佛兰、奥兹莫比尔、庞蒂克、克尔维特、悍马等公司。公司总部位于美国密歇根州的汽车城底特律。通用汽车公司生产的汽车，是美国汽车豪华、宽大、内部舒适、速度快、储备功率大等特点的经典代表，在用户心中享有盛誉。通用汽车标志"GM"取自其英文名称"General Motors Corporation"前两个单词的第一个字母，如图8-1。

图8-1　通用汽车标志

（1）发展简史

通用汽车公司的前身是1907年由戴维·别克创办的别克汽车公司，1908年美国最大的马车制造商威廉姆·杜兰特买下了别克汽车公司并成为该公司的总经理，同时推出C型车。

1908年9月16日，杜兰特以别克汽车公司和奥兹汽车公司为基础成立了一家汽车控股公司——通用汽车公司，1909年又合并了另外两家小汽车公司奥克兰汽车公司（庞蒂克分部）和凯迪拉克汽车公司，两年的时间内大举并购了20多家公司，成为华尔街评价最高的公司之一。

先后于1918年、1925年、1929年收购雪佛兰、沃克斯豪尔和欧宝品牌，成为一个全球性公司。通过采用"不同的钱包、不同的目标、不同的车型"的经营战略，通用汽车的品牌形象和汽车产品成为消费者自我价值和尊贵身份的代表。

1931年，通用汽车公司确立美国第一大汽车公司的地位。

1967年，通用汽车公司累计生产了1亿辆汽车。

1986年，通用汽车公司收购莲花公司。

1999年，通用汽车公司收购铃木和五十铃的股份。

2000年，通用汽车公司宣布与菲亚特结成战略联盟。

鼎盛时期的通用汽车公司拥有七个分部和三个子公司，拥有瑞典绅宝汽车公司50%的股份。七个分部都设立在美国本土，分别是：GMC商用车分部、凯迪拉克分部（Cadillac）、别克分部（Buick）、雪佛兰分部（Chevrolet）、庞蒂克分部（Pontiac）、奥兹莫比尔分部（Oldsmobile）、土星分部（Saturn）。三个子公司分别是：澳大利亚的霍顿、德国的欧宝和英国的沃克斯豪尔。

2009年6月1日，通用汽车公司正式向纽约破产法院递交破产申请。通用汽车成为美国申请破产的第三大企业、第一大制造业企业，也是破产涉及员工人数第二多的企业。2009年7月10日成立新通用汽车有限公司，结束破产保护。

2012年，经历破产重组后的通用汽车焕发出了新的活力，通用汽车全球汽车销量达到9285991辆，排名第二。

2022年4月6日，通用汽车和本田宣布达成合作，双方基于新平台开发多款低价电动汽车。

2023年6月，美国通用汽车宣布，与福特一起采用特斯拉的北美充电标准。

（2）主要品牌与车型

别克：1907年由大卫·别克创建，1908年被杜兰特买入。主要产品有世纪（Century）、皇朝（Regal）、林荫大道（Electra/Parkavenue）等，是通用的中端品牌。

雪佛兰：1911年由杜兰特与瑞士赛车手路易斯·雪佛兰联合创建，1918年并入通用，此后一直是通用公司最大的分部，生产经济型车及中、高级跑车。主要产品有卢米娜（Lumina）、卢米娜多用途车（LuminaAPV）、星旅（Astro）、卡玛洛（Camaro）、科尔维特（Corvette）、迈锐宝（Malibu）、万程（Venturo）等，定位于一个大众化的值得信赖的国际汽车品牌。

凯迪拉克：1902年，诞生于底特律，被一向以追求极致尊贵著称的伦敦皇家汽车俱乐部冠以"世界标准"的美誉。1909年凯迪拉克并入通用公司，成为通用汽车公司生产豪华轿车和跑车的分部。凯迪拉克是通用汽车公司最高档次的车型，主要有赛威（Seville）、帝威（Deville）、凯帝（Catera）等。

GMC：美国通用汽车公司旗下商用车品牌，专门生产卡车、客车、皮卡的部门。拥有使节（Envoy）、峡谷（Canyon）、西拉（Sierra）、育空河（Yukon）、旅行（Safari）、Savana等一系列车型。

8.1.2 福特汽车公司

福特汽车公司成立于1903年，由亨利·福特和其他十一个股东投资28000美元共同创立。福特基于"为全世界大多数人造车"的理念，首创了工人日工资5美元的标准，造就了千千万万的有车阶级，亨利·福特也被尊称为"为世界装上轮子的人"。在1999年的世纪评选中，福特T型车被评为"世纪之车"，亨利·福特本人也获得了《财富》杂志"二十世纪企业家"的称号。如图8-2，福特汽车的标志是采用英文"Ford"字样，蓝底白字。由于亨利·福特喜欢小动物，所以标志设计者把"Ford"描绘成一只小白兔的图案。

图8-2　福特汽车标志

（1）发展简史

1903年，亨利·福特（Henry Ford）创建福特汽车公司，公司名称取自创始人亨利·福特（Henry Ford）的姓氏。

1908年10月，推出了T型车，在1908到1927年间生产了1500多万辆T型车，1927年公司停止了T型车的生产。

1913年10月，创立汽车装配流水线。在海兰园设立了第一条总装线，几乎使装配速度提高了8倍。最高生产记录，每隔10s就有一台T型车驶下生产线。

1914年1月，亨利·福特宣布公司8h工作制的最低日工资为5美元，是当时工资水平的两倍以上。

1922年2月，收购了林肯（Lincoln）品牌。

1932年3月，成为历史上第一家成功铸造出整体V8发动机缸体的公司。

1935年，开创了水星（Mercury）品牌，填补福特品牌和林肯品牌之间的市场空缺。

1948年1月，生产了第一部F系列皮卡，成为汽车史上最成功的车型之一。

1954年10月，推出Thunderbird车型，是美国历史上迄今为止最成功的小型运动车。

1979年1月，获得了马自达（Mazda）25%的股权。

1989年12月，收购捷豹汽车（Jaguar），投入重金振兴这一英国名贵轿车品牌，终于使捷豹的年产销量突破10万辆。

1994年2月，中国业务部成立。

1999年1月，购买沃尔沃全球轿车业务。

2000年6月，从宝马汽车集团正式购得路虎公司（LandRover）的所有权。

2001年4月，长安福特汽车有限公司成立，双方各拥有50%的股份。长安福特投产的首辆轿车福特嘉年华于2003年1月正式下线。

2017年2月，福特宣布以10亿美元投资人工智能创企Argo AI，并掌握控股权，成为当时底特律无人驾驶科技领域规模最大的投资。

（2）主要品牌与车型

鼎盛时期的福特汽车公司拥有世界著名的八大汽车品牌，分别是：福特（Ford）、林肯（Lincoln）、水星（Mercury）、马自达（Mazda）、阿斯顿·马丁（AstonMartin）、路虎（LandRover）、捷豹（Jaguar）和沃尔沃（Volvo）。此后，阿斯顿·马丁、路虎、捷豹和沃尔沃四个品牌已相继被福特出售。

福特（Ford）：一贯把提升顾客价值作为福特汽车追求的最高宗旨，为用户提供可靠而且价格适宜的汽车。福特品牌的代表性产品有：T型车（Model T）、A型车（Model A）、Thunderbird、Mustang、F系列、Taurus、Windstar、CrownVictoria、Maverick、Explorer、Transit、Fiesta和Focus。

林肯（Lincoln）：林肯是福特汽车公司拥有的第二个品牌，1907年由亨利·利兰（Henry Leland）先生创立，是第一个以美国总统的名字命名的汽车。其杰出的性能、高雅的造型和无与伦比的舒适性，一直是美国车舒适和豪华的象征。1922年福特汽车公司以800万美元收购了林肯品牌，并由此进入豪华车市场。林肯品牌的著名产品有：城市（Town-Car）、Navigator、Aviator和LS。

水星（Mercury）：水星是福特汽车公司唯一的自创品牌。20世纪30年代中期，福特汽车的管理层意识到在经济型的福特车和豪华的林肯车之间仍存在市场机会，于是在1935年开发出了水星品牌，进军中档车市场，1938年10月正式推出水星产品。水星一直是创新和富于个性的美国车的代表。水星品牌的著名产品有：Cougar、Sable、Villager、Mountainer、Mystique、GrandMarquis、Puma等。

马自达（Madza）：马自达成立于1920年，创立之初，称为东洋软木工业株式会社，生产轻便小型三轮货车。1963年从生产Familia轿车开始转型，曾经是日本产量最大的汽车公司。1984年，公司正式更名为马自达公司。福特拥有马自达33.4%的股份，是马自达最大的股东。马自达生产的轿车、跑车和商用车畅销日本和欧美地区，并以设计新颖、质量优异著称。马自达品牌的代表性车型有：Miata、323、626、Millenia、RX-8、Econovan、Premio、MX系列等。

8.1.3 克莱斯勒汽车公司

克莱斯勒汽车公司，是美国第三大汽车制造企业，总部设在密歇根州海兰德帕克。克莱斯勒公司以经营汽车业务为主，主要生产道奇、顺风、克莱斯勒和Jeep等品牌的汽车，此外还经营游艇、钢铁等业务。克莱斯勒汽车的标志如图8-3所示，体现了克莱斯勒家族和公司员

图8-3　克莱斯勒汽车标志

工们的远大理想和抱负，以及永无止境的追求和在竞争中获胜的奋斗精神。五角星的五个部分，表示五大洲都在使用克莱斯勒汽车公司的汽车，克莱斯勒汽车遍及全世界。

（1）发展简史

1918年，沃特·克莱斯勒（Walter Chrysler）受聘于开始走下坡路的马克斯威尔（Maxwell）公司，于1924年推出著名的克莱斯勒6号车型，大获成功，克莱斯勒借机将马克斯威尔公司重组，并于1925年更名为克莱斯勒汽车公司。1928年，克莱斯勒又买下道奇兄弟公司（Dodge）和顺风（Plymouth）公司，跃升为美国第三大汽车公司。1933年克莱斯勒汽车公司在美国市场的占有率达25.8%，一度超过了福特汽车公司。

1998年5月，德国戴姆勒-奔驰汽车公司和美国三大汽车公司之一的克莱斯勒公司签署合并协议。成为当时汽车制造业最大的一起合并。由此戴姆勒-克莱斯勒公司成为全美第二大汽车生产商、世界第五大汽车公司。

2007年5月，戴姆勒-克莱斯勒公司宣布，将子公司克莱斯勒集团（Chrysler Group）80.1%的股权出售给全球最大的私人投资公司之一，Cerberus资本管理公司。

2009年4月，美国总统奥巴马宣布，克莱斯勒将于美国时间4月30日正式破产，由美国政府和菲亚特接手。当时，克莱斯勒的负债已经超过100亿美元。

2009年6月，克莱斯勒集团和菲亚特集团宣布，双方最终完成了全球性战略联盟的缔结。

2021年1月16日，PSA集团与菲亚特克莱斯勒汽车公司合并，成为一家全新的集团Stellantis。

（2）主要品牌与车型

克莱斯勒目前拥有克莱斯勒、道奇、Jeep三大品牌，一直以制造具有创新意识、工艺杰出、设计新颖的汽车而闻名于世。

克莱斯勒：作为个性化的高档品牌，发展重心一直在美国本土，近九成的销售额都来自北美市场。主要车型有克莱斯勒200C、PT漫步者（PT Cruiser）、克莱斯勒300M、赛百灵（Sebring）、交叉火力（Crossfire）、克莱斯勒300C、君王（Concorde）、大捷龙（Grand Voager）等。

道奇：素以价廉和大众化称著，轿车型号主要包括Viper（蝰蛇）、Interpid（无畏）、Stealth（隐形）、Spirit（小精灵）、Shadow（影子）、Neon（霓虹）、Colt（小马）等；SUV主要包括Durango、Dakota、Ram Truck（公羊皮卡）、Ram SRT-10、Sprinter；MPV主要有Caravan、Grand Carava。

Jeep：在汽车领域率先定义了运动型多用途车（SUV）细分市场，成为当之无愧的SUV引领者，主要车型有大切诺基（GrandCherokee）、牧马人（Wrangler）、指南者（Compass）、自由客（Patriot）、大指挥官、自由光。

8.2

欧洲汽车企业

8.2.1　大众汽车公司

德国大众集团是德国最大的企业，2010年打败日本丰田、美国通用汽车公司成为世界

最大汽车公司。公司总部设在沃尔夫斯堡，有雇员35万人，企业口号：Das Auto（车之道，唯大众）。大众汽车公司的德文Volkswagen，意为大众使用的汽车。如图8-4，大众汽车的商标是Volkswagen单词中的两个字母V、W的叠合，镶嵌在一个大圆圈内，安装在发动机散热器格栅中间。图形商标形似三个"V"字，像是用中指和食指做出的"V"形，表示大众公司及其产品"必胜-必胜-必胜"。

（1）发展简史

图8-4　大众汽车标志

1932年德国政府通过减轻汽车消费税收以刺激汽车销售。1934年，费迪南德·保时捷设计出甲壳虫轿车。1937年3月，"Gesellschaft zur Vorbereitung des Deutschen Volkswagens mbH"（德语）公司宣告成立，随后于1938年9月16日更名为"Volkswagenwerk GmbH"（德语）。

第二次世界大战（简称"二战"）开始，工厂开始制造炸弹、飞机油箱、油罐、弹壳及其他车床传动配件。1941年在沃尔夫斯堡的工厂还建了一条生产Ju88飞机机翼的生产线。

二战结束后，大众汽车公司由英国军政府接管。甲壳虫（Volkswagen Beetle）投入大量生产。

1955年，第100万辆甲壳虫的下线。到1972年，大众汽车公司甲壳虫以15007034辆打破单一品牌汽车生产世界纪录。

1973年，大众帕萨特（Passat）投入生产，它采用四轮驱动和水冷四缸引擎，采用模块化设计，标准化的组件可同时应用于多款不同的车型，带来了显著的规模经济效应。

1974年，推出高尔夫（Golf）系列，到1976年10月累计生产100万辆，被公认为是甲壳虫的继承者。

1975年3月，大众推出波罗系列，经过不断改进，成功地迫使竞争者奥迪50于1978年退出市场。

1979年，推出捷达系列，在高尔夫的基础上改用斜背式车身，有双门和四门两种变型。

1983年6月，第二代Golf的生产正式拉开序幕，车型在设计上非常适合于高度自动化的装配流程，机器人首次应用于汽车制造。

1991年，通过收购西亚特和斯柯达，大众汽车公司形成了与多品牌战略相适应的结构。作为欧洲最大的汽车制造集团，其管理权下放到大众汽车、奥迪、西亚特、斯柯达和大众汽车商用车等各独立品牌的董事会手中。

自收购奥迪、布加迪、兰博基尼和宾利之后，大众的理念被贯穿到豪华车和超级跑车的生产中。通过参与瑞典斯堪尼亚AB公司的经营，大众汽车公司开始涉足重型卡车领域。

1999年推出3L路波TDI，这是世界上第一辆每百公里平均油耗只有3L的汽车。2000年，大众汽车公司又推出了路波FSI。

2016年12月，成立新品牌Moia进军移动出行。

2022年6月27日，大众汽车发布纯电动轿车概念车型ID.AERO。

（2）主要品牌与车型

大众集团的乘用车业务分为两个品牌群，奥迪和大众，各自独立管理其品牌群，并负责从中创造利润。各个品牌均有其自己的标识，自主经营，产品从超经济的小轿车、紧凑车型到豪华型应有尽有。

大众品牌群包括大众商用车、大众乘用车、斯柯达（Skoda）、宾利（Bentley）和布加迪（Bugatti）、保时捷（Porsche）、斯堪尼亚（Scania）、MAN共八个品牌。

奥迪品牌群包括奥迪（Audi）、西亚特（Seat）、兰博基尼（Lamborghini）、杜卡迪（Ducati）四个品牌。

8.2.2 奔驰汽车公司

奔驰汽车，一个几乎全世界无人不知的汽车品牌。从汽车诞生到今天，奔驰汽车的发展过程代表了人类汽车工业的发展史。现在，奔驰汽车已过百岁寿辰，然而它的名字和公司的口号"The best or nothing"一样，依然响亮。作为公司的创始人，戴姆勒于1909年为三叉星标志申请专利权，此标志来源于戴姆勒给他妻子的信，认为他画在家里的这颗星会为他带来好运，这颗三叉星还象征着奔驰汽车公司向海陆空三个方向发展，如图8-5。

图8-5　奔驰汽车标志

（1）发展简史

奔驰汽车公司并不是由本茨先生一人创办的，它是两大汽车巨人，戈特利布·戴姆勒和卡尔·本茨合作的成果。

戈特利布·戴姆勒（1834~1900），德国工程师和发明家，现代汽车工业的先驱者。1872年，戴姆勒设计出四冲程发动机。1883年，他与好友威廉·迈巴赫合作，成功研制出汽油发动机，并于1885年将此发动机安装于木制双轮车上，发明了摩托车。1886年，戴姆勒把这种发动机安装在他为妻子生日而购买的马车上，创造了第一辆戴姆勒汽车。1897年戴姆勒的公司生产出凤凰牌小客车。

卡尔·本茨（1844~1929），现代汽车工业的先驱者。1885年，卡尔·本茨发明了第一辆不用马拉的三轮车，并获得汽车制造专利权。1903年，以公司主要投资人埃米尔·耶利内克的女儿"梅赛德斯"命名的小客车投产。

1926年6月，两大汽车巨人戴姆勒公司和奔驰公司合并，成立了戴姆勒-奔驰公司（Daimler-Benz），从此他们生产的所有汽车都命名为"梅赛德斯-奔驰"。

1934年，戴姆勒-奔驰汽车公司制造了世界上第一辆防弹汽车770k。该车共生产了17辆，大部分毁于二战，现在仅存3辆。

1936年，戴姆勒-奔驰汽车公司在柏林汽车展上推出了世界上第一款使用柴油发动机的轿车206。

1938年，公司推出了根据空气动力学设计的梅赛德斯-奔驰320轿车，操控性、动力性大幅提高。

二战中，德国的工业遭到了毁灭性的打击，公司生产停滞。1949年，公司开始复苏，在汉诺威技术出口交易会上推出了战后第一款新车170s。1951年，公司在法兰克福国际汽车展上推出了拥有全新引擎（6缸，顶置凸轮轴）的220。

1954年，公司在带有传奇色彩的跑车300sl上率先使用了汽油喷射装置。

1961年，公司推出了第一款带有空气悬架的汽车300se。

1969年，公司在法兰克福汽车展上推出c111一代试验车，该车采用三转子的汪克尔发动机，拥有惊人的280马力。一年之后，又推出c111二代车，采用了带四个转子的汪克尔发动机，能够输出350马力的强大动力。

1972年，公司开发出全新的豪华车280se。随后，这款车被命名为"S-class"，也就是最早的S系列车。

1978年，在法兰克福国际汽车展上推出了搭载5L轻型铝合金发动机的汽车450slc。

1979年，公司凭借着全新开发的"G-class"进军越野车市场。

近年来，由于经济萧条，其他汽车公司连年亏损，甚至不得不走上了联合与兼并的道路，而奔驰汽车公司不仅盈利，而且盈利的稳定性也较高，从而避免了联合与兼并之路，保持了奔驰汽车作为汽车世界品牌的独立性。奔驰汽车已成为高质量、高档次、高地位的象征，是社会名流必备的道具，甚至许多国家都采用奔驰汽车作为外交用车。

（2）主要品牌与车型

奔驰汽车公司拥有十多个系列，百余种车型，年产量达到百万辆。轿车系列包括：A级、B级、C级、E级、S级。跑车系列包括：SLK双门跑车、CLK跑车、CLS轿跑车、CL大型豪华轿跑车、SL豪华跑车。SUV系列包括：R级大型豪华运动旅行车、ML多功能越野车、GLK中型豪华越野车、GL豪华越野车、G级越野车。MPV系列：Marco Polo WESTFALIA。轻型商用车系列：Vito、Vario、Sprinter、Travego、Tourismo、Tourino、Minibus、Viano。商用车系列：Econic、Axor、Atego、Actros、U300-U500、U3000-U5000。另外还设有一些独立运营的品牌，如Mercedes-AMG、Smart和迈巴赫等。

8.2.3　宝马汽车公司

BMW，全称为巴伐利亚机械制造厂（德文：Bayerische Motoren Werke AG），是一家世界知名的高档汽车和摩托车制造商，总部位于慕尼黑。BMW在中国常称为"宝马"。与菲亚特、福特、奔驰等汽车公司相比，宝马汽车公司是一家"年轻"的车厂，但是在20世

纪30年代却制造出世界上最好的跑车和豪华轿车。宝马汽车公司经历了二战的破坏和20世纪50年代的财政危机，20世纪70年代早期，再度成为世界高性能和豪华轿车市场上的主角，并一直延续至今。如图8-6，BMW标志的颜色和组合来自宝马汽车公司所在地巴伐利亚州的州徽。

（1）发展简史

宝马汽车公司最初是一个制造飞机引擎的公司，于1916年3月

图8-6　宝马汽车标志

注册。公司第一个成功的产品是由麦克斯·费兹设计的直列六缸发动机，在第一次世界大战时装配在德国战斗机上。

1918年11月，第一次世界大战结束，德国成为战败国，飞机被"凡尔赛条约"列为"战争武器"禁止生产，于是公司进行了一系列重组。

1922年，BMW研制出第一台摩托车发动机，为车厂定下了发展方向。由麦克斯·费兹设计的500mL风冷水平对置两气缸发动机，装配在R-32摩托车上，动力通过传动轴传递到后轮，为经典的宝马摩托车定下了样本。

1929年7月，推出首辆汽车315，宝马走进汽车生产领域。

二次大战期间，宝马汽车公司在慕尼黑的工厂遭到盟军的轰炸。1944年7月的一天，将近12000枚炸弹袭击了宝马汽车公司的工厂。

二战结束，1945~1947年期间，宝马汽车公司为一家美国公司做了三年飞机发动机研究与开发工作。1948年，BMW筹集了足够的资金，开始重建摩托车工厂。1952年10月，BMW再次投产汽车。

1955年宝马汽车公司从豪华的V8系列走向了另一个极端，为顾客提供一款最小的汽车，取名伊塞塔，被形象地称为"泡泡车"。

1959年，宝马汽车公司推出700系列，这是宝马家族中非常重要的一款汽车，尽管没有为公司带来巨大的财富，却使公司偿还了所有的债务。

1961年，在法兰克福汽车展上宝马汽车公司推出新型1500轿车，获得了巨大的成功，在二次大战结束17年后，这辆车终于救活了公司。

20世纪70年代早期，宝马汽车公司在慕尼黑建造办公大楼，大楼四气缸的外形标志着宝马汽车重新回到了德国汽车工业的主导地位。

1994年，宝马汽车公司收购了英国的罗孚（Rover）集团，获得罗孚、路虎、mini及MG四大品牌。

2000年，BMW将罗孚和MG两家工厂出售给英国凤凰集团，路虎不久也被出售给美国福特公司，但决定保留mini品牌，并开始研发新一代的mini车型。

2002年，BMW购买了"劳斯莱斯"汽车品牌。

2016年12月，大众成立新品牌Moia进军移动出行。

2023年2月20日，纯电动BMW i3 eDrive40L在宝马沈阳铁西工厂里达厂区下线。

（2）主要品牌与车型

BMW车系分为1、3、5、6、7、X、Z、M、Mini、劳斯莱斯，其中轿车系列：1系、3系、5系、7系。旅行车系列：1系3门、1系5门、3系TOURING、5系TOURING。两门两座跑车：Z4 COUPE。两门四座跑车：3系COUPE、6系。四座敞篷跑车：3系CABRIOLET、6系CABRIOLET。两座敞篷跑车：Z4。SUV系列：X1、X3、X5、X6、X6高效混合动力。高性能系列：M3、M3 COUPE、M3 CABRIOLET、M5、M6、Z4M、Z4M COUPE、X5M、X6M、M8。

8.2.4 菲亚特汽车公司

菲亚特汽车公司（Fabbrica Itliana Automobi li Torino）始建于1899年7月意大利都灵市，创始人是乔瓦尼·阿涅利，是世界十大汽车公司之一。菲亚特标志采用了厂名中四个单词的第一个字母"F.I.A.T."。1918年取消字母中所加的标点，即写成Fiat或FIAT，菲亚特的圆形FIAT商标，如图8-7。

（1）发展简史

1899年7月，九名意大利的企业家和皮埃蒙特贵族以8万里拉的社会资本创建了"意大利都灵无名氏汽车制造厂"，简称菲亚特汽车制造厂。同年，菲亚特的第一辆汽车4hp（马力）问世，这种外形近似马车的轿车在第一年仅生产了八辆。

图8-7　菲亚特汽车标志

1906年，开始采用"F.I.A.T"为商标。"FIAT"在英语中具有"法令""许可"的含义，因此在客户心目中，菲亚特轿车具有较高的合法性与可靠性，深得用户的信赖。

1907年，生产的130hp（马力）轿车最高速度达160km/h，这在当时是一个了不起的成就。与此同时，菲亚特开始生产公共汽车、轮船和飞机发动机，产品远销美国和澳大利亚。

1914年，第一次世界大战的爆发迫使菲亚特转产为战争服务，生产飞机、机关枪、航空发动机等军工产品。

1919年，战争刚结束，菲亚特就推出了501、502、510等紧凑型轿车和菲亚特的第一辆拖拉机702。

1923年，采用生产流水线的菲亚特林格多工厂竣工落成，成为欧洲最大的汽车生产厂，是当时意大利的工业象征。

在20世纪20年代经济复兴中，菲亚特开发出了一系列豪华轿车和超级跑车，扩大了生产规模和产品种类。菲亚特为意大利军队设计生产了Fiat3000轻型坦克，是第一辆意大利国产坦克，一直服役到第二次世界大战。

在20世纪30年代，菲亚特生产了518、527豪华轿车和508、500型紧凑型轿车，500型轿车是菲亚特首批面向普通老百姓的家庭轿车，小巧、便宜、性能良好，广受大众的欢迎。

1939年爆发了第二次世界大战，菲亚特再一次全面转产，为战争服务。战争使意大利的经济受到了沉重打击，菲亚特的生产设施受到严重破坏。

战后20世纪50年代，意大利的经济飞速发展，菲亚特成为最大的受益者，从汽车制造、农机产品到航空产业都得到迅速发展。1955年，Fiat600微型轿车问世，在15年里，累计生产400万辆。

20世纪60年代，菲亚特的Fiat124是欧洲最出色的家庭汽车之一。Fiat124在意大利共生产了400万辆。苏联引进了Fiat124的生产线，生产拉达牌轿车，一直持续到20世纪90年代中期。

1969年，菲亚特兼并了蓝旗亚汽车厂，购买法拉利车厂90%的股份，把跑车业世界第一品牌法拉利归到自己旗下。1984年收购了阿尔法·罗密欧，1993年收购了玛莎拉蒂，成为一个经营多种品牌的汽车公司。

1980年，菲亚特生产了由乔治亚罗设计的熊猫牌微型轿车，创立了小型多功能车的概念。

进入20世纪90年代，全球汽车工业竞争变得更加激烈，菲亚特集团积极应对，一方面，对技术创新进行大量投资，另一方面采取全球化的商业策略，加强与潜在汽车市场的合作，共同开发。

（2）主要品牌与车型

菲亚特（FIAT）：经济实惠，安全可靠。主要车型有：城市轿车菲亚特500、熊猫（Panda），小型轿车鹏托（Punto EVO）、领雅（Linea），中型轿车博悦（Bravo），中高档轿车Coroma，多功能型MPV Qubo，厢式车优力赛（Ulysse）。

蓝旗亚（LANCIA）：是菲亚特集团主攻高档车型的品牌，在欧洲获得了很好的声誉，是意大利的官方用车，主要车型有蓝旗亚Y、Musa、Delta等。

阿尔法·罗密欧（Alfa Romeo）：秉承了意大利传统的运动车风格，是运动、激情的象征。主要车型有：小型轿车Mito，中型轿车Giulietta，中高档轿车159/159 Sport Wagon，轿跑车Brera、8C、GT，敞篷车Spider、8C Spider。

法拉利（Ferrari）：90%的股份由菲亚特集团持有，但由于其高度专业化的生产，法拉利始终保持着完全独立的经营。

玛莎拉蒂（Maserati）：创建于1926年，是专门生产运动车的公司，在欧洲具有很高的知名度。主要车型有豪华轿车Quattroporte、敞篷车GranCabrio、豪华跑车GranTurismo。

8.2.5 雷诺汽车公司

保守的英国人发明了蒸汽机，从此，人们开始习惯了轮子上的生活；严谨的德国人发明了汽车，从此，人类的足迹可以踏上了世界上更多的角落；浪漫的法国人给汽车生活注入了更多的浪漫色彩，从此，汽车与浪漫有了一份不解之缘，雷诺汽车作为法国汽车的杰出代表，演绎了百余年的历史。雷诺公司以创始人路易斯·雷诺（Louis Renault）的姓氏命名，

雷诺汽车
公司（微课）

图形商标是四个菱形拼成的图案，象征雷诺三兄弟与汽车工业融为一体，表示雷诺能在无限的四维空间中竞争、生存、发展，如图8-8。

图8-8　雷诺标志

（1）发展简史

1899年，路易和他的两个兄弟马塞尔和费尔南德一起成立了"雷诺兄弟公司"。路易·雷诺在创业的过程中充分发挥了他在机械方面的天赋，发明了直接传动系统和涡轮增压器。

路易和马塞尔还是一对赛车迷，当时他们几乎赢得了所有"城市到城市"的拉力赛，通过参与汽车比赛，雷诺赢得了第一批客户，促进了公司发展。然而1903年，悲剧发生了，31岁的马塞尔在巴黎-马德里的比赛中不幸因车祸丧生。这对路易是个沉重的打击，路易因此而放弃了赛车，并全身心地开拓雷诺汽车海外市场，最终建立了雷诺在全世界的销售网络。

第一次世界大战爆发期间，雷诺除了生产汽车外，还为军队生产枪支弹药、坦克和飞机，发了一笔战争财。停战后的1919年，雷诺公司已成为法国最主要的私人公司，汽车产品系列齐全，柴油机技术处于世界领先地位。

二战爆发后法国被德国人占领，工厂为德军提供武器和飞机发动机。

二战结束后，雷诺重建工厂，恢复生产，路易·雷诺则被关进监狱。1945年，戴高乐将军颁布法令，没收了路易·雷诺的所有资产，并将企业收归国有，雷诺进入了一个新的发展时期。

1955年，雷诺出口量占总产量的25%。1975年，雷诺年销量增至150万辆，其中55%用于出口。雷诺不仅以30%的市场占有率成为法国第一大企业，而且是法国十大出口商之一，企业资产增加了5倍。

20世纪80年代初，雷诺经历了快速发展时期，产量超过200万辆。然而高速发展导致债台高筑，亏损严重。1984年，年产量猛跌到30万辆，企业岌岌可危。从1985年起，雷诺公司进行了一系列企业改革，推行了全面质量管理，推出了多用途单厢车Espace，也就是MPV车的鼻祖。企业改革及适销对路的产品，使雷诺公司再次起死回生。从1987年起重新盈利，此后十余年间，公司一直盈利，成为世界汽车业中效益最好的公司之一。

1999年3月，雷诺与日产签订联盟，进一步推进了雷诺的发展战略。新联盟年产量达480万辆，并控股达契亚和三星汽车公司。

2010年4月，奔驰公司与雷诺-日产宣布建立战略联盟。

（2）主要品牌与车型

雷诺的产品线涉及小型车、中型车、旅行车，还生产卡车、工程用车、客车等大型车辆。乘用车品牌主要有：Senic（风景）、Laguna（拉古娜）、Vel Satis（威赛帝）、Avantime（古贝）、Megane（梅甘娜）、梅甘娜CC、科雷傲等。

8.2.6　标致-雪铁龙汽车公司

标致-雪铁龙集团，又称为PSA集团，是一家法国私营汽车制造公司，旗下拥有标致、雪铁龙、DS、欧宝、沃克斯豪尔五大汽车品牌。此外，PSA集团的业务还涉及金融和汽车零部件行业。在欧洲，标致-雪铁龙集团是仅次于德国大众汽车的欧洲第二大汽车制造商，商标如图8-9。

图8-9　标致-雪铁龙集团标志

（1）发展简史

标致-雪铁龙集团的起源可追溯到1896年，阿尔芒·标致（Armand Peugeot）创建了标致汽车公司。创始之初以生产自行车和三轮车为主，1891年开始涉足汽车领域并取得成功。由于不断采用新技术，公司的产量与日俱增。到第一次世界大战前，产量已超过法国所有的汽车生产厂家，达到12000辆。第一次世界大战中，阿尔芒·标致及时调整经营战略，使标致公司在战争中发展起来，1939年，年产汽车达到4.8万辆。标致公司的第二次大发展时期是二战后的20世纪50、60年代，汽车产量在20年间猛增十几倍，一跃成为法国第二大汽车公司。

1976年标致公司吞并了由安德烈雪铁龙创立于1915年的法国雪铁龙公司，成立PSA集团，从而成为一家以生产汽车为主，兼营机械加工、运输、金融和服务业的跨国工业集团。PSA集团的总部设在法国巴黎，汽车厂多设在弗南修·昆蒂省，雇员总数为11万人左右，年产汽车220万辆。

虽然标致汽车公司和雪铁龙汽车公司同属PSA集团，但两家公司具有很大的经营独立权，分别采用自己的商业政策，在各自的销售网络上推销自己品牌的汽车。1997年之后，PSA集团成为欧洲获利最高的汽车制造商。1998~2002年，销售额增长了62%，达到544亿欧元，共计卖出327万辆汽车，增幅高达55%，业务遍及世界150个国家。PSA集团同时也是欧洲第一大轻型商用车生产厂商。

标致和雪铁龙两个品牌在技术设备、行政管理和财务管理方面是统一的，在车型风格和产品种类方面双方是各自独立的。标致和雪铁龙两个品牌为满足不同消费者的需要不断推陈出新，生产风格迥异、美观、富有竞争力的车型。

（2）主要品牌与车型

如今，PSA旗下拥有五大汽车品牌，包括标致、雪铁龙、DS、欧宝、沃克斯豪尔。标致车型的命名采用"x0y"格式，"x"表明汽车的级别，"y"表明型号，产品系列包括：1系、2系、3系、4系、5系、6系、8系、9系。雪铁龙产品系列包括：C1、C2、C3、C4、C5、C6、C8、C-Crosser、C3 Picasso、C4 Picasso。

8.3
亚洲汽车企业

8.3.1　丰田汽车公司

丰田汽车公司（Toyota Motor Corporation），创始人为丰田喜一郎，总部设在日本爱知县丰田市，隶属于日本三井产业财团。丰田是世界十大汽车工业公司之一，日本最大的汽车公司。丰田通过引进欧美技术，结合日本民族的特点，创造了著名的丰田生产管理模式，大大提高了工厂生产效率。2008~2009年，丰田取代通用汽车公司而成为全世界排行第一位的汽车生产厂商。如图8-10，丰田公司的三个椭圆的标志是从1990年初开始使用的。标志中的大椭圆代表地球，中间由两个椭圆垂直组合成一个"T"字，代表丰田公司。它象征丰田公司立足于未来，对未来的信心和雄心，还象征着丰田公司立足于顾客，用户的心和汽车厂家的心是连在一起的，同时喻示着丰田的高超技术和革新潜力。

图8-10　丰田汽车标志

（1）发展简史

1930年，丰田喜一郎开始研究开发小型汽油发动机。

1935年，丰田AI型汽车试制成功。

1937年，成立了"丰田汽车工业株式会社"，初始资金1200万日元，员工300多人。

1947年，成功试制第一辆小型轿车。

1950年，成立丰田汽车销售公司。

1950年，朝鲜战争爆发，美军46亿美元的巨额订单使丰田迅速发展起来。

1957年，首次向美国出口丰田轿车，设立美国丰田汽车销售公司。

1966年，COROLLA花冠车问世，开始与日野汽车工业公司进行业务合作。

1967年，开始与大发工业公司进行业务合作。

1974年，丰田与日野、大发等16家公司组成了丰田集团。

1982年，丰田汽车工业公司与丰田汽车销售公司合并为丰田汽车公司。

1984年，与美国通用的合资公司NUMMI在美国建厂投产。

1988年，位于美国肯塔基州的独资生产厂TMMK建成投产。

1990年，COROLLA花冠车累计产量达到1500万辆。

1997年，PRIUS普锐斯混合动力汽车投产上市。

1999年，在纽约和伦敦证券市场分别上市；日本国内累计汽车产量达到1亿辆。

2000年，中国四川丰田汽车有限公司建成投产，生产考斯特。

2004年，中国广州丰田汽车有限公司成立。

（2）主要品牌与车型

雅力士（Yaris）：是一款两厢紧凑型轿车，是丰田为顺应小型化汽车发展潮流而开发的成功作品之一。

威驰（VIOS）：是丰田专门为亚洲市场设计开发的家庭入门级车型，以NBC平台为基础，加长轴距后，几乎达到了紧凑型轿车的水平，车身造型源自丰田的新世纪设计主题"活力清爽"。

花冠（COROLLA）：是丰田汽车旗下的老牌产品，于1966年在日本下线，寓意"花中之冠"，到现在已经是第13代车型，全球累计销量超过3600万辆，成为单一品牌累计销量冠军。

锐志（REIZ）：对驾乘感受极为重视的一款中高档车型。

皇冠（CROWN）：1955年1月1日在日本下线，基本上保持着4~5年换一代的步伐。皇冠的主要目标人群是商务人士，非常注重后排舒适性。

RAV4：紧凑型多功能越野车，其名称含意为"四轮驱动的休闲运动车"。

陆地巡洋舰（LAND CRUISER）：自1951年诞生以来，在全世界140个国家和地区销售，凭借其优异的越野性、耐久性以及可靠性，创造了无数个荣耀与传奇，赢得了世界各国消费者的高度好评。

普拉多（PRADO）：源于丰田LAND CRUISER车系，1996年，丰田正式将LAND CRUISER FJ90命名为PRADO，成为全球高端中型SUV市场的领军车型。

汉兰达（Highlander）：在丰田SUV家族中，归属于中等尺寸的车型，但空间上并不输给全尺寸的豪华车型。

普锐斯（PRIUS）：世界首款量产混合动力车。

普瑞维亚（PREVIA）：MPV多用途汽车。

柯斯达（COASTER）：诞生于20世纪60年代，属于商务车。将更多享受和效率融入小型客车的操纵中，成为应对交通和环境问题的颇具吸引力的解决方案。

雷克萨斯（Lexus）：1983年首次推出，仅用十几年的时间，在美国的销量超过奔驰、宝马，成为全美豪华车销量最大的品牌。主要车系有IS、ES、GS、LS、LS600HL、HS、LF-A、LF-CH、LF-Xh、SC、RX、LX、GX。雷克萨斯的标志如图8-11。

图8-11　雷克萨斯汽车标志

8.3.2　日产汽车公司

1914年，田建治郎创建"快进社"，1933年12月改称日产汽车公司。"NISSAN"是日语"日产"两个字的罗马音形式，其含义是"以人和汽车的明天为目标"。如图8-12，日产的标志是将NISSAN放在一个火红的太阳上，简明扼要地表明了公司名称，突出了所在国家的形象，在汽车商标文化中独树一帜。

（1）发展简史

1933年12月，日产汽车公司成立。著名的"达特桑DATSUN"牌轿车是日产汽车公司的起步产品。二战之前，日产汽车处于初步发展阶段，无论是生产规模还是产品品种，发展都非常缓慢。1947年以后，日产一方面从国外引进吸收大量的汽车

图8-12　日产汽车标志

技术，开发自己的产品，一方面将自己生产的产品不断输往海外市场，并不断在海外设厂实现本地化生产，逐步走上快速发展轨道。这一时期，日产汽车不仅成为日本仅次于丰田的第二大汽车制造商，而且也成为全球十大汽车制造商之一。

经过40余年的快速发展，日产汽车迈进了充满艰辛的20世纪90年代。由于市场放缓以及自身产品方面的原因，日产汽车连续7年亏损，亏损额在50亿美元以上。1999年，法国雷诺汽车公司购得日产汽车36.8%的股份，组建雷诺-日产汽车联盟。

雷诺-日产联盟组建后，在雷诺汽车副总裁卡洛斯·戈恩的领导下，日产汽车仅用两年时间就扭亏为盈，完成了日产"复兴计划"，并在2000财政年度，实现了奇迹般的27亿美元的运营利润。

2010年4月7日，法国雷诺、日本日产和德国奔驰这3家汽车巨头在布鲁塞尔签署协议结成同盟。合作协议显示，奔驰将获得雷诺3.1%的股份和日产3.1%的股份，雷诺将获得奔驰3.1%的股份，之后，雷诺会将所持1.55%的股份交换日产2%的股份。因此，雷诺和日产最终将分别获得奔驰1.55%的股份。合并后形成的奔驰-雷诺-日产联盟有望节约数十亿欧元的成本，车型平台的共同开发、动力系统的共享，都将实现成本的下降。

（2）主要品牌与车型

日产主要车型有370Z、途乐、碧莲、GT-R、贵士、风雅、风度、奇骏、美伦奴、骊威、骐达、天籁、轩逸、骏逸、阳光、逍客、玛驰、蓝鸟、NV200、帕拉丁等。

豪华车品牌英菲尼迪（Infiniti），于1989年11月8日在北美面世，以独特前卫的设计、

出色的操控表现和顶级的客户服务著称。如今英菲尼迪拥有双门跑车、轿车、越野车和SUV等全系列车型。英菲尼迪的标志如图8-13。

图8-13　英菲尼迪汽车标志

8.3.3　本田汽车公司

本田株式会社，1948年创立，创始人是本田宗一郎，是世界上最大的摩托车生产厂家，汽车产量和规模名列世界十大汽车厂家之列。本田公司总部在东京，雇员总数达18万人左右。本田公司在20世纪80年代成立了商标设计研究组，从来自世界各地的2500多件设计图稿中，确定了现在的三弦音箱式商标，也就是带框的"H"，图案中的"H"是日文拼音"HONDA"的第一个字

图8-14　本田汽车标志

母。这个标志体现出技术创新、职工完善和经营坚实的特点，同时还有紧张感和可以放松一下的轻松感，如图8-14。

（1）发展简史

本田汽车公司全称为"本田科研工业股份有限公司"，其前身是本田技术研究所，建于1948年9月，主要生产纺织机械。当时，战争刚刚结束，各种物资十分匮乏，许多家庭不得不到黑市甚至农村购买高价粮食。由于交通不够发达，频繁流动的人口使汽车、火车等各种交通工具均超员运行，而日本崎岖不平的山路又使骑自行车收粮十分费力。本田宗一郎看到这一情况后，马上想到了陆军在战争期间留下的许多无线电通信机。于是，他以低价购到一批通信机，拆下上面的小汽油机，并用水壶做油箱，安装到自行车上，做成一种新型的"机器脚踏车"。由于产品适销对路，立即就成了抢手货。1949年，寄托着公司缔造者本田宗一郎梦想的第一代摩托车研制成功，被命名为"梦想D型"。

从创业之初，本田一直本着"让世界各地顾客满意"的理念不断开拓自己的事业，不仅建立了广阔的销售服务网络，还建立了在当地生产和研发新产品的一整套体制。现在，本田公司已是一个跨国汽车、摩托车生产销售集团。它的产品除汽车、摩托车外，还有发电机、农机等动力机械产品。本田公司的经营方法十分灵活，很早就在美国和欧洲设立分公司。1991年在美国市场上的销量超过克莱斯勒汽车公司名列第三。本田的雅阁和思域多次被用户评为质量最佳和最受欢迎的汽车。在技术开发和研究上，本田投入巨大，科技成果颇丰。本田的电子导航仪是世界上最先应用在汽车上的导航装置，可以在荧光屏上显示地图以及行车路线，还可确定汽车的位置。四轮防侧滑电子控制器、车身高度自动控制装置和转子发动机都是本田汽车高技术的领先成果。本田汽车也是日本第一个达到美国汽车生产标准的汽车公司。

本田公司的摩托车产品种类繁多，运动车、赛车和普通车在世界摩托车市场占有绝对优势，总产量达1000万辆左右。约占全球市场的三分之一。本田车队也是赛场上实力强劲的运动队。无论在汽车赛场还是摩托车赛场，本田车队每年都要拿几个世界冠军。本田公司主要汽车产品有雅阁、思域、时韵、城市以及本田NSX、S2000等。摩托车产品拥有50~1800cc各种排量、各个级别的产品。本田动力机械产品有发电机、发动机、耕耘机、舷外机、草坪机、除雪机等等。

在全球环境问题日益突出的今天，本田在产品研发、生产和销售等各项企业活动中努力

把解决大气污染、降低CO_2排放量、有效利用资源和能源等作为课题，为减少对地球环境的影响做出了积极贡献。

（2）主要品牌与车型

里程（Legend）：本田在1968年隆重推出第一代里程，作为本田轿车的旗帜，里程在多方面均体现出豪华车的品质，内饰自然大方，材质华贵而雅致，营造出和谐宜人的车厢氛围。

思域（Civic）：第一款Civic是在1972年推出的，是一款小型的、价格低廉的，后仓背式轿车。

奥德赛（Odessey）：从第三代开始，奥德赛脱离传统MPV成熟稳重的特点，开始向运动风格转变。

气浪（Airwave）：以Fit的底盘为基础，重新开发的旅行车款，整体造型承袭Odyssey的低、宽、扁，车头水箱护罩采用与Stream类似的大型双展翼设计，车尾呈现出全新的视觉感受。

时韵（Stream）：是一部新概念七人RV房车，注重精致的车厢布局设计、灵活操控的行车表现和潇洒流畅的车身线条。

FCX：自1999年首次发布FCX-V1燃料电池试验车后，先后经过了五次换代，2002年FCX获得美国环境保护厅（EPA）"零污染车辆"认定。2002年12月，本田同时向日本政府和美国洛杉矶市政府交付了首批FCX，成为世界上第一家实现商品化销售的燃料电池车生产厂家。

图8-15　讴歌汽车标志

讴歌（ACURA）：是本田汽车公司的豪华车品牌，有独立的标志，如图8-15。讴歌诞生于1986年3月，主要包括三个车系，RL、TL和MDX，其中讴歌RL和TL属于轿车范畴，MDX属于SUV。

8.3.4　现代汽车公司

1967年郑周永创建现代汽车公司，经50多年的发展，已成为韩国最大的汽车生产厂家，并进入世界著名汽车公司行列。如图8-16，现代标志是在椭圆中采用斜体字母"H"，椭圆表示地球，意味着现代汽车以全世界作为舞台，实行企业的全球化经营管理。斜体字母"H"是现代汽车公司英文"HYUNDAI"的首字母，同时又是两个人握手的形象化艺术表现，代表现代汽车公司与客户之间互相信任与支持。

（1）发展简史

借助战后建设浪潮的推动，现代建筑公司在1967年12月建立了现代汽车公司，开始介入运输及机械工业领域。年轻的现代公司最早选择福特的英国分公司作为合作伙伴，福特向现代提供生产轿车及轻型卡车所必需的技术。这个令双方收获颇丰的合作使得韩国和英国的汽车工业之间保持了长久的密切关系。20世纪70年代早期，现代公司的管理层做出了一个至关重要的决定，不再仅仅依赖外国车型的授权许可，要同步开发现代自主知识产权的车型。通过引进专业汽车设计公司的车型以及使用从日本和英国学习到的生产技术，现代汽车的第一个自主车型Pony

图8-16　现代汽车标志

终于投产。这款微型汽车在国内市场获得了巨大成功，并确立了现代汽车国内市场排名第一的地位。20世纪70年代后期，现代汽车开始试验性地进军海外市场，获得了非常宝贵的经验。

20世纪80年代初期，韩国进入了工业化阶段，并且因为汽车工业的发展而进步神速，轿车迅速成为人们日常生活的必需品。现代汽车公司对蔚山工厂进行大规模扩建，实现了从小批量到大批量生产的重要转变。20世纪80年代中期，现代在加拿大建立了稳固的先遣阵地，开始准备向最具挑战性的美国市场进军。

至1990年为止，公司对美国的累计出口量已超过100万辆，标志着现代汽车终于在美国的竞争版图上有了一席之地。

1991年，现代公司发布了首台独立设计的动力总成，Alpha型发动机。两年之后，公司又发布了Beta型发动机。1992年1月，现代汽车以其概念车型HCD-I向世界首次描述了现代对未来的展望。

（2）主要品牌与车型

现代主要车型有i30、ix35、SONATA、途胜、Verna瑞纳、雅绅特、伊兰特、劳恩斯、维拉克斯、辉翼、新胜达、雅科仕、雅尊等等。

8.3.5　一汽汽车集团

中国第一汽车集团公司简称"中国一汽"或"一汽"，总部位于吉林省长春市，前身是第一汽车制造厂，毛泽东主席题写厂名，1953年7月15日破土动工，1956年建成并投产，制造出新中国第一辆解放牌卡车。一汽的建成，开创了中国汽车工业新的历史。经过几十年的发展，一汽已经成为国内最大的汽车企业集团之一。如图8-17所示，公司标志以"一汽"为核心元素，经组合、演变，构成"雄鹰"视觉景象，寓意一汽搏击长空、展翅翱翔。

图8-17　一汽汽车标志

（1）发展简史

一汽是中国第一家大规模汽车制造厂，于1953年7月15日破土动工兴建，1956年7月生产出第一辆国产解放牌汽车，从此结束了中国不能自行生产汽车的历史。

1956年中国第一辆解放牌汽车下线，该车型总共生产了30年。

1958年，制造出新中国第一辆东风牌小轿车。

1959年，一汽开始了红旗小轿车的生产，并形成小批量的规模。

1986年，新车CA141开始试生产，达到了20世纪80年代国际先进水平。

1987年，完成1t、2t轻型汽车的设计实验，并引进了克莱斯勒公司的1.8~2.5L排量的货车、轿车发动机生产线和日产凯普斯塔面包车车身，奠定了轻型汽车生产的基础。

1987年，国家批准一汽为全国三大轿车生产基地之一。

1990年4月，正式生产奥迪100型轿车。

1991年11月，一汽和德国大众合资项目正式签约，实现了它发展轿车的总体布局。

1994年，大众轿车正式投产，当年汽车产量6万辆，1995年达到15万辆生产能力，国产化率90%，并返销10万台发动机给大众公司。

2017年12月，公司改名为中国第一汽车集团有限公司。

（2）主要品牌与车型

经过多年的发展，一汽自主研发与企业核心竞争能力不断提升，形成了卡车、轿车、微型车、客车等多品种、宽系列的产品格局。拥有解放、红旗、奔腾、夏利、威志等自主品牌和大众、奥迪、丰田、马自达等合资合作品牌。

8.3.6 东风汽车集团

东风汽车集团的前身是1969年始建于湖北十堰的"第二汽车制造厂"，经过五十多年的建设，已陆续建成了十堰（主要以中、重型商用车、零部件、汽车装备事业为主）、襄樊（以轻型商用车、乘用车为主）、武汉（以乘用车为主）、广州（以乘用车为主）四大基地，除此之外，还在上海、广西柳州、江苏盐城、四川南充、河南郑州、新疆乌鲁木齐、辽宁朝阳、浙江杭州、云南昆明等地设有分支企业。东风汽车集团业务范围涵盖全系列商用车、乘用车、汽车零部件和汽车装备，与一汽和上汽一起被视为中国综合实力最强的三大汽车企业集团。如图8-18，东风汽车的标志是一对旋转的春燕，用夸张的手法表现出"双燕舞东风"的意境，使人自然联想到东风送暖，春光明媚，生机盎然，以示企业欣欣向荣，看上去像两个"人"字，蕴涵着企业

图8-18　东风汽车标志

以人为本的管理思想；戏闹翻飞的春燕，象征着东风汽车的车轮飞转，奔驰在神州大地，奔向全球。

（1）发展简史

1980年10月，二汽成立了铸造三厂筹备组，经过对多个地址的考察和比较，最终决定选址在襄樊，并作为二汽走出十堰、满足未来发展需要的第二基地。1983年9月，二汽襄樊基地破土动工。

1992年，东风汽车公司把目光瞄向广东，瞄向经济增速最快的珠江三角洲，为此，在广东成立了南方事业部，负责惠州、广州、深圳、海南等地企业的建设，相继发展了特种车、专用车、汽车零部件等项目，并成功引入东风本田发动机项目，在深圳启动了2L级轿车项目。

2000年3月，作为东风2L级轿车经营平台的风神汽车有限公司在深圳成立，公司成立一个月后，第一辆风神轿车在襄樊工厂下线；5月，东风与台湾裕隆公司签署协议，裕隆加盟风神；8月，首批专营店建成并实现销售；到年底公司共销售2560辆，收入4.58亿，赢利5000万元。

2002年，风神全行业利润第六，占东风汽车当年利润近一半；风神成立三年后，资产从1.3亿元飙升到70亿元，累计实现利润40亿元，产销风神蓝鸟汽车10万多辆，业界称之为"风神奇迹"。

2003年6月，东风和日产成功联姻，东风拿出了主业的70%，日产拿出同等价值的83.5亿元现金，建立了国内规模最大的合资公司，东风汽车有限公司。

2007年1月18日，东风日产乘用车公司第50万辆轿车下线。

（2）主要品牌与车型

目前，东风乘用车主要在售车型有：东风风神系列以及东风猛士越野车、东风帅客城市多功能商用车、东风帅客电动车、东风微型轿车、东风日产系列、东风雪铁龙系列、东风标致系列、东风本田系列、东风悦达起亚系列等。

8.3.7　上海汽车集团

上海汽车集团股份有限公司，简称上海汽车，前身是上海汽车股份有限公司，于1997年11月在上海证券交易所挂牌上市，是目前国内领先的乘用车制造商、最大的微型车制造商和销量最大的汽车制造商。如图8-19所示，上海

图8-19　上汽集团标志

汽车公司的标志是由集团英文名（Shanghai Automotive Industry Corporation）的首字母组成。

（1）发展简史

1955年11月，上海市内燃机配件制造公司成立。

1957年，上海客车厂试制成功第一辆公共汽车。

1958年9月，第一辆凤凰牌轿车在上海汽车装配厂试制成功，实现上海汽车工业轿车制造零的突破。

1964年，凤凰牌轿车改名为上海牌轿车，至1975年达到5000辆/年的生产能力。

1978年6月，国务院批准在上海引进一条轿车装配线。

1985年3月，上海大众汽车有限公司成立。

1997年6月，投入15.2亿美元，中美最大的合资项目，上海通用汽车有限公司正式成立。

1988年9月，中外合资上海纳铁福传动轴有限公司成立，上汽对外合作开始进入零部件领域。

1995年12月，与德国博世公司合资的联合汽车电子有限公司成立。

2000年10月，中国第一家汽车销售合资企业，中德合资上汽大众销售总公司成立。

2002年6月，中国第一家汽车服务贸易合资企业，安吉天地汽车物流有限公司开业。

2002年11月，上汽、通用中国和五菱三方合资成立上汽通用五菱汽车股份有限公司，开创整车中外合作的新模式。上汽通用五菱成为中国最大的微型车生产基地。

2002年12月，中国第一家汽车租赁合资企业，安吉汽车租赁有限公司开业。

2004年8月，中国第一家汽车金融合资企业，上汽通用汽车金融有限责任公司开业。

2006年10月，荣威品牌及其首款产品荣威750亮相。

2007年12月，上汽和南汽全面合作，成为中国汽车工业战略重组里程碑。

2012年11月，荣威E50新能源车上市。

2015年3月，上海汽车集团股份有限公司与阿里巴巴集团合作，联合开发互联网汽车。

（2）主要品牌与车型

上海汽车集团的主要汽车品牌包括上海大众、上海通用、上海申沃、上汽通用五菱、上汽依维柯红岩、韩国双龙汽车等。

中国汽车故事
全球汽车产销量第一——中国人的汽车梦

根据国际汽车制造商组织OICA的2020年统计数据，2020年全球总计生产汽车7762.16

万辆，其中中国生产2522.52万辆，排名全球第一，这是中国从2009年开始，连续12年汽车产销量全球第一。

1958年5月，中华人民共和国第一辆自己制造的轿车——"东风"牌在一汽诞生，由于技术不成熟，最终没能实现批量生产。1958年8月，一汽试制成功红旗牌高级轿车，在随后的十周年国庆阅兵中精彩亮相，成为中央领导的接待用车。

1978年，中央决定改革开放，上海成为先行先试引进技术的试点，引进国外先进汽车企业的资金和技术，成立一家中外合资的汽车厂。1985年，中德合资成立上海大众汽车有限公司。经过工厂建设和设备安装，上海大众生产出第一款轿车——桑塔纳。桑塔纳上市后销售火爆，开始定价8万元后来一直卖到18万元，由此可见桑塔纳在当时的受欢迎程度。

20世纪90年代初，中国轿车产业以"引进合资"为主的模式开始发展，带动了一批汽车零部件生产企业来华建厂生产，这为后来的整车生产打好了基础。随着技术的不断成熟，汽车的质量也随之提高，汽车的售价也开始接近老百姓的购买能力，轿车开始进入寻常百姓家。与此同时，我国自主品牌乘用车开始起步，吉利、奇瑞、长城、比亚迪等企业进入乘用车领域，在合资品牌一统天下的格局中艰难创业，寻求发展的机会。

2000年10月，十五届四中全会审议通过《中共中央关于制定国民经济和社会发展第十个五年计划的建议》，要大力发展汽车产业，鼓励轿车进入家庭。中国加入WTO后，中国汽车产业迎来了新的机遇，市场规模不断扩大，生产规模也达到了新的高度。2001年世界排名第七位，2002年排名第四位，2003年升至第三位。2009年，中国汽车全年产销量首次超过美国，跃居世界第一。

经过多年的建设，中国完成了从自行车到汽车的伟大跨越，中国人民用事实证明了我们民族的勤劳与伟大。

思维导图

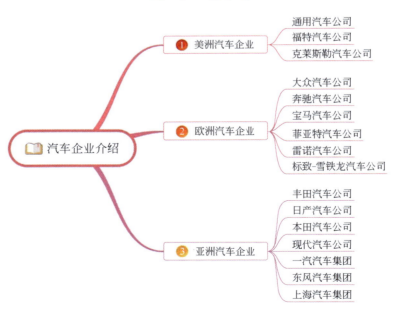

💡 **复习思考题**

1. 判断题

（1）通用汽车公司的前身是1907年由戴维·别克创办的别克汽车公司。（   ）

（2）克莱斯勒拥有克莱斯勒、道奇、吉普、路虎四大品牌。（   ）

（3）戴姆勒-奔驰汽车公司是由本茨先生一人创办的。（   ）

（4）阿尔法·罗密欧、法拉利、玛莎拉蒂均属于菲亚特汽车公司。（   ）

（5）标致-雪铁龙集团是一家法国私营汽车制造公司，旗下拥有标致和雪铁龙两大汽车品牌。（   ）

2. 选择题

（1）不属于福特品牌的是（   ）。

A. 福特 　　　　　　　　　B. 林肯

C. 雪佛兰 　　　　　　　　D. 水星

（2）大众汽车公司的企业口号是（   ）。

A. Das Auto 　　　　　　　B. Drive your way

C. The best or nothing 　　　D. 无

（3）不属于宝马汽车公司的品牌是（   ）。

A. Z4 　　　　　　　　　　B. 捷达

C. 劳斯莱斯 　　　　　　　D. mini

（4）1999年3月，雷诺与（   ）签订联盟。

A. 标致 　　　　　　　　　B. 日产

C. 戴姆勒 　　　　　　　　D. 本田

（5）不属于丰田汽车公司的车型是（   ）。

A. 威驰 　　　　　　　　　B. 阳光

C. 卡罗拉 　　　　　　　　D. 普锐斯

3. 问答题

（1）列举一汽的主要汽车品牌。

（2）列举东风汽车集团的主要汽车品牌。

（3）列举上海汽车集团的主要汽车品牌。

（4）列举通用汽车公司的主要汽车品牌。

（5）解读大众汽车商标的含义。

9
汽车展示与鉴赏

 学习目标

知识目标

1. 简单叙述著名国际汽车展览的概况；
2. 正确描述汽车运动的意义与组织机构；
3. 叙述方程式汽车锦标赛的赛车、规则与场地；
4. 简单叙述汽车耐力锦标赛的概况；
5. 简单描述汽车拉力锦标赛的概况；
6. 正确描述汽车外形的演变过程；
7. 简单描述汽车色彩的视觉效果与设计；
8. 简单描述概念车的分类与现实意义；
9. 简单描述概念车设计的创新思维；
10. 正确描述轿车的级别划分方法。

能力目标

1. 能够识别汽车外形；
2. 能够辨别轿车的级别与基本信息；
3. 能够鉴赏各类汽车。

9.1

汽车展览

　　世界各大汽车制造商每年都在一些大城市举办规模盛大的汽车展，在车展上推出自己的最新车型，来展示自己在汽车领域内取得的最新成就。汽车展览会除了技术性，还具有浓厚的文化色彩，吸引大量的民众参观，在流光溢彩的样车背后，是汽车制造商们为争夺汽车市场份额而进行的殊死较量。

　　德国法兰克福车展、北美国际汽车展、瑞士日内瓦车展、法国巴黎车展和日本东京车展被誉为当今五大国际车展。它们之所以成为国际一流车展，一是参展商的规模和级别一流，二是展品档次和首次亮相的新车、概念车一流，三是场馆面积和配套设施一流，四是主办方服务质量一流，五是国内外记者范围、观众数量和专业水平一流。人们都说巴黎时装展是世界一流的时装展，是因为它代表了世界时装业发展的潮流。五大国际车展之所以世界知名，也是因为它们代表了世界汽车工业发展的潮流，这些车展对世界汽车工业与汽车市场的发展起到了极大的推动作用，在世界汽车历史长河中有着不可磨灭的功绩。彰显自己鲜明的个性是这些著名车展的共同特点。法兰克福车展作为汽车工业的发源地之一，尤其重视传播汽车的文化性；日内瓦所在的瑞士因为没有自己的汽车工业，可以为各大汽车厂商提供公平竞争的舞台；北美车展充满美国人的娱乐精神，吃喝玩乐设施无处不在，一应俱全；东京车展上众多匪夷所思的"概念车"和最新科技的展示是吸引观众眼球的卖点。

汽车展览
（微课）

9.1.1　德国法兰克福车展

　　法兰克福车展前身为柏林车展，创办于1897年，1951年移到法兰克福举办，每年9月举行，轿车和商用车轮换展出。法兰克福车展是五大车展中技术性最强的，最安静的车展，也是世界上规模最大的车展，有"世界汽车工业奥运会"之称。

　　德国法兰克福车展的展场面积达25万平方米，展示的产品除了轿车、赛车、商用车外，特种车、改装车、运输车、汽车零部件、汽车维护用品以及百货等都在展示之列。由于德国是现代汽车的重要诞生地，而且是世界上汽车工业最发达的国家之一，因此车展很有权威性。

　　法兰克福车展的服务细致而周到，符合德国人一贯的办事作风，人们不仅可以看到百年"老爷车"和光彩夺目的新车，还可以观看新车表演和国际赛事实况转播，并可获得汽车发展史、技术性能、安全行车、环保节能等多方面知识。

9.1.2　瑞士日内瓦车展

　　日内瓦车展始于1924年，每年3月举行。除了在第二次世界大战期间暂停七年与2020年取消外，其他年份每年都举行。日内瓦车展展场面积有7万多平方米，属于室内展场。虽然瑞士的汽车市场不大，但由于瑞士很富裕，所以该车展历来是豪华汽车及高性能改装车厂家的必争之地。日内瓦车展是世界五大车展中最热闹的，被誉为"国际汽车潮流风向标"。

　　每年一度的日内瓦车展，以其迷人的景致、公平的氛围和细致入微的参展规则，受到世界汽车巨头们的好评，更受众多观光者所青睐。车展主办方最引以为傲的是日内瓦公平的展览氛围，底特律车展上通用、福特"趾高气扬"，法兰克福汽车展简直就是德国车商的表演舞台，巴黎汽车展的主要大厅则被法国的车商所占据。但日内瓦车展一视同仁，地方保护主义的色彩最淡。日内瓦车展历来推崇技术革新，豪华车和概念车是日内瓦车展上最耀眼的明星。

伴着瑞士让人倾倒的美景，日内瓦车展是许多车迷看车和旅游一举两得的好去处。车展期间，日内瓦大小饭店均告客满，每晚灯火辉煌，各类招待会和酒会很多，花样繁多的食品犹如食品博览会，给日内瓦带来了巨额的旅游收入。虽然没有底特律、法兰克福车展的规模大，在世界五大车展中属于"小家碧玉"型，但其特有的中立地位，使得众多的参展商非常看好日内瓦车展，许多汽车制造商也乐于在日内瓦车展上推出新车。

9.1.3 法国巴黎车展

1898年6月，首次举办巴黎车展，自1923年开始，车展改在10月的第一个星期二举办，1976年起，车展定为两年举行一次。法国巴黎车展的展览面积占地近25万 m^2，分八个展馆，分别展出轿车、商用车、特种车、古董车以及汽车零部件，甚至包括生产作业中使用的电瓶车。巴黎车展颇具本土色彩，过去展品多为法国车和欧洲车，近几年来美国和日本车也日渐增多。作为浪漫之都的巴黎，它的车展总能给人新车云集、争奇斗艳的感觉，充满时尚是巴黎车展的突出特点。

世界各大汽车企业总喜欢把最先进的技术产品放在巴黎露面，而两年一届的巴黎车展，也是概念车云集的海洋。

9.1.4 日本东京车展

日本东京车展始于20世纪50年代，并随着日本汽车工业的强大，规模也越来越大。五大车展中历史最短的东京国际汽车展发展速度却非常快，日本人对技术的崇拜使展会成为最新汽车科技的集中展示地。日本人建造了世界上最先进、设施也最完备的展馆——位于千叶县的幕张展览馆。东京车展在逢单数年的10月底举行，是日本本土小型汽车"唱主角"的舞台，这也是与其他国际著名车展相比最鲜明的特征。

环保和节能始终是东京车展的亮点，与其他西方大型车展相比，日本车展更具有东方神韵。东京车展在1999年秋季被分为"乘用车与摩托车展"和"商用车展"两个展会，每年交替举办。

9.1.5 北美国际车展

北美国际车展的历史始于1900年11月纽约汽车俱乐部召开的第一届世界汽车博览会，后来车展转迁至汽车城底特律，1989年才正式更名为北美国际汽车展览会。北美国际车展每年1月在美国底特律举行，是世界上历史最长、规模最大的汽车展之一，由于在每年年初举行，所以被誉为全球汽车风向标。1957年，欧洲车厂远渡重洋而来，首次出现了沃尔沃、奔驰、保时捷的身影，获得了美国民众的高度重视。

底特律是美国的汽车城，也是世界上最大的汽车城，是美国三大汽车公司的总部所在地。底特律可以说是世界上与汽车联系最紧密的城市，从造车起步，靠汽车工业名扬天下，现在底特律依然是美国这个"车轮上的国度"的发动机，底特律车展也成为当今世界最负盛名的车展之一。

9.2
汽车大赛

9.2.1　汽车大赛的意义

在电视上我们常常看到汽车大赛的场景。在赛场上，大到赛车，小到车手的手套，都印满了花花绿绿的广告。这些五彩缤纷、外形类似的赛车，就像陆地上的火箭一样，伴着发动机强劲的轰鸣，奋力冲向前方。汽车大赛是单纯的速度比赛，极具危险性，比赛中随时都有可能发生车毁人亡的悲剧，并且一辆赛车造价极其昂贵，如果仅仅作为一项供人消遣的体育活动，恐怕汽车大赛早就销声匿迹了。那么，是何种原因使汽车比赛长盛不衰，又是何种动机使人们组织、观看和参加汽车比赛呢？

首先，汽车大赛有助于改善汽车的使用性能。汽车技术复杂，质量要求高，生产规模大，任何细小的失误都可能造成巨大的损失，所以汽车厂商普遍比较保守，在生产中都倾向采用经过检验的稳妥的设计和生产工艺，无形中限制了汽车技术的进步和质量的提高。用于汽车竞赛的车辆，由于不受大规模生产的制约，并有较充裕的资金支持，科研人员可以提出各种新的想法、设计和工艺，并付诸实践。赛车的比赛环境非常严酷，被称作"强化的道路试验"，它大大超过一般汽车的使用条件，能够使汽车的所有机件都处于最大应力状态下，对新技术是很好的考验，将正常使用几年之后才可能出现的问题在短短几个小时之内就暴露出来，节省了大量的时间。许多新技术就是在这种考验中不断发展成熟的。在比赛中获胜的赛车就是制造厂日后生产新车时需要参考的样板，所以从某种意义上说，从汽车诞生后的百余年来，汽车技术得以发展，很大程度上依仗了各种汽车大赛对汽车所做的大量试验。

其次，汽车被称为"流动的雕塑"，而汽车大赛就是汽车公司乃至整个汽车工业的流动广告。一次国际性高水平竞赛，能吸引成千上万的观众。在比赛中获胜的赛车及车队是汽车制造商及竞赛赞助商的最佳广告宣传，可以促进产品的销售，为企业带来巨大的经济效益。正因为如此，许多车队才高薪争聘优秀车手，许多世界大公司更是慷慨解囊赞助比赛，从中大做广告，提高企业的知名度。

另外，汽车大赛为各个汽车公司提供了相互比较、相互交流的环境，促使大家不断努力开发和完善新技术，同时成为向社会公众宣传推广自己产品和先进技术的最好场所。如果某种技术在赛场上获得成功，经过进一步的开发研究，就可以进入大规模生产，使普通汽车的质量、性能不断提高，最终服务于大众。

总而言之，汽车大赛能够长盛不衰的关键原因是：具有先进技术的大汽车公司作为技术后盾，拥有雄厚实力的大企业集团作为经济后盾，加上热衷于汽车运动的人们的积极参与。

早期的赛车运动由于组办单位各异，所以对参赛车辆没有统一的规定，参赛者可以驾驶各式各样的汽车参加比赛，输赢在很大程度上取决于发动机的优劣，发动机功率越大，就有可能获胜。这种方式显然有悖于体育竞赛的公平性，也没有体现赛手的素质。合理的赛车运动应该既是汽车优劣的比赛，也是赛车手超群的驾驶技术和无畏的勇敢精神的较量。

1904年，在赛车运动兴盛的法国成立了国际汽车联合会（FIA），负责管理全世界汽车俱乐部和各种汽车协会的活动。FIA有一个下属机构叫国际汽车运动联合会（FISA），成立于1922年，其任务主要是制订有关参赛的车辆、车手、路线及比赛方法等相应规则，对比赛记录进行认可，在举行汽车大赛时作必要的调整或协调。到了20世纪30年代，FISA开始规定发动机的类型、气缸排量以及赛车的重量，使比赛趋于公平。

国际汽车联合会组织的赛事主要有：方程式锦标赛，勒芒24小时世界汽车耐力锦标赛，印第安纳波利斯500英里大赛，世界汽车拉力锦标赛等。

9.2.2 方程式锦标赛

方程式赛车分三个级别：三级方程式（F3），发动机排量为2L，功率为127kW；二级方程式（F2），发动机排量为3L，功率为356kW；一级方程式（F1），发动机排量为3.5L，功率为487kW。其中，世界一级方程式锦标赛（FIA Formula One World Championship）是方程式车赛中的最高级别，也是所有汽车比赛中最精彩、最刺激的。

首届世界一级方程式锦标赛于1950年5月13日在英国的银石赛车场举行。在F1大赛的最初阶段，每年只举行7~9场比赛，以后比赛场数逐渐增加。后来由于赛车队的要求，定为每年举行16场比赛，所有比赛均由FISA安排，赛场遍布全球。

世界上大约有20余支实力雄厚的F1车队。每支F1车队由三部分组成：首先是赛车，由著名汽车厂研制，一辆F1赛车的造价通常高达上百万美元，每支车队一般只派两辆赛车参赛；其次是车手，他们必须持有国际汽车联合会签发的"超级驾驶员"驾驶执照，全世界拥有此执照者每年不足100人；最后是后勤人员，他们均为一流的汽车维修人员，负责赛车的维修保养。

（1）F1赛车

方程式赛车（图9-1）是按FISA所颁布的规则制造的，车辆的长度、宽度、最小重量、发动机排量及轮距等都有严格规定。

方程式锦标赛(图片)

图9-1　F1赛车

F1赛车主要出自保时捷、宝马、法拉利、福特及本田等几家大公司。制造赛车与制造普通汽车在技术上存在着天壤之别，在汽车大赛中推出的新型赛车，从设计到制造都凝聚着众多研制者的心血，并代表着一家公司乃至一个国家的高科技水平。

早期F1赛车的发动机排量都较小。1966年，FISA批准在F1赛车上使用3L自然吸气式发动机。20世纪70年代，福特公司生产的自然吸气式发动机称霸一时，共赢得55次世界冠军，成为历史上最成功的发动机之一。1979年法国大赛，涡轮增压发动机初显神威，它的输出功率比自然吸气式发动机多几十千瓦，直道上的速度明显超过对手。出于安全的考虑，FISA在1989年做出规定，全面废止F1赛场上涡轮增压发动机的参赛资格，一律采用3.5L自然吸气式发动机。

为了减轻车重，大多数赛车均不安装启动机。在大赛开始前，车手在修理站内用轻便启动机启动赛车，然后开进赛场整装待发，如果赛车在比赛途中发动机熄火了，车手只能放弃比赛。为了减少发动机的功率损耗，赛车不设散热器和风扇，发动机靠行驶时产生的气流进行冷却。为安全起见，FISA规定，F1赛车质量不得小于505kg。

F1赛车车身外形是影响赛车动力和稳定性的重要因素。20世纪70年代以来，由于各车队采用的发动机技术相差无几，所以纷纷寻求降低汽车风阻的最佳方法。专家们利用风洞研究车身外形是否符合空气动力学要求，并逐步改进车身设计，演变成现在的火箭式车身。赛车的车轮与车身是分离安装的，并且完全暴露，没有轮罩，即所谓的"开式车轮"。一方面是因为赛车经常要使用制动器，如把车轮罩起来，制动器冷却不足，会由于过热而失效；另一方面，车轮与车身分离，车轮旋转产生的空气紊流就不会影响到车身下面，减小了空气阻力。赛车底盘采用太空飞行器使用的碳纤维，比传统的合金材料更轻且有足够的强度，能承受二十五个重力加速度的冲击。赛车的底盘相当低，离地间隙只有50.8~76.2mm，赛车飞速行驶振颤时与地面相碰会产生串串火花。如果汽车离地间隙太大，则车身重心高，转弯时由于离心力的作用，容易倾倒。通过车体下面的气流将产生升力，使行驶不稳定。F1赛车在车尾安装负升力翼，车头安装扰流器，这是车身设计的重要组成部分，不仅可使赛车紧贴地面，而且还能提高赛车在拐弯时的最大速度。F1赛车的燃料箱是由特殊塑胶制造的，它兼作车手的前靠背，用一条"六点式"安全带将其与车手紧扣在一起。燃料箱前面的空间刚好能包容车手的身体。在仪表板上，设有发动机转速表、机油压力表和燃油表，为了消除车手的恐惧感，不安装车速表。赛车多采用半自动变速系统，并把变速器换挡拨片安装在转向盘上。转向盘并不是固定安装在转向轴上，车手每次出入都可将转向盘拆下来，非常方便。F1赛车具有一套与众不同的调校系统。车手可以用右手调校悬架系统的软硬程度，以便适应不同的赛道；左手则可以调校前后刹车系统的制动力分配。所以，车手在车内不单是开车，双手还要不断动作来调校赛车性能。

轮胎也是赛车的关键技术。为了使发动机的动力能可靠地传递到路面上，轮胎做得相当宽大，十分显眼（前轮约为300mm宽，后轮约450mm宽），这样可以增加与地面的接触面积，增大地面附着力，将发动机输出的功率尽可能地利用起来。随着天气的不同，赛车所选用的轮胎也不一样。在无雨的天气条件下，使用"干地轮胎"，这种轮胎表面光滑，无任何花纹，有利于与地面的良好贴合；在赛场湿滑的条件下，则要选用"湿地轮胎"，这种轮胎有明显的花纹，有利于排出轮胎与地面之间的积水，保持必要的附着力。比赛前，工作人员还要用轮胎毯对轮胎加热或保温，这样可使轮胎橡胶具有黏性和韧性，以获得较大的附着力，避免启动打滑或在拐弯行驶时发生侧滑。比赛时，高速及频繁的强力转向和急刹车，轮胎磨损得很快，经常需要中途换胎。赛车轮胎的拆装要求快捷，一般只有一个紧固螺栓。

（2）F1车手

根据FISA规定，参加F1比赛的选手，必须持有"超级驾驶员"驾驶执照。而每年，全世界有资格驾驶F1赛车的车手不超过100名。因此，为了跻身F1赛场，每名车手必须先参加小型车赛，然后是三级方程式，二级方程式，只有全部通过了，才能获得"超级驾驶员"驾驶执照，成为F1车手。

F1车赛不仅是车速的比试，同时也是车手体能和意志的较量，F1车手必须集身体素质、车技、经验和斗志于一身。比赛中，高速行驶的赛车在转弯时产生巨大的离心力，这种离心力使人感到非常恶心，感觉五脏六腑都与身体骨架脱离。为了减少离心力对颈部造成的高压，车手在比赛时都戴着护脖套。由于车手们一直处于神经高度紧张的状态，而且车内温度非常高，所以车手们的水分、盐分和矿物质消耗极快。据统计，在比赛过程中，车手的脉搏达140~160次/min，并且持续5h左右，在比赛高潮中，脉搏甚至高达200次/min。虽然F1大赛非常消耗体力，但车手却不能随意补充营养、增加体重，原因在于过多的肌肉会消耗体内的能量，比赛时更易感到疲劳。

在F1大赛中要取得好成绩必须具有娴熟的驾驶技术和丰富的赛车经验。在赛车进入弯道前，落在后面的对手往往会在对方制动信号灯亮起后，推迟使用制动来超过对方。当对方赛车的功率较大时，弯道超越就比较困难，一位出色的车手会利用对手车尾所形成的气流低压区，快速尾追其后，然后寻找机会超越对方。由于F1赛车的车速极高，拐弯超车也是最容易出现危险的地方。一种情况是，后轮对地面的附着力不足，车尾失去控制，出现过度转向，即甩尾。另一种情况是，转向不足，由于惯性的缘故，赛车冲出弯道。车坛王子塞纳就是在弯道处赛车转向不足，高速撞上水泥防护墙而车毁人亡的。

（3）F1规则

F1大赛的准备工作由FISA安排。每场比赛均分为计时排位赛和决赛两个过程。在决赛前两天进行60min的计时排位赛，即分别计得每部赛车跑得最快的一圈所用的时间，用时最少的车在决赛中将在赛道上排在前面，其他依次类推。如果两部以上的赛车最快圈所用时间相同，则率先跑完计时赛的车手占优。赛车在赛道上的排位相当重要，排在前面的将有抢先拐第一个弯的优势。决赛当天，车手先有23圈的自由练习，用以检查赛车各部位的工作情况。决赛前半小时各部赛车进入排定的起跑位置。赛前5min，开始倒计数，当剩下最后1min时，发动机开始启动，绿旗一挥赛车便起步，进行最后一圈热身赛，但中途不准超车，也不准更换赛车。一圈跑完后仍按原顺序排好，几秒钟后，绿灯一亮，决赛正式开始。

为安全起见，每辆赛车的尾部必须安装一只红色信号灯，而且在整个比赛过程中一直开着。在赛程之中赛车可以更换轮胎，出了故障也可以修理，但需占用比赛时间，所以车手在赛车发生故障时要用无线电话通知维修站事先做好准备。FISA规定，每辆F1参赛车辆在比赛中最少更换4次轮胎。FISA允许赛车在比赛期间加油，所有赛车只准使用无毒无铅汽油。

为了有效指挥比赛的正常进行，以防不测，F1大赛采用挥动各种彩色旗帜作为指挥信号，使车手很远就能看清，引起车手注意。黄旗表示前面有危险，不许随便超车；绿旗表示危险已不存在；蓝旗表示后面有车要超越；黑旗表示该赛车被取消比赛资格；红旗表示比赛终止。

整场F1车赛决赛时间不能超过2h，进入前6名的车手得分，计分方法如表9-1。

F1大赛通常每年举行16场比赛，通过各赛站积累计分方可决出本年度的世界冠军。FISA规定，如某站比赛发生意外，未完成75%的赛程即告终止，则各车手得分减半，第一名只得4.5分，第六名只得0.5分。

表9-1 F1大赛计分方法

分次	1	2	3	4	5	6
得分	9	6	4	3	2	1

（4）F1赛场

全世界用于F1方程式大赛的赛场有很多，典型的有英国的银石赛道、美国的凤凰城赛道、澳大利亚的阿德莱德赛道、圣马力诺的伊莫拉赛道、巴西的英特拉格斯赛道、葡萄牙的埃什托里尔赛道和日本的铃鹿赛道等。这些赛道除用于F1大赛外，还可用于摩托车大赛、汽车耐力大赛、旅行车锦标赛以及一些小型赛事。FISA规则规定，F1赛道均为环形，每圈长度为3~8km，每场比赛的赛程为300~320km。为安全起见，赛道两旁一般铺设宽阔的草地或沙地，以便将赛道与观众隔开，同时也可作为赛车出道之后的缓冲区。FISA 规定赛场不允许有过多过长的直道，目的在于限制高速，以免发生危险。F1 赛场地理环境迥然相异，有的建在高原上，那里空气稀薄，用以考验车手的身体素质；有的赛场路面宽阔，但上下起伏的坡道很考验车手的技术；还有的赛场建在树木葱郁的树林中，弯道多视野窄，车手很难控制赛车。FISA 要求救护人员必须分布在赛场的每个角落，争取在出事的一刹那，跑进现场，进行抢救。

如图 9-2 所示，圣马力诺伊莫拉赛道始建于 20 世纪 50 年代，1980 年正式成为 F1 意大利站的比赛场地，也可用于 F3 和 C 组 1000km 赛事。赛道全长 4.93km，F1 赛程 61 圈。1993 年，普罗斯特驾驶威廉姆斯-雷诺赛车全程仅用 1h33min20.413s，创造了单圈 1min26.128s 的最高纪录。伊莫拉赛道建造在树木葱郁的乡村地带，赛道周围风景美丽，是一条能给车手们留下深刻印象的赛道。然而，从 1982 年的皮诺与维伦纽夫撞车事故开始，伊莫拉赛道频频发生意外，1994 年著名巴西车手塞纳在比赛中撞车身亡。

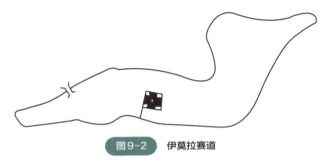

图9-2　伊莫拉赛道

9.2.3　汽车耐力锦标赛

所谓耐力锦标赛，就是对赛车性能和车手耐力的极限考验，人们称之为"车坛马拉松"，这是一项十分艰苦的比赛。参加世界汽车耐力锦标赛的车型主要是 FISA 规定的 C 组运动原型车（图 9-3）。这种车只能坐两个人，两位车手轮番驾驶。FISA 规定，C 组车重不低于 850kg，100km 赛程油耗不超过 60L，发动机为非增压式，每人连续驾驶时间不超过 4h，主车手总驾驶时间不超过 14h。耐力锦标赛的赛程主要有 1000km、1610km、5000km 和 8050km 等几个级别，以时间计则分为 6h、12h 和 24h。

勒芒（Le Mans）位于法国巴黎南 20km 处，是个人口约 20 万的商业城市。1905 年在勒芒举行了世界第一次汽车大奖赛，自 1923 年开始，每年 6 月份都要在那里举行 24 小时世界汽车耐力锦标赛，勒芒这个小城市因此闻名于世。

图9-3　C组运动原型车

勒芒大赛在世界上久负盛名，一般的耐力赛只有500~1000km，而勒芒约为5000km，相当于从乌鲁木齐到北京的铁路距离。勒芒环形跑道全长13.5km，其中绝大部分是封闭式的公用高速公路，赛车在2/3的路段上车速达370km/h左右，C组车一般只用3.5min左右的时间就能跑完一圈。通常，出发50辆车，能跑完24h的不到半数。在此跑道上有一段约6km的直路，赛车在这段路上飞驰而过，速度高达390km/h。车手们在24h的比赛中，要在这段路上行驶6h，可以想象，这种紧张气氛使人窒息，稍有闪失，后果都不堪设想。当然这段直道对赛车也同样是最严酷的考验，发动机在拼命地嘶叫，仿佛要挣脱底盘，从发动机罩下窜出来似的，而轮胎更好像被火炉烤得要爆炸一样，一股浓烈的橡胶烧焦的味道令人恶心欲吐。

在1955年6月11日的勒芒大赛上，曾发生过赛车史上最大的惨剧。比赛中，马克林驾驶着保时捷公司的奥斯汀汽车突然驶向道路一侧，准备给麦克驾驶的美洲虎T型车让路，从后面快速追上的梅赛德斯-奔驰300SLR车躲闪不及，直接从奥斯汀上轧了过去，像炮弹一样飞向旁边的护栏，一声巨响，车被拦腰截断，立即起火，喷着火舌砸到观众密集的看台上，驾驶员当场丧生，观众死亡三人。赛会组织有关人员把死伤者运走，把残骸清理掉，便宣布比赛继续进行，最终美国制造的美洲虎取得了胜利。

20世纪50年代，美洲虎汽车五次夺得冠军，其品牌享誉全球。夺取冠军不易，保持荣誉更难。美洲虎车厂不断将新技术应用到所生产的赛车上，竭力争取夺得大赛殊荣。尽管勒芒大赛危险重重，但由于它是世界上最重要的比赛之一，给车手们的积分相当于其他世界锦标赛的3倍，因此不断地吸引着越来越多的赛车高手来参加。

9.2.4　汽车拉力锦标赛

（1）汽车拉力锦标赛简介

拉力赛的"拉力"是英语rally的谐音，意思是一种汽车行驶的比赛集合。它是一种在公路上举行的从某一或某些出发点到另一终点之间的行驶比赛项目，一般有一个公共的会合点，而出发点可能很多，甚至可以在不同的国家。拉力赛与其说是一项速度比赛，不如说是一种可靠性试验。比赛过程中的平均行驶速度有一定的限制，途中能够达到的最高速度并不作为考核的指标。大多数拉力赛都划分成几个路段。在各个路段里，每个参赛者都需要在某一段时间内完成比赛，然后根据在各个路段里按时到达的程度、在某个专门路段里行驶的速度以及到达比赛终点后在补充项目中的表现，依照规则精确地打出每个路段应得到的分数，最后确定谁是优胜者。

拉力赛的持续时间随着比赛项目的不同而异，最短的仅6h，最长的可达一个星期以上。国际上著名的拉力赛有：巴黎-达喀尔拉力赛、蒙特卡罗拉力赛、瑞典拉力赛、摩洛哥拉力赛、奥地利阿尔卑斯拉力赛、希腊的阿克罗波利斯拉力赛、英国的皇家汽车俱乐部拉力赛、美国的奥林巴斯拉力赛及芬兰的千湖拉力赛等。1994年，香港-北京拉力赛被列为亚太拉力赛的一站。

参赛车辆都在规则允许范围内经过专门改装。例如，车辆可以装上容量较大的燃油箱，特别的轮胎，专用的座椅、转向盘，特制的照明灯、雾灯、探照灯，以及加固的悬架系统，强化的发动机，大容量的冷却系统和防滚杠。

（2）汽车拉力赛规则

路线。汽车拉力赛两人驾一辆车，一位车手，一位领航员。比赛采用依次起步法即第一辆车出发2min后第二辆车再出发，依次类推。比赛路线分为两部分，即行驶路段和特殊路段（亦称角逐路段）。特殊路段的计时规则为：如果某路段以最快速度需用30min到达，则规定时间必少于30min，车手所用时间多于规定时间的部分为受罚时间，将所有的受罚时间累加，总受罚时间越少者，则速度越快，就是该站的冠军。行驶路段用以连接两个特殊路段。设置行驶路段的目的在于让车手有时间准备下一个特殊路段的比赛。但行驶路段需要准时跑完，迟到或早到均会受罚。这对领航员的要求是较高的，要准确熟悉路段及到达下一个计时点的时间。行驶路段内，参赛车辆可在指定的服务区域作检查或维修。一流车队通常会安排富有经验的车手沿途驾驶一部车，负责测定路面情况，然后将理想的轮胎类别向车队报告。比赛时，车手和领航员密切合作，领航员会向车手读出勘路后的指示，告知下一个弯道的情况。

车辆。FISA规定拉力赛车分A组、N组和B组。从1987年起将参赛车辆做了重要修改，将过去的以越野车为基础的参赛车辆，转为以生产型为基础的标准赛车，一些大量生产的汽车（车辆的功率限定在221kW）均有参赛机会。旅游轿车（touring car，A组），年产量不少于5000辆，可做一定程度的改装。批量生产的轿车（production car，N组），符合规格要求外，不许做出其他改动。运动轿车（sports car，B组），分为两种：四轮驱动车，发动机排量小于或等于1.6L；两轮驱动车，发动机排量大于1.6L，小于或等于3.0L。

计分。以1991年赛事为例，全部赛事共有24站。其中有10站的成绩算到车队积分中，另14站只算到车手积分中，车队积分计算10站中成绩最好的7站，车手积分则计算全部赛事中成绩最好的8站。车队各站积分法：第一名20分，第二名17分，第三名14分，第四12分，第五名10分，第六名8分，第七名6分，第八名5分，第九名4分，第十名2分。车手各站积分法：第一名20分，第二名15分，第三名12分，第四名10分，第五名8分，第六名6分，第七名4分，第八名3分，第九名2分，第十名1分。

（3）巴黎-达喀尔拉力赛

这是世界上最长的拉力赛，由法国巴黎出发，乘船过地中海在利比亚登陆，在非洲干旱的沙漠、潮湿的热带雨林及各种崎岖路段比赛，途经10个国家，最后迂回到塞内加尔的达喀尔，行程13000km左右，历时近20d，比赛行驶路线长且比赛路段条件苛刻。1994年，在13319km的赛程中，有21个特殊路段共4686km，比赛非常艰苦，淘汰率超过一半，出发时124辆赛车，而到达终点的只有58辆。

汽车外形的影响因素（微课）

9.3
汽车外形与色彩

在汽车发展的100多年中，从粗糙的马车型、火柴盒般的箱型、卡通般的甲壳虫型，到船型、鱼型、楔型，汽车的车身造型发生了翻天覆地的变化，线条越来越优美。

9.3.1 汽车外形的影响因素

汽车外形的确定取决于三个方面的要求，即机械工程学、人机工程学和空气动力学。机械工程学要求汽车动力性和操纵稳定性好；人机工程学要求汽车提供给驾乘人员足够的活动空间，舒适性好；空气动力学要求汽车行驶时空气阻力小。

首先是机械工程学的要素，包括发动机、变速器、车轮、制动器、散热器等装置的结构设计，要考虑把这些装置安装在车体的特定部位才能使汽车更好地行驶。这些设计决定之后，可根据发动机、变速器的大小和驱动形式确定大致的车身骨架。

其次是人机工程学要素。因为汽车是由人驾驶的，应确保乘员的空间，保证乘坐舒适，驾驶方便，并尽量扩大驾驶员的视野。此外，还要考虑上下车方便并减少振动。

再次是空气动力学要素。确定汽车外形的时候，在来自外部的制约条件中，空气动力学要素尤为重要。高速行驶的汽车会受到空气的阻力，其大小大致与车速的平方成正比。空气阻力分为由汽车横截面面积所决定的迎风阻力和由车身外形所决定的形状阻力。除空气阻力外，汽车外形还涉及升力问题和横风不稳定问题。

当然，汽车并不仅仅是根据上述三要素制造的，还要考虑其他因素。例如，商品学要素对汽车的设计就有很大的影响，汽车的外形应能够刺激顾客的购买欲。一个国家，一个厂家，乃至一个外形设计者都有各自的特色，这对汽车造型也有很大的影响。比较美国和意大利的汽车外形，就能感受到两国风土人情和传统方面的差异。同一国家的不同厂家，也各具自己的风格。

9.3.2 汽车外形的演变

（1）马车型汽车

从19世纪末到20世纪初，世界上最早出现的一批汽车制造公司，德国的戴姆勒公司、奔驰公司、美国的福特汽车公司、英国的劳斯莱斯公司等，设计车身时基本上沿用了马车的造型，因此被人们称为无马的"马车"。如图9-4，1892年生产的标致汽车是典型的马车造型。

（2）箱型汽车

马车型汽车难以抵挡风雨的侵袭，美国福特汽车公司在1915年生产出一种新型的福特T型车，这种车的乘员舱很像一只大箱子，被称为"箱型汽车"，如图9-5。

图9-4　1892年的标致汽车　　　　图9-5　福特T型车

为提高车速，人们开始降低车的高度减小空气阻力。但由于车顶高度的降低影响前方视野，这种方法最终被放弃，转而通过提高功率的方法。发动机由单缸变成4缸、6缸、8缸，气缸一列排开，发动机罩也随之变长。作为高速车，箱型汽车并不够理想，因为它的阻力严重妨碍了汽车前进的速度，所以人们又开始研究一种新的流线型车型。

（3）甲壳虫型汽车

1934年美国克莱斯勒公司生产的气流牌轿车，首先采用了流线型的车身外形。1936年福特公司在气流牌轿车的基础上，研制成功林肯和风牌流线型轿车。1933年德国的波尔舍博士设计了一种类似甲壳虫外形的汽车。波尔舍最大限度地发挥了甲壳虫外形的长处，使其成为同类车中之王，甲壳虫也成为该车的代名词，如图9-6。

图9-6　甲壳虫轿车

（4）船型汽车

美国福特公司经过几年的努力，于1949年推出具有历史意义的新型福特V8型汽车。这种车型改变了以往汽车造型的模式，使前翼子板和发动机罩，后翼子板和行李舱融于一体，大灯和散热器罩也形成一个平滑的面，乘员舱位于车的中部，整个造型很像一只小船，所以人们把这类车称为"船型汽车"。图9-7是1952年生产的福特船型轿车。

图9-7　1952年的福特轿车

福特V8型汽车的成功，不仅在外形上有所突破，还首先把人体工程学应用在汽车的设计上，强调以人为主体来设计便于操纵、乘坐舒适的汽车。从20世纪50年代至今，船型已成为世界上数量最多的一种车型。

（5）鱼型汽车

船型汽车尾部过分向后伸出，形成阶梯状，在高速时会产生较强的空气涡流。为了克服这一缺陷，人们把船型车的后窗玻璃逐渐倾斜，倾斜的极限即成为斜背式。这类车被称为"鱼型汽车"。

与甲壳虫型汽车相比，鱼型汽车的背部和地面的角度较小，尾部较长，围绕车身的气流也比较平顺，涡流阻力较小。另外鱼型汽车基本上保留了船型汽车的长处，乘员舱宽大，视野开阔，舒适性也好，并增大了行李舱的容积。最早的鱼型车是美国1952年生产的别克牌轿车。1965年的福特野马牌也采用了鱼型造型，如图9-8所示。

图9-8　1965年福特野马

由于鱼型车后窗玻璃倾斜过大，面积增加两倍，强度下降，产生结构上的缺陷。另外，由于车身横断面近似飞机机翼，高速时会产生一种升力。针对鱼型车的缺点，人们想了许多方法加以克服，例如在鱼型车的尾部安上一只翘翘的"鸭尾"，以克服一部分升力，这便是"鱼型鸭尾"式车型。

（6）楔型汽车

为了从根本上解决鱼型结构而带来的升力问题，人们进行了反复的探索，最后终于找到了楔形造型。也就是让车身前部呈尖形且向前下方倾斜，车身后部像刀切一样平直，这种造型可以有效地克服升力问题。1963年司蒂倍克·阿本提第一次设计了楔型轿车，尽管它的造型获得了专家们的高度评价，但在市场销售中却一败涂地，公司不得不宣布破产。

楔型对高速汽车来说，已接近理想造型。现在世界各大汽车生产国都已生产出带有楔型效果的汽车，这些汽车的外形清爽利落、简洁大方，极富现代气息。汽车发展到鱼型，关于空气阻力的问题已经基本解决，楔型继承了这一成果，并有效地克服了鱼型车的升力问题，使汽车的行驶稳定性有了显著提高，当之无愧成为目前高速汽车最为理想的车身造型。如图9-9，1996年生产的莲花跑车，属于典型的楔型车身。

图9-9　1996年的莲花跑车

9.3.3　汽车的色彩

（1）汽车色彩的视觉效果

由于传统文化习惯等因素的作用，人们对某种色彩会产生根深蒂固的观念，不会轻易改变，因为色彩会使人产生联想。

银色是最能反映汽车本质的颜色。看见银色使人想起金属材料，这种颜色的整体感很强。美国杜邦公司的调查结果显示，银色汽车最具人气，也最具运动感。

白色给人以明快、活泼、大方的感觉。白色是中间色，容易与外界环境相吻合，白色车身耐脏，路上泥浆或污物溅上后不易看出。另外，白色是膨胀色，容易使小车显大。另外，白色车相对中性，对驾驶员性别要求不高。

黑色是一种矛盾的颜色，既代表保守和自尊，又代表新潮和性感，给人以庄重、尊贵、严肃的感觉。黑色也是中间色，容易与外界环境相吻合，但黑色车身反而不耐脏，有一点灰尘就能看出来。黑色一直是公务车最受青睐的颜色，高档车黑色气派十足。

红色给人以跳跃、兴奋、欢乐的感觉。红色是放大色，同样可以使小车显大。高速公路上的红色跑车，在阳光下感觉如同一团火焰掠过，非常提神。红色是别致又理想的颜色，跑车或运动型车非常适合。

蓝色是安静的色调，给人感觉非常收敛，个性不张扬，如同星球的深邃和大海的包容，但蓝色不耐脏。

黄色给人以欢快、温暖、活泼的感觉。黄色是扩大色，在环境视野中很显眼，跑车选用黄色非常适合，小型车用黄色也非常适合。出租车和工程抢险车的黄色，一是便于管理；二是便于人们及早地发现，可与其他汽车加以区别。私家车选用黄色的不多。

绿色有较好的可视性，是大自然中森林的色彩，也是春天的色彩。绿色的金属漆也一改以前冰冷的色调，以温暖的面貌出现，小车选绿色很有个性，但豪华型车如果选用绿色，有点不伦不类的感觉。

　　现在的汽车颜色五花八门，充分反映了汽车颜色的变迁和当今车主日益张扬的个性。

（2）汽车色彩的设计

　　汽车色彩的设计绝非随心所欲，一般要经过色彩研究、想象设计、色彩构成、用户评议、信息反馈、色彩初步确定、环境试验、色彩最终确定等一系列程序。世界汽车巨头十分看重色彩的含金量，例如，奥迪汽车公司就委托英国的环球色彩公司来做汽车产品的色彩方案。

　　在设计汽车色彩时，主要从汽车的使用功能、使用环境、使用对象、安全性和流行趋势等方面考虑。

　　汽车的使用功能。汽车在使用过程中，已经形成惯用色彩。例如，消防车采用红色，除了红色亮度高、醒目使人容易发觉外，主要是人们见到红色的消防车，就想到有火灾发生，因而赶紧避让。白色用于医疗救护车，是运用白色的洁白、神圣的联想含义。邮政车选择绿色，是因为绿色给人以和平、安全的感觉。作为军用车辆，一般都为深绿色，使车辆与草木、黑色的沥青路面颜色相近，达到隐蔽安全的目的。工程车辆多采用黄黑相间的色彩，是运用黄色亮度高、醒目的特点，以引起行人和其他车辆驾驶员注意。有些汽车在底色上采用有功能标志的图案，例如白色救护车上的红十字标志，冷藏车上的雪花、企鹅等图案。

　　汽车的使用环境。由于不同地区的光照强度有差别，造成了人们对不同色彩的偏爱。在美国，以纽约市为中心的大西洋沿岸的人们喜欢淡色，而在旧金山太平洋沿岸的人们则喜欢鲜明色。北欧的阳光接近发蓝的黄色，人们喜欢青绿色。意大利人喜欢黄色和红色，法拉利跑车全是红色。伊朗、科威特、沙特阿拉伯、伊拉克等国家禁忌黄色，却推崇绿色，认为绿色是生命之源。汽车行驶在城市中，对城市色彩有装饰作用，但是，汽车色彩与环境色彩发生碰撞现象，会使原本喧闹的环境更加嘈杂混乱，使视觉感观极易疲劳。因此，汽车色彩应与环境色彩协调。

　　汽车的使用对象。由于各国、各地区、各民族的社会政治、经济、文化、教育的不同，以致生活习惯的不同，表现出人们的色彩观念也不同，都有自己偏爱和禁忌的色彩。据日本丰田汽车公司的调查统计，该公司的汽车在本国销售，以白色最受欢迎，其次是红色、灰色等，而销往美国、加拿大的汽车以淡茶色、浅蓝色最受欢迎，其次是白色、杏黄色。在中国，红色具有赤诚之意，又是幸福和喜庆的象征。但是，在另外一些国家，却认为红色是不吉祥的象征。日本喜欢白色和红色。拉丁美洲国家大多偏爱暖色调，在车身上喜欢涂饰艳丽夺目的各式图案。非洲大多数国家忌讳黑色，而喜欢鲜艳的色彩。

　　汽车的使用安全。汽车的行驶安全是与汽车的制动性、操纵稳定性等直接相关的，但也与汽车的色彩有一定关系。在视觉上，颜色具有收缩性和膨胀性。不同的颜色，会产生体积大小不同的感觉。黄色感觉大一些，有膨胀性，称膨胀色；而同样体积的蓝色、绿色感觉小一些，有收缩性，称收缩色。此外，汽车颜色的深浅在不同光强条件下的反射效果也有很大的差异。清华大学汽车系曾经对黑、蓝、绿、银灰、白五种不同颜色轿车的视认性和安全性做过试验研究。研究结果表明，深颜色的黑色车在清晨和傍晚时段光线不好的情况下，最难被肉眼所识别，而浅颜色的白色和银灰色则容易辨识，所以黑色车的颜色安全性较白色和银灰色车辆差，而绿色和蓝色车的颜色安全性居中。根据大陆汽车俱乐部针对5158起交通事故的统计数据表明：黑色事故率最高，白色事故率最低。其他颜色事故率由高到低依次是：

绿色、棕色、红色、蓝色和银灰色。汽车内饰的颜色选择也同样影响着行车安全，因为不同的内饰颜色对驾驶员的情绪具有一定的影响。内饰采用明快的配色，能给人以宽敞、舒适的感觉。暗色给人以重的感觉，明色给人以轻的感觉。红色内饰容易引起视觉疲劳，浅绿色内饰可放松视觉神经。

汽车的流行色彩。流行色彩是指在一定的时期内被人们广泛采用的颜色。汽车流行色彩有其自身的发展规律。新鲜感是流行色彩的原动力，如果总是感受同样的色彩，人们就需要新的刺激。大量的资料表明，汽车的流行色彩呈现周期性的变化，其新鲜感周期大约为1.5年，交替周期大约是3.5年。以日本汽车色彩的变迁为例，1965年以前，明亮的灰色汽车备受青睐；1965年盛行蓝色、灰色和银色汽车；1968年黄色汽车迅速增多；1970年黄色汽车又急剧减少，而橄榄色和褐色汽车逐渐增多；1977年褐色汽车最受欢迎；1982年白色汽车占到总数的50.9%；1985~1986年白色汽车数量达到最高峰，每4辆汽车就有3辆是白色的。

9.4
概念车

概念车是汽车中内容最丰富、最深刻、最前卫、最能代表世界汽车科技发展和设计水平的汽车。概念车也是艺术性最强、最具吸引力的汽车。概念车分为两种，一种是设计概念模型，一种是能跑的真正汽车。第一种汽车虽是更为超前的设计，但因环境、科研水平、成本等原因，只是未来发展的研究设想。第二种比较接近于批量生产，已步入试验并逐步走向实用化，一般在五年左右可成为投产的新产品。

9.4.1 概念车设计的意义

概念车是能给人以思考、能引导新观念的汽车。概念车前卫的外形设计、创新材料的大胆运用、全新的汽车室内设计等预示着汽车工业的发展方向。

（1）概念车表现了最新汽车科技的应用

概念车的设计融入了大量现代的高新技术及手段，概念汽车的研究与开发往往都伴随着新技术和新材料的使用，带有一定的前瞻性，预示着一个新的发展阶段和开端。在概念车的开发中，汽车公司在完善汽车功能的基础上，努力使设计更加人性化，更加聪颖、强健，富于想象力，使得汽车已逐渐由冰冷的机器变成人类交流的信息平台。例如，有些概念车有自己表达感情的方式，具备有喜、怒、哀、乐等情绪表达。

（2）概念车预示了未来道路交通方式的发展趋势

概念车设计是基于交通工具的一种具有预见性的创新设计。通过对人类日常生活方式、行为方式和出行方式等各方面的预测和分析，设想解决未来道路交通方式中人与物之间的不和谐因素。例如，有能够随意更换车壳的汽车，能够方便地更改驾驶方式的汽车，能够在水中游的水陆两用车，能够飞的太空汽车，能够变换颜色的汽车等。

（3）概念车造型设计承载了更多的文化内涵

概念车与量产汽车最大的区别就在于它可以不必过多地考虑成本、可行性及机动车法规的限定，因此可以更具创意，更具超前意识。概念车的设计力求排除已有产品的形象性干扰，力求达到一个全新的境界，这一点也往往是概念汽车成功与否的关键因素。尖端技术的共享使得汽车的技术含量越来越接近，汽车设计活动的国际性也日益明显，但与此同时，也使得人们对特性的追求更加强烈，如国家与民族的特性，企业与个人的特性等。如何能在大的历史文化背景中使别人理解并表达出来，已成为汽车设计活动的焦点，也正是概念汽车设计的价值趋向。概念车强烈地体现了一个设计师对汽车文化的一种诠释和理解，更多地给汽车企业树立了鲜明的形象及文化特征，表明了一种深厚的文化底蕴。

9.4.2 概念车设计的创新性思维

突出个性就意味着在汽车产品设计中要有针对性，不能面面俱到、千篇一律，而要敢于打破传统、挑战常规。

（1）针对性设计

市场细分，是当今世界汽车业的一个新趋势。各国汽车厂家针对特定的人群，开发迎合他们特殊需求爱好的车型，可谓绞尽脑汁。第74届日内瓦车展显示出车界的一个新动向，即对女性的重视。例如专门设有放手提包的地方，座椅的椅罩可以更换。厂家如此重视女性顾客，是由于女性顾客的购买力不断增长的缘故。根据美国的有关研究，50%的新车由女性顾客购买，而80%的购车决定受到女性顾客的影响。现在越来越多的女性关注汽车，注意选择适合自己需要的汽车。另外针对年轻一代，汽车公司也会专门按照个性化设计理念开发他们喜欢的新车型。年轻人大多追求与众不同，首先汽车的造型看上去要酷，棱角分明，其次要线条流畅，富于动感。针对不同的人群，不同的购买阶层而量身设计的理念将在以后的汽车设计中占据很重要的位置。

（2）简单唯美的设计

在众多汽车设计师追求时尚的车身线条时，车坛中却出现了另类的设计理念——简单唯美。它打破了当代关于汽车的理性和美学的认识，一反当今汽车配置越来越复杂的潮流，大胆舍弃所有被认为是"累赘"的东西，只保留作为行驶机器所必须具备的最基本的部分，追求简单到极致。"简单唯美"或"简单极致"的设计理念最早是由乔治亚罗父子在设计Touareg沙漠概念车时提出的，即在保证汽车最基本性能的前提下，进行最大限度的简化，从而大大地降低成本，而个性化的乐趣则由车主去自由地发挥。虽然简单，但在安全性方面，设计师也给予了极大关注，例如，对防滚杠采用新型高强度钢管进行加强，装备电脑控制的新型地面附着力控制系统和防侧倾控制系统等。

（3）标新立异的设计

所谓标新立异就是打破传统，挑战常规。几年前，汽车制造商不会想到把奇形怪状的车型设计投入生产，但是现在这样的汽车不但进入欧洲的展厅，而且已在出售。例如丰田MTRC概念车，共用的平台和新的材料使大胆设计成为可能，而标新立异、不随波逐流又使这样的设计找到了自己在生活中的位置。当然，标新立异设计并不完全等同于奇形怪状的造型，"简单极致"设计实际上也体现了一种标新立异的设计理念。

（4）多种选择的设计

多种选择设计是指汽车配置的众多设备可根据车主的个人爱好进行选择。从外观到内饰，车子的一切都是可变的。前脸可以装圆灯或方灯；车顶可以选用硬顶、软顶、带天窗或不带天窗；仪表板、座椅、车门衬里也有多种选择，甚至连车身外装饰板也能随意更换等。福特皮卡概念车上许多功能都是由用户定义的，车上没有换挡手柄，换挡全靠按键进行，并且驾驶员可以根据自己的意愿设定换挡模式；车上的座椅可以随意布置以满足不同的需要；

概念车设计的创新性思维(微课)

车内灯光的颜色可以任意变换以营造出不同的气氛；仪表板也可以按照车主的意愿，将仪表的颜色、大小和位置重新布置。汽车市场的竞争激烈，迫使各汽车公司在设计时必须满足用户的需求，争夺用户的注意力。在种种压力下，菲亚特为新 Panto 系列车型准备了 23 种不同配置，买主可以实现多种选择：3 门或 5 门两种车身形式、5 种发动机、4 种速比的手动变速器、2 种手自一体变速器、6 种装备级别以及 15 种车身颜色，用于满足顾客的个性化需求。

9.4.3　概念车设计的实例

（1）别克 Y-Job

提到汽车设计，就必须提到哈里·厄尔。谈到概念车，就必须从别克 Y-Job 开始。1938年，厄尔设计出世界上第一辆概念车——别克 Y-Job，如图 9-10。连续的弯曲表面和平行合金饰带创造了一种狭长的流线型车身。Y-Job 是第一款去掉了脚踏板的汽车，采用平面门把手和水平水箱护罩，充分利用了现代技术，配置电控折叠顶篷和车窗。厄尔的设计远远超越了他所在的年代。这种开拓性、开创性的设计手法随即成为其他制造商竞相模仿的对象，汽车业也从此以概念车的形势昭示未来。

图9-10　别克 Y-Job

（2）别克 LeSabre

20 世纪 40 年代是战争和重建的年代，而 20 世纪 50 年代则是梦想驰骋，英雄辈出的黄金岁月。经过了战争，而未亲历战争的美国人将飞机火箭的设计元素移植到汽车。如图 9-11 所示，哈里·厄尔设计的别克 LeSabre，首次在汽车的尾部加装了尾鳍。在以后的十年里，尾鳍的设计越变越大，所有的美国汽车设计都无一例外地卷入了这场鳍之战。LeSabre 无疑引导了概念的潮流。随后，来自飞机驾驶舱的曲面挡风玻璃也出现在轿车上。到了 20 世纪 60年代中期，这种夸张的设计浪潮终于走向末路。

图9-11　别克 LeSabre

（3）Alfa-Romeo BAT

如图 9-12 所示，20 世纪 50 年代意大利博通设计公司推出的 Alfa-Romeo BAT7 概念车，其夸张的尾翼和流线型的前挡风玻璃无疑是受到美国的影响。然而它们的尾翼如一对折起的翅膀，没有美国尾翼那种张扬、炫耀的浮躁。取而代之的是纯粹的艺术与唯美的灵性。向上隆起同时向内收缩，收敛的同时又具备一触即发之势，有一种蝙蝠的神秘和鬼魅。如果说美国车表现出一种乐观明朗的宇宙风格，那么阿尔法·罗密欧，或者说博通的"蝙蝠"系列，则像是一部神秘色彩更浓更诡异的科幻小说。

图9-12　Alfa-Romeo BAT7

（4）标致4002

如图9-13所示，标致4002的设计者是一位32岁的德国美术设计师——Stefan Schulze，他以1936年的标致402为原形，赋予"复古兼前卫"的理念，创造出了一头双眼坚毅地注视着未来的雄狮。最重要设计元素莫过于那过目难忘的，从前部开始沿车顶贯穿至车尾的铬合金格栅。包含了标致402车型中经典的双头灯，车灯呈向上的走向，与轮胎的角度巧妙搭配，更加突出了整车独特的外形曲线。在挡风玻璃的中央有一条装饰带，似乎是将玻璃分成了两块。车轮的设计继承了前代的风格，采用了突起的轮毂罩，与轮胎上的白圈一起增添了复古的味道。挡泥板采用深色调，车门采用亮色调，这种深浅两色的搭配与对比同样是出于复古的考虑。

（5）雷诺Wind

如图9-14，雷诺Wind的外形设计遵循两个原则：简单和流畅。雷诺的设计师们用两根流畅的线条就将Wind给勾勒出来了。一根是侧身线条，把前后车灯和侧身完美地融为一体。第二根线条就更加直观了，从车顶上方看下去，整个车厢被设计成类似椭圆形的手套形状，前后在车灯处和第一根线条相交融，给人一种很安全的包容感。

图9-13　标致4002 Concept

图9-14　雷诺Wind

（6）丰田I-swing

如图9-15，丰田I-swing的车体由具有缓冲性、低反弹性的橡胶材料制成，外表蒙面采用质地柔软的布料材质，有如穿衣般舒适。

I-swing操作简单，通过两根操纵杆、踏板、人体重心转移进行操作。驾驶员的头部位于车轴的中央，"站立"时自动启动陀螺传感器控制系统，原地转身如同人环顾四周一样自然顺畅，甚至可以像跳舞一样随心所欲。I-swing具有两种行驶模式：当行驶在行人如潮的街道时，可以采用节省空间的两轮模式，更加方便实现移动中与步行的人对话；需要快速行驶时，使用按钮转换成充分享受驾驶乐趣的三轮模式，配合操纵杆、踏板和移动身体重心来控制行驶趋

图9-15　丰田I-swing

势。此外，I-swing还应用了大量个性化设计：可以根据心情调整前后LED发光面板上显示的影像，如同随意更换喜欢的服饰；运用通信交流概念，在日常使用中自动记忆积累用户信息（驾驶习惯、喜好），并加以智能设定。

9.5
名车鉴赏

9.5.1　微型车鉴赏

微型车也被称为A00级车，轴距在2.0~2.3m，车身长度在4.0m之内，搭载的发动机排量在1.0L左右。由于微型车的体积较小、油耗较低、价格便宜，所以比较适合代步。比较典型的微型车是奥拓、奇瑞QQ3、比亚迪F0等。随着市场的发展，微型车的尺寸、发动机排量也在不断增加，比如经过换代的奥拓，轴距从2175mm增长到2360mm；吉利熊猫采用了1.3L发动机；进口到中国的smart售价超过15万元，是最贵的微型车。

如图9-16，Smart是梅赛德斯-奔驰与瑞士钟表集团Swatch合作，由奔驰全资子公司MCC出品的一款微型车。Smart的名字中，S代表Swatch，M代表Mercedes-Benz，Art解释为艺术品，传递给人的直观理念就是Swatch与梅赛德斯-奔驰创造的艺术品。

图9-16　奔驰Smart fortwo

9.5.2　小型车鉴赏

小型车也被称为A0级车，轴距在2.3~2.5m，车身长度在4.0~4.3m，发动机排量在1.0~1.5L，比较典型的小型车是POLO、飞度、赛欧等。由于市场的需求，目前小型车的尺寸、发动机排量也在增加，比如骊威的轴距为2600mm，发动机排量为1.6L；此外，基于小型车平台经过加长的车，也归属于小型车，如以飞度的平台研发生产的锋范，虽然轴距达到

2550mm，搭载 1.8L 发动机，但仍属于小型车的范畴。

图9-17　本田飞度

如图 9-17，飞度轿车实现了高动力、低油耗和清洁排放的完美统一。通过配置五挡手动变速器和 CVT 无级变速器，使加速灵敏迅捷，操控方便轻松，让用户充分享受驾驶的乐趣。1.3L 飞度轿车搭载轻量化的 i-DSI 发动机，采用双火花塞顺序相位点火控制技术提高了燃油效率，通过降低各运动部件的摩擦，大大提高了发动机的输出功率和燃油经济性。最大功率为 60kW，5700r/min，最大扭矩则达到 116N·m，2800r/min。

9.5.3　紧凑型车鉴赏

紧凑型车也被称为 A 级车，轴距在 2.5~2.7m，车身长度在 4.2~4.6m，发动机排量在 1.6~2.0L，比较典型的紧凑型车是高尔夫、科鲁兹、福克斯等。由于市场的需求，目前紧凑型车的尺寸有所增大，如荣威 550 的轴距就达到了 2705mm。基于紧凑型车平台经过加长的车，

图9-18　大众LAVIDA

也归属于紧凑型车，例如，以雪铁龙 C4 平台研发生产的凯旋，轴距加长后达到 2710mm，仍属于紧凑型车。一些变型车，比如 Lancer EVO 同样属于紧凑型车。

如图 9-18，作为一款为中国消费者量身打造的新车，大众 LAVIDA 既保持了德国设计的优秀品质，又融入了很多体现中国传统文化的审美观念以及站在时代前沿的设计元素。LAVIDA 用充满前瞻性的设计语言为 A 级车注入了更多的豪华大气感，改写了消费者对于 A 级车市场的传统印象，从而满足了消费者更为本土化的需求。

9.5.4　中型车鉴赏

中型车也被称为 B 级车，轴距在 2.7~2.9m，车身长度在 4.5~4.9m，发动机排量在 1.8~2.4L，比较典型的中型车是宝马 3 系、雅阁、骏捷等。受市场影响，中型车的尺寸、发动机排量有所增加，如奥迪 A4 针对中国市场将轴距加长到 2869mm；天籁搭载了 3.5L 发动机。出自中型车平台的产品也都属于中型车，如桑塔纳和迈腾虽然投产时间相差很久，尺寸和技术的差异也很大，但两者都出自大众 B 级车平台，所以它们都属于中型车。

如图 9-19，作为福特在欧洲有史以来科技含量最高、工艺最精良的旗舰车型，蒙迪欧-致胜展现了福特的"动感设计"理念，其宽大的车身不仅满足了商务车市场对于车辆豪华舒适的需求，其时尚动感的外观和精准驾驭所带来的操控体验也与当

图9-19　蒙迪欧-致胜

代商务精英人士"活得精彩"的生活理念相契合，蒙迪欧-致胜将福特"活得精彩"的品牌主张提升到了一个新的境界。

9.5.5 中大型车鉴赏

中大型车也被称为C级车，轴距在2.8~3.0m，车身长度在4.8~5.0m，发动机排量超过2.4L，比较典型的中大型车是奥迪A6、奔驰E级、皇冠等。在中大型车这个级别中，加长现象比较普遍，例如国产的奥迪A6L、宝马5系Li、凯迪拉克新CTS、沃尔沃S80L等，车长、轴距都比其原型车增加很多，为后排乘客提供了宽敞的空间。在入门级的中大型车上，也会提供较低排量的发动机，如宝马520Li就搭载了2.0L直列四缸发动机。

图9-20　凯迪拉克新CTS

如图9-20，凯迪拉克新CTS的外形拥有凯迪拉克这几年的一致特征；刚劲的线条，鲜明的轮廓，让人一看就知道是凯迪拉克，而细节的雕琢是提升自身价值感的重要手段。除此之外，前低后高的楔形车身，如同被利刀直接刻画出的线条搭配大型水箱护罩、梯形头灯造型与电镀铝圈，整部车所彰显出来的运动感相当强烈，这是在欧系车中很难感受到的强烈气息，外形非常有特色。

9.5.6 豪华车鉴赏

豪华车也被称为D级车，轴距超过3.0m，车身长度超过5.0m，发动机排量超过3.0L，比较典型的豪华车有奔驰S级、迈巴赫、劳斯莱斯幻影等。豪华车可以分为两种，一种是民用级豪华车，也就是常规高端品牌的顶级车型，比如奥迪A8L等；还有一种就是豪华品牌的豪华车型，比如宾利雅致等，它们的售价通常都不低于300万，并且加长现象非常普遍，车内空间极为宽敞，很多车都是根据顾客的需求量身定做的，很多配置可以用"奢华"来形容。

如图9-21，S系列是奔驰旗舰大轿车系列，融合了威望、舒适及成就的优点，在一定程度上成为成功人士购车的首选。奔驰上S600装备了新型V12发动机，每个气缸三个气门，靠单顶置凸轮轴驱动。排放标准符合欧洲D4标准。V12豪华轿车运用了许多梅赛德斯-奔驰所独有的创新技术，最大的亮点是手动悬挂系统，该系统可在几毫秒内从减

图9-21　奔驰S级

速状态转入通常的驾驶状态，从而大幅减少车身振动，即使在高速避让时也能确保安全。

中国汽车故事
走向世界——中国汽车由大变强的必经之路

1997年，长城皮卡走出国门，成为最早进入海外市场的中国皮卡车。2001年10月，奇瑞汽车的第一批轿车出口中东，拉开了奇瑞汽车征战海外市场的序幕。2005年，江淮汽车

第一次"走出去"，当年出口销量近7000辆。2007年4月，200辆长安奔奔销往阿尔及利亚，是长安汽车首次进入国际市场。无数次第一次，民族品牌扛起了中国汽车走出国门，迈向世界的重任，期间充满了艰辛和困难，有很多教训也有很多的经验。2001~2007年，中国的整车出口量几乎每年翻倍，从2万辆上升到61.3万辆。虽然当时中国的汽车工业相对于发达国家仍缺乏竞争力，但是凭借"物美价廉"的优势，中国汽车迅速打入发展中国家市场。2008年金融危机，对中国汽车出口打击巨大，当年整车出口64.4万辆，几乎没有增长。2009年，金融危机波及全球，中国整车出口量更是腰斩。2010年以后，国际经济环境缓慢改善，中国汽车出口强势复苏。2012年，中国汽车出口量首次突破100万辆，出口车企前五名分别为奇瑞、吉利、长城、上汽和力帆，其中奇瑞汽车和吉利汽车均超过10万辆。2015年，"一带一路"倡议落地，中国与东亚、东南亚、非洲等地区的经济合作进一步深化，刺激汽车出口量提升。2021年中国汽车出口201.5万辆，第一次突破200万辆，成为全球第三大出口国，仅次于德国、日本。

如今中国汽车出口有三大变化：一是出口国家越发全面，过去以友好国家和发展中市场为主，现在积极布局欧洲等市场；二是出口车型更先进，过去多是低端车型，现在以高端车切入市场，再用中低端车走量铺货；三是出口战略从过去的被动式或尝试式，到现在的主动出击，在当地建厂，自建销售渠道，定制化开发车型。

随着近年来新能源汽车的快速发展，全球汽车产业走到了一个新的历史时刻，而这种外部环境的改变也为中国汽车走向世界提供了新的机遇，中国汽车企业正在努力成为全球新能源汽车的领军者。

思维导图

1. 判断题

（1）F1大赛每年举行16场比赛，所有比赛均由FISA安排。（　　）

（2）在F1赛车的仪表板上，设有发动机转速表、机油压力表和车速表。（　　）

（3）巴黎-达喀尔拉力赛是世界上最长的拉力赛，由法国巴黎出发，终点是塞内加尔的达喀尔，行程13000km左右。（　　）

（4）空气阻力分为迎风阻力和形状阻力。（　　）

（5）凯迪拉克新CTS属于豪华车。（　　）

2. 选择题

（1）根据国际汽车运动联合会（FISA）规定，一级方程式赛车发动机的排量为（　　）。

A. 2.5L　　　　　　　　　　B. 3.5L

C. 4.0L　　　　　　　　　　D. 3.0L

（2）首届世界一级方程式锦标赛于1950年5月13日在（　　）举行。

A. 英国的银石赛道　　　　　B. 澳大利亚的阿德莱德赛道

C. 美国的凤凰城赛道　　　　D. 巴西的英特拉格斯赛道

（3）世界上第一辆概念车是（　　）。

A. 别克Y-Job　　　　　　　B. Alfa-Romeo BAT

C. 标致4002　　　　　　　　D. 雷诺Wind

（4）一般情况下，C级车的轴距为（　　）。

A. 2.3~2.5m　　　　　　　　B. 2.5~2.7m

C. 3.0~3.2m　　　　　　　　D. 2.8~3.0m

（5）蒙迪欧-致胜属于（　　）。

A. 小型车　　　　　　　　　B. 中型车

C. 紧凑型车　　　　　　　　D. 中大型车

3. 问答题

（1）五大国际汽车展分别指的是哪些展览？

（2）汽车大赛的意义有哪些？

（3）F1大赛中各种彩色的信号旗帜代表什么含义？

（4）汽车外形设计应考虑哪些影响因素？

（5）界定中型车的标准有哪些？

参 考 文 献

[1] 屠卫星. 汽车文化 [M]. 北京：人民交通出版社，2005.

[2] 邓书涛. 汽车概论 [M]. 西安：西安电子科技大学出版社，2006.

[3] 袁荷伟. 汽车文化 [M]. 北京：化学工业出版社，2020.

[4] 汤定国. 汽车发动机构造与维修 [M]. 2版. 北京：人民交通出版社，2005.

[5] 郑劲，张子成. 汽车底盘构造与维修 [M]. 2版. 北京：化学工业出版社，2014.

[6] 张西振，吴良胜. 发动机原理与汽车理论 [M]. 北京：人民交通出版社，2004.

[7] 刘越琪. 发动机电控技术 [M]. 北京：机械工业出版社，2002.

[8] 毛峰. 汽车车身电控技术 [M]. 北京：机械工业出版社，2005.

[9] 尤明福. 汽车底盘电控技术 [M]. 北京：中国劳动社会保障出版社，2008.

[10] 谷正气. 轿车车身 [M]. 北京：人民交通出版社，2006.

[11] 刘世凯. 汽车发展史话 [M]. 北京：人民交通出版社，1996.

[12] 郭竹亭. 汽车车身设计 [M]. 长春：吉林科学技术出版社，1992.

[13] 程正，马芳武. 汽车造型 [M]. 长春：吉林科学技术出版社，1992.

[14] 李彦. 汽车发动机构造与维修 [M]. 3版. 北京：化学工业出版社，2022.

[15] 张亚宁. 新能源汽车技术 [M]. 北京：化学工业出版社，2021.